DUITS

WOORDENSCHAT

THEMATISCHE WOORDENLIJST

NEDERLANDS DUITS

De meest bruikbare woorden
Om uw woordenschat uit te breiden en
uw taalvaardigheid aan te scherpen

7000 woorden

Thematische woordenschat Nederlands-Duits - 7000 woorden

Door Andrey Taranov

Woordenlijsten van T&P Books zijn bedoeld om u woorden van een vreemde taal te helpen leren, onthouden, en bestudering. Dit woordenboek is ingedeeld in thema's en behandelt alle belangrijk terreinen van het dagelijkse leven, bedrijven, wetenschap, cultuur, etc.

Het proces van het leren van woorden met behulp van de op thema's gebaseerde aanpak van T&P Books biedt u de volgende voordelen:

- Correct gegroepeerde informatie is bepalend voor succes bij opeenvolgende stadia van het leren van woorden
- De beschikbaarheid van woorden die van dezelfde stam zijn maakt het mogelijk om woordgroepen te onthouden (in plaats van losse woorden)
- Kleine groepen van woorden faciliteren het proces van het aanmaken van associatieve verbindingen, die nodig zijn bij het consolideren van de woordenschat
- Het niveau van talenkennis kan worden ingeschat door het aantal geleerde woorden

T&P Books Publishing
www.tpbooks.com

ISBN: 978-1-78492-315-0

Dit boek is ook beschikbaar in e-boek formaat.
Gelieve www.tpbooks.com te bezoeken of de belangrijkste online boekwinkels.

DUITSE WOORDENSCHAT
nieuwe woorden leren

T&P Books woordenlijsten zijn bedoeld om u te helpen vreemde woorden te leren, te onthouden, en te bestuderen. De woordenschat bevat meer dan 7000 veel gebruikte woorden die thematisch geordend zijn.

- De woordenlijst bevat de meest gebruikte woorden
- Aanbevolen als aanvulling bij welke taalcursus dan ook
- Voldoet aan de behoeften van de beginnende en gevorderde student in vreemde talen
- Geschikt voor dagelijks gebruik, bestudering en zelftestactiviteiten
- Maakt het mogelijk om uw woordenschat te evalueren

Bijzondere kenmerken van de woordenschat

- De woorden zijn gerangschikt naar hun betekenis, niet volgens alfabet
- De woorden worden weergegeven in drie kolommen om bestudering en zelftesten te vergemakkelijken
- Woorden in groepen worden verdeeld in kleine blokken om het leerproces te vergemakkelijken
- De woordenschat biedt een handige en eenvoudige beschrijving van elk buitenlands woord

De woordenschat bevat 198 onderwerpen zoals:

Basisconcepten, getallen, kleuren, maanden, seizoenen, meeteenheden, kleding en accessoires, eten & voeding, restaurant, familieleden, verwanten, karakter, gevoelens, emoties, ziekten, stad, dorp, bezienswaardigheden, winkelen, geld, huis, thuis, kantoor, werken op kantoor, import & export, marketing, werk zoeken, sport, onderwijs, computer, internet, gereedschap, natuur, landen, nationaliteiten en meer ...

INHOUDSOPGAVE

Uitspraakgids 10
Afkortingen 12

BASISBEGRIPPEN 14
Basisbegrippen Deel 1 14

1. Voornaamwoorden 14
2. Begroetingen. Begroetingen. Afscheid 14
3. Kardinale getallen. Deel 1 15
4. Kardinale getallen. Deel 2 16
5. Getallen. Breuken 16
6. Getallen. Eenvoudige berekeningen 17
7. Getallen. Diversen 17
8. De belangrijkste werkwoorden. Deel 1 18
9. De belangrijkste werkwoorden. Deel 2 18
10. De belangrijkste werkwoorden. Deel 3 19
11. De belangrijkste werkwoorden. Deel 4 20
12. Kleuren 21
13. Vragen 22
14. Functiewoorden. Bijwoorden. Deel 1 22
15. Functiewoorden. Bijwoorden. Deel 2 24

Basisbegrippen Deel 2 26

16. Dagen van de week 26
17. Uren. Dag en nacht 26
18. Maanden. Seizoenen 27
19. Tijd. Diversen 29
20. Tegenovergestelden 30
21. Lijnen en vormen 31
22. Meeteenheden 32
23. Containers 33
24. Materialen 34
25. Metalen 35

MENS 36
Mens. Het lichaam 36

26. Mensen. Basisbegrippen 36
27. Menselijke anatomie 36

28. Hoofd 37
29. Menselijk lichaam 38

Kleding en accessoires 39

30. Bovenkleding. Jassen 39
31. Heren & dames kleding 39
32. Kleding. Ondergoed 40
33. Hoofddeksels 40
34. Schoeisel 40
35. Textiel. Weefsel 41
36. Persoonlijke accessoires 41
37. Kleding. Diversen 42
38. Persoonlijke verzorging. Schoonheidsmiddelen 42
39. Juwelen 43
40. Horloges. Klokken 44

Voedsel. Voeding 45

41. Voedsel 45
42. Drankjes 46
43. Groenten 47
44. Vruchten. Noten 48
45. Brood. Snoep 49
46. Bereide gerechten 49
47. Kruiden 50
48. Maaltijden 51
49. Tafelschikking 52
50. Restaurant 52

Familie, verwanten en vrienden 53

51. Persoonlijke informatie. Formulieren 53
52. Familieleden. Verwanten 53
53. Vrienden. Collega's 54
54. Man. Vrouw 55
55. Leeftijd 55
56. Kinderen 56
57. Gehuwde paren. Gezinsleven 57

Karakter. Gevoelens. Emoties 58

58. Gevoelens. Emoties 58
59. Karakter. Persoonlijkheid 59
60. Slaap. Dromen 60
61. Humor. Gelach. Blijdschap 61
62. Discussie, conversatie. Deel 1 61
63. Discussie, conversatie. Deel 2 62
64. Discussie, conversatie. Deel 3 64
65. Overeenstemming. Weigering 64
66. Succes. Veel geluk. Mislukking 65
67. Ruzies. Negatieve emoties 66

Geneeskunde 68

68. Ziekten 68
69. Symptomen. Behandelingen. Deel 1 69
70. Symptomen. Behandelingen. Deel 2 70
71. Symptomen. Behandelingen. Deel 3 71
72. Artsen 72
73. Geneeskunde. Medicijnen. Accessoires 72
74. Roken. Tabaksproducten 73

HET MENSELIJKE LEEFGEBIED 74
Stad 74

75. Stad. Het leven in de stad 74
76. Stedelijke instellingen 75
77. Stedelijk vervoer 76
78. Bezienswaardigheden 77
79. Winkelen 78
80. Geld 79
81. Post. Postkantoor 80

Woning. Huis. Thuis 81

82. Huis. Woning 81
83. Huis. Ingang. Lift 82
84. Huis. Deuren. Sloten 82
85. Huis op het platteland 83
86. Kasteel. Paleis 83
87. Appartement 84
88. Appartement. Schoonmaken 84
89. Meubels. Interieur 84
90. Beddengoed 85
91. Keuken 85
92. Badkamer 86
93. Huishoudelijke apparaten 87
94. Reparaties. Renovatie 88
95. Loodgieterswerk 88
96. Brand. Vuurzee 89

MENSELIJKE ACTIVITEITEN 91
Baan. Business. Deel 1 91

97. Bankieren 91
98. Telefoon. Telefoongesprek 92
99. Mobiele telefoon 92
100. Schrijfbehoeften 93

Baan. Business. Deel 2 94

101. Massamedia 94
102. Landbouw 95

103. Gebouw. Bouwproces 96

Beroepen en ambachten 98

104. Zoeken naar werk. Ontslag 98
105. Zakenmensen 98
106. Dienstverlenende beroepen 99
107. Militaire beroepen en rangen 100
108. Ambtenaren. Priesters 101
109. Agrarische beroepen 101
110. Kunst beroepen 102
111. Verschillende beroepen 102
112. Beroepen. Sociale status 104

Sport 105

113. Soorten sporten. Sporters 105
114. Soorten sporten. Diversen 106
115. Fitnessruimte 106
116. Sporten. Diversen 107

Onderwijs 109

117. School 109
118. Hogeschool. Universiteit 110
119. Wetenschappen. Disciplines 111
120. Schrift. Spelling 111
121. Vreemde talen 112
122. Sprookjesfiguren 113
123. Dierenriem 114

Kunst 115

124. Theater 115
125. Bioscoop 116
126. Schilderij 117
127. Literatuur & Poëzie 118
128. Circus 118
129. Muziek. Popmuziek 119

Rusten. Entertainment. Reizen 121

130. Trip. Reizen 121
131. Hotel 121
132. Boeken. Lezen 122
133. Jacht. Vissen 124
134. Spellen. Biljart 125
135. Spellen. Speelkaarten 125
136. Rusten. Spellen. Diversen 125
137. Fotografie 126
138. Strand. Zwemmen 127

TECHNISCHE APPARATUUR. VERVOER 128
Technische apparatuur 128

139. Computer 128
140. Internet. E-mail 129

Vervoer 131

141. Vliegtuig 131
142. Trein 132
143. Schip 133
144. Vliegveld 134
145. Fiets. Motorfiets 135

Auto's 136

146. Soorten auto's 136
147. Auto's. Carrosserie 136
148. Auto's. Passagiersruimte 137
149. Auto's. Motor 138
150. Auto's. Botsing. Reparatie 139
151. Auto's. Weg 140

MENSEN. GEBEURTENISSEN IN HET LEVEN 142
Gebeurtenissen in het leven 142

152. Vakanties. Evenement 142
153. Begrafenissen. Begrafenis 143
154. Oorlog. Soldaten 143
155. Oorlog. Militaire acties. Deel 1 145
156. Wapens 146
157. Oude mensen 147
158. Middeleeuwen 148
159. Leider. Baas. Autoriteiten 150
160. De wet overtreden. Criminelen. Deel 1 150
161. De wet overtreden. Criminelen. Deel 2 152
162. Politie. Wet. Deel 1 153
163. Politie. Wet. Deel 2 154

NATUUR 156
De Aarde. Deel 1 156

164. De kosmische ruimte 156
165. De Aarde 157
166. Windrichtingen 158
167. Zee. Oceaan 158
168. Bergen 159
169. Rivieren 160
170. Bos 161
171. Natuurlijke hulpbronnen 162

De Aarde. Deel 2 163

172. Weer 163
173. Zwaar weer. Natuurrampen 164

Fauna 165

174. Zoogdieren. Roofdieren 165
175. Wilde dieren 165
176. Huisdieren 166
177. Honden. Hondenrassen 167
178. Dierengeluiden 168
179. Vogels 168
180. Vogels. Zingen en geluiden 170
181. Vis. Zeedieren 170
182. Amfibieën. Reptielen 171
183. Insecten 171
184. Dieren. Lichaamsdelen 172
185. Dieren. Leefomgevingen 172

Flora 174

186. Bomen 174
187. Heesters 174
188. Champignons 175
189. Vruchten. Bessen 175
190. Bloemen. Planten 176
191. Granen, graankorrels 177

REGIONALE AARDRIJKSKUNDE 178
Landen. Nationaliteiten 178

192. Politiek. Overheid. Deel 1 178
193. Politiek. Overheid. Deel 2 179
194. Landen. Diversen 180
195. Grote religieuze groepen. Bekentenissen 181
196. Religies. Priesters 182
197. Geloof. Christendom. Islam 182

DIVERSEN 185

198. Diverse nuttige woorden 185

UITSPRAAKGIDS

T&P fonetisch alfabet	Duits voorbeeld	Nederlands voorbeeld

Klinkers

[a]	**Blatt**	acht
[ɐ]	**Meister**	hart
[e]	**Melodie**	delen, spreken
[ɛ]	**Herbst**	elf, zwembad
[ə]	**Leuchte**	formule, wachten
[ɔ]	**Knopf**	aankomst, bot
[o]	**Operette**	overeenkomst
[œ]	**Förster**	Duits - 'Hölle'
[ø]	**nötig**	neus, beu
[æ]	**Los Angeles**	Nederlands Nedersaksisch - dät, Engels - cat
[i]	**Spiel**	bidden, tint
[ı]	**Absicht**	iemand, die
[ʊ]	**Skulptur**	hoed, doe
[u]	**Student**	hoed, doe
[y]	**Pyramide**	fuut, uur
[ʏ]	**Eukalyptus**	fuut, uur

Medeklinkers

[b]	**Bibel**	hebben
[d]	**Dorf**	Dank u, honderd
[f]	**Elefant**	feestdag, informeren
[ʒ]	**Ingenieur**	journalist, rouge
[dʒ]	**Jeans**	jeans, jungle
[j]	**Interview**	New York, januari
[g]	**August**	goal, tango
[h]	**Haare**	het, herhalen
[ç]	**glücklich**	wiegje
[x]	**Kochtopf**	licht, school
[k]	**Kaiser**	kennen, kleur
[l]	**Verlag**	delen, luchter
[m]	**Messer**	morgen, etmaal
[n]	**Norden**	nemen, zonder
[ŋ]	**Onkel**	optelling, jongeman

T&P fonetisch alfabet	Duits voorbeeld	Nederlands voorbeeld
[p]	**Gespräch**	parallel, koper
[r]	**Force majeure**	roepen, breken
[ʁ]	**Kirche**	gutturale R
[ʀ]	**fragen**	rara
[s]	**Fenster**	spreken, kosten
[t]	**Foto**	tomaat, taart
[ʦ]	**Gesetz**	niets, plaats
[ʃ]	**Anschlag**	shampoo, machine
[ʧ]	**Deutsche**	Tsjechië, cello
[w]	**Sweater**	twee, willen
[v]	**Antwort**	beloven, schrijven
[z]	**langsam**	zeven, zesde

Tweeklanken

[aɪ]	**Speicher**	byte, majoor
[ɪa]	**Miniatur**	signaal, Spanjaard
[ɪo]	**Radio**	New York, jongen
[jo]	**Illustration**	New York, jongen
[ɔɪ]	**feucht**	Hanoi, cowboy
[ɪe]	**Karriere**	project, yen

Aanvullende symbolen

[ˈ]	[ˈa:bɐ]	hoofdklemtoon
[ˌ]	[ˈdɛŋkˌma:l]	bijklemtoon
[ʔ]	[o'li:vənˌʔø:l]	glottisslag
[:]	[ˈmy:lə]	lange klinker
[·]	[ˈʀaɪzə·byˌʀo:]	hoge punt

AFKORTINGEN
gebruikt in de woordenschat

Nederlandse afkortingen

abn - als bijvoeglijk naamwoord
bijv. - bijvoorbeeld
bn - bijvoeglijk naamwoord
bw - bijwoord
enk. - enkelvoud
enz. - enzovoort
form. - formele taal
inform. - informele taal
mann. - mannelijk
mil. - militair
mv. - meervoud
on.ww. - onovergankelijk werkwoord
ontelb. - ontelbaar
ov. - over
ov.ww. - overgankelijk werkwoord
telb. - telbaar
vn - voornaamwoord
vrouw. - vrouwelijk
vw - voegwoord
vz - voorzetsel
wisk. - wiskunde
ww - werkwoord

Nederlandse artikelen

de - gemeenschappelijk geslacht
de/het - gemeenschappelijk geslacht, onzijdig
het - onzijdig

Duitse afkortingen

f - vrouwelijk zelfstandig naamwoord
f pl - vrouwelijk meervoud
f, n - vrouwelijk, onzijdig
m - mannelijk zelfstandig naamwoord
m pl - mannelijk meervoud

m, f	-	mannelijk, vrouwelijk
m, n	-	mannelijk, onzijdig
n	-	onzijdig
n pl	-	onzijdig meervoud
pl	-	meervoud
v mod	-	modaal werkwoord
vi	-	onovergankelijk werkwoord
vi, vt	-	onovergankelijk, overgankelijk werkwoord
vt	-	overgankelijk werkwoord

BASISBEGRIPPEN

Basisbegrippen Deel 1

1. Voornaamwoorden

ik	**ich**	[ɪç]
jij, je	**du**	[du:]
hij	**er**	[e:ɐ]
zij, ze	**sie**	[zi:]
het	**es**	[ɛs]
wij, we	**wir**	[vi:ɐ]
jullie	**ihr**	[i:ɐ]
U (form., enk.)	**Sie**	[zi:]
U (form., mv.)	**Sie**	[zi:]
zij, ze	**sie**	[zi:]

2. Begroetingen. Begroetingen. Afscheid

Hallo! Dag!	**Hallo!**	[ha'lo:]
Hallo!	**Hallo!**	[ha'lo:]
Goedemorgen!	**Guten Morgen!**	['gu:tən 'mɔʁgən]
Goedemiddag!	**Guten Tag!**	['gu:tən 'ta:k]
Goedenavond!	**Guten Abend!**	['gu:tən 'a:bənt]
gedag zeggen (groeten)	**grüßen** (vi, vt)	['gʀy:sən]
Hoi!	**Hallo!**	[ha'lo:]
groeten (het)	**Gruß** (m)	[gʀu:s]
verwelkomen (ww)	**begrüßen** (vt)	[bə'gʀy:sən]
Hoe gaat het?	**Wie geht's?**	[ˌvi: 'ge:ts]
Is er nog nieuws?	**Was gibt es Neues?**	[vas gi:pt ɛs 'nɔɪəs]
Dag! Tot ziens!	**Auf Wiedersehen!**	[aʊf 'vi:dɐˌze:ən]
Tot snel! Tot ziens!	**Bis bald!**	[bɪs balt]
Vaarwel! (inform.)	**Lebe wohl!**	['le:bə vo:l]
Vaarwel! (form.)	**Leben Sie wohl!**	['le:bən zi: vo:l]
afscheid nemen (ww)	**sich verabschieden**	[zɪç fɛɐ'apʃi:dən]
Tot kijk!	**Tschüs!**	[tʃy:s]
Dank u!	**Danke!**	['daŋkə]
Dank u wel!	**Dankeschön!**	['daŋkəʃø:n]
Graag gedaan	**Bitte!**	['bɪtə]
Geen dank!	**Keine Ursache!**	['kaɪnə 'u:ɐˌzaχə]
Geen moeite.	**Nichts zu danken!**	[nɪçts tsu 'daŋkən]
Excuseer me, ... (inform.)	**Entschuldige!**	[ɛnt'ʃʊldɪgə]

Excuseer me, ... (form.)	**Entschuldigung!**	[ɛnt'ʃʊldɪgʊŋ]
excuseren (verontschuldigen)	**entschuldigen** (vt)	[ɛnt'ʃʊldɪgən]
zich verontschuldigen	**sich entschuldigen**	[zɪç ɛnt'ʃʊldɪgən]
Mijn excuses.	**Verzeihung!**	[fɛɐ'tsaɪʊŋ]
Het spijt me!	**Entschuldigung!**	[ɛnt'ʃʊldɪgʊŋ]
vergeven (ww)	**verzeihen** (vt)	[fɛɐ'tsaɪən]
Maakt niet uit!	**Das macht nichts!**	[das maχt nɪçts]
alsjeblieft	**bitte**	['bɪtə]
Vergeet het niet!	**Nicht vergessen!**	[nɪçt fɛɐ'gɛsən]
Natuurlijk!	**Natürlich!**	[na'ty:ɐlɪç]
Natuurlijk niet!	**Natürlich nicht!**	[na'ty:ɐlɪç 'nɪçt]
Akkoord!	**Gut! Okay!**	[gu:t], [o'ke:]
Zo is het genoeg!	**Es ist genug!**	[ɛs ist gə'nu:k]

3. Kardinale getallen. Deel 1

nul	**null**	[nʊl]
een	**eins**	[aɪns]
twee	**zwei**	[tsvaɪ]
drie	**drei**	[dʀaɪ]
vier	**vier**	[fi:ɐ]
vijf	**fünf**	[fʏnf]
zes	**sechs**	[zɛks]
zeven	**sieben**	['zi:bən]
acht	**acht**	[aχt]
negen	**neun**	[nɔɪn]
tien	**zehn**	[tse:n]
elf	**elf**	[ɛlf]
twaalf	**zwölf**	[tsvœlf]
dertien	**dreizehn**	['dʀaɪtse:n]
veertien	**vierzehn**	['fɪʁtse:n]
vijftien	**fünfzehn**	['fʏnftse:n]
zestien	**sechzehn**	['zɛçtse:n]
zeventien	**siebzehn**	['zi:ptse:n]
achttien	**achtzehn**	['aχtse:n]
negentien	**neunzehn**	['nɔɪntse:n]
twintig	**zwanzig**	['tsvantsɪç]
eenentwintig	**einundzwanzig**	['aɪn·ʊnt·'tsvantsɪç]
tweeëntwintig	**zweiundzwanzig**	['tsvaɪ·ʊnt·'tsvantsɪç]
drieëntwintig	**dreiundzwanzig**	['dʀaɪ·ʊnt·'tsvantsɪç]
dertig	**dreißig**	['dʀaɪsɪç]
eenendertig	**einunddreißig**	['aɪn·ʊnt·'dʀaɪsɪç]
tweeëndertig	**zweiunddreißig**	['tsvaɪ·ʊnt·'dʀaɪsɪç]
drieëndertig	**dreiunddreißig**	['dʀaɪ·ʊnt·'dʀaɪsɪç]
veertig	**vierzig**	['fɪʁtsɪç]
eenenveertig	**einundvierzig**	['aɪn·ʊnt·'fɪʁtsɪç]

tweeënveertig	**zweiundvierzig**	['tsvaɪ·ʊnt·'fɪʁtsɪç]
drieënveertig	**dreiundvierzig**	['dʀaɪ·ʊnt·'fɪʁtsɪç]
vijftig	**fünfzig**	['fʏnftsɪç]
eenenvijftig	**einundfünfzig**	['aɪn·ʊnt·'fʏnftsɪç]
tweeënvijftig	**zweiundfünfzig**	['tsvaɪ·ʊnt·'fʏnftsɪç]
drieënvijftig	**dreiundfünfzig**	['dʀaɪ·ʊnt·'fʏnftsɪç]
zestig	**sechzig**	['zɛçtsɪç]
eenenzestig	**einundsechzig**	['aɪn·ʊnt·'zɛçtsɪç]
tweeënzestig	**zweiundsechzig**	['tsvaɪ·ʊnt·'zɛçtsɪç]
drieënzestig	**dreiundsechzig**	['dʀaɪ·ʊnt·'zɛçtsɪç]
zeventig	**siebzig**	['zi:ptsɪç]
eenenzeventig	**einundsiebzig**	['aɪn·ʊnt·'zi:ptsɪç]
tweeënzeventig	**zweiundsiebzig**	['tsvaɪ·ʊnt·'zi:ptsɪç]
drieënzeventig	**dreiundsiebzig**	['dʀaɪ·ʊnt·'zi:ptsɪç]
tachtig	**achtzig**	['aχtsɪç]
eenentachtig	**einundachtzig**	['aɪn·ʊnt·'aχtsɪç]
tweeëntachtig	**zweiundachtzig**	['tsvaɪ·ʊnt·'aχtsɪç]
drieëntachtig	**dreiundachtzig**	['dʀaɪ·ʊnt·'aχtsɪç]
negentig	**neunzig**	['nɔɪntsɪç]
eenennegentig	**einundneunzig**	['aɪn·ʊnt·'nɔɪntsɪç]
tweeënnegentig	**zweiundneunzig**	['tsvaɪ·ʊnt·'nɔɪntsɪç]
drieënnegentig	**dreiundneunzig**	['dʀaɪ·ʊnt·'nɔɪntsɪç]

4. Kardinale getallen. Deel 2

honderd	**einhundert**	['aɪn,hʊndɐt]
tweehonderd	**zweihundert**	['tsvaɪ,hʊndɐt]
driehonderd	**dreihundert**	['dʀaɪ,hʊndɐt]
vierhonderd	**vierhundert**	['fi:ɐ,hʊndɐt]
vijfhonderd	**fünfhundert**	['fʏnf,hʊndɐt]
zeshonderd	**sechshundert**	[zɛks,hʊndɐt]
zevenhonderd	**siebenhundert**	['zi:bən,hʊndɐt]
achthonderd	**achthundert**	['aχt,hʊndɐt]
negenhonderd	**neunhundert**	['nɔɪn,hʊndɐt]
duizend	**eintausend**	['aɪn,taʊzənt]
tweeduizend	**zweitausend**	['tsvaɪ,taʊzənt]
drieduizend	**dreitausend**	['dʀaɪ,taʊzənt]
tienduizend	**zehntausend**	['tsen,taʊzənt]
honderdduizend	**hunderttausend**	['hʊndɐt,taʊzənt]
miljoen (het)	**Million** (f)	[mɪ'ljo:n]
miljard (het)	**Milliarde** (f)	[mɪ'lɪaʁdə]

5. Getallen. Breuken

breukgetal (het)	**Bruch** (m)	[bʀʊχ]
half	**Hälfte** (f)	['hɛlftə]

een derde	**Drittel** (n)	['dʀɪtəl]
kwart	**Viertel** (n)	['fɪʁtəl]
een achtste	**Achtel** (m, n)	['aχtəl]
een tiende	**Zehntel** (m, n)	['tse:ntəl]
twee derde	**zwei Drittel**	[tsvaɪ 'dʀɪtəl]
driekwart	**drei Viertel**	[dʀaɪ 'fɪʁtəl]

6. Getallen. Eenvoudige berekeningen

aftrekking (de)	**Subtraktion** (f)	[zʊptʀak'tsjo:n]
aftrekken (ww)	**subtrahieren** (vt)	[zʊptʀa'hi:ʀən]
deling (de)	**Division** (f)	[divi'zjo:n]
delen (ww)	**dividieren** (vt)	[divi'di:ʀən]
optelling (de)	**Addition** (f)	[adi'tsjo:n]
erbij optellen (bij elkaar voegen)	**addieren** (vt)	[a'di:ʀən]
optellen (ww)	**hinzufügen** (vt)	[hɪn'tsu:ˌfy:gən]
vermenigvuldiging (de)	**Multiplikation** (f)	[mʊltiplika'tsjo:n]
vermenigvuldigen (ww)	**multiplizieren** (vt)	[mʊltipli'tsi:ʀən]

7. Getallen. Diversen

cijfer (het)	**Ziffer** (f)	['tsɪfɐ]
nummer (het)	**Zahl** (f)	[tsa:l]
telwoord (het)	**Zahlwort** (n)	['tsa:lˌvɔʁt]
minteken (het)	**Minus** (n)	['mi:nʊs]
plusteken (het)	**Plus** (n)	[plʊs]
formule (de)	**Formel** (f)	['fɔʁməl]
berekening (de)	**Berechnung** (f)	[bə'ʀɛçnʊŋ]
tellen (ww)	**zählen** (vt)	['tsɛ:lən]
bijrekenen (ww)	**berechnen** (vt)	[bə'ʀɛçnən]
vergelijken (ww)	**vergleichen** (vt)	[fɛɐ'glaɪçən]
Hoeveel? (ontelb.)	**Wie viel?**	['vi: fi:l]
Hoeveel? (telb.)	**Wie viele?**	[vi: 'fi:lə]
som (de), totaal (het)	**Summe** (f)	['zʊmə]
uitkomst (de)	**Ergebnis** (n)	[ɛɐ'ge:pnɪs]
rest (de)	**Rest** (m)	[ʀɛst]
enkele (bijv. ~ minuten)	**einige**	['aɪnɪgə]
weinig (bw)	**wenig ...**	['ve:nɪç]
restant (het)	**Übrige** (n)	['y:bʀɪgə]
anderhalf	**anderthalb**	['andɐt'halp]
dozijn (het)	**Dutzend** (n)	['dʊtsənt]
middendoor (bw)	**entzwei**	[ɛn'tsvaɪ]
even (bw)	**zu gleichen Teilen**	[tsu 'glaɪçən 'taɪlən]
helft (de)	**Hälfte** (f)	['hɛlftə]
keer (de)	**Mal** (n)	[ma:l]

8. De belangrijkste werkwoorden. Deel 1

aanbevelen (ww)	**empfehlen** (vt)	[ɛm'pfe:lən]
aandringen (ww)	**bestehen auf**	[bə'ʃte:ən aʊf]
aankomen (per auto, enz.)	**ankommen** (vi)	['an,kɔmən]
aanraken (ww)	**berühren** (vt)	[bə'ʀy:ʀən]
adviseren (ww)	**raten** (vt)	['ʀa:tən]
afdalen (on.ww.)	**herabsteigen** (vi)	[hɛ'ʀap,ʃtaɪgən]
afslaan (naar rechts ~)	**abbiegen** (vi)	['ap,bi:gən]
antwoorden (ww)	**antworten** (vi)	['ant,vɔʁtən]
bang zijn (ww)	**Angst haben**	['aŋst 'ha:bən]
bedreigen (bijv. met een pistool)	**drohen** (vi)	['dʀo:ən]
bedriegen (ww)	**täuschen** (vt)	['tɔɪʃən]
beëindigen (ww)	**beenden** (vt)	[bə'ʔɛndən]
beginnen (ww)	**beginnen** (vt)	[bə'gɪnən]
begrijpen (ww)	**verstehen** (vt)	[fɛɐ'ʃte:ən]
beheren (managen)	**leiten** (vt)	['laɪtən]
beledigen (met scheldwoorden)	**kränken** (vt)	['kʀɛŋkən]
beloven (ww)	**versprechen** (vt)	[fɛɐ'ʃpʀɛçən]
bereiden (koken)	**zubereiten** (vt)	['tsu:bə,ʀaɪtən]
bespreken (spreken over)	**besprechen** (vt)	[bə'ʃpʀɛçən]
bestellen (eten ~)	**bestellen** (vt)	[bə'ʃtɛlən]
bestraffen (een stout kind ~)	**bestrafen** (vt)	[bə'ʃtʀa:fən]
betalen (ww)	**zahlen** (vt)	['tsa:lən]
betekenen (beduiden)	**bedeuten** (vt)	[bə'dɔɪtən]
betreuren (ww)	**bedauern** (vt)	[bə'daʊɐn]
bevallen (prettig vinden)	**gefallen** (vi)	[gə'falən]
bevelen (mil.)	**befehlen** (vt)	[,bə'fe:lən]
bevrijden (stad, enz.)	**befreien** (vt)	[bə'fʀaɪən]
bewaren (ww)	**aufbewahren** (vt)	['aʊfbə,va:ʀən]
bezitten (ww)	**besitzen** (vt)	[bə'zɪtsən]
bidden (praten met God)	**beten** (vi)	['be:tən]
binnengaan (een kamer ~)	**hereinkommen** (vi)	[hɛ'ʀaɪn,kɔmən]
breken (ww)	**brechen** (vt)	['bʀɛçən]
controleren (ww)	**kontrollieren** (vt)	[kɔntʀɔ'li:ʀən]
creëren (ww)	**schaffen** (vt)	['ʃafən]
deelnemen (ww)	**teilnehmen** (vi)	['taɪl,ne:mən]
denken (ww)	**denken** (vi, vt)	['dɛŋkən]
doden (ww)	**ermorden** (vt)	[ɛɐ'mɔʁdən]
doen (ww)	**machen** (vt)	['maχən]
dorst hebben (ww)	**Durst haben**	['dʊʁst 'ha:bən]

9. De belangrijkste werkwoorden. Deel 2

een hint geven	**andeuten** (vt)	['an,dɔɪtən]
eisen (met klem vragen)	**verlangen** (vt)	[fɛɐ'laŋən]

existeren (bestaan)	**existieren** (vi)	[ˌɛksɪs'ti:ʀən]
gaan (te voet)	**gehen** (vi)	['ge:ən]
gaan zitten (ww)	**sich setzen**	[zɪç 'zɛtsən]
gaan zwemmen	**schwimmen gehen**	['ʃvɪmən 'ge:ən]
geven (ww)	**geben** (vt)	['ge:bən]
glimlachen (ww)	**lächeln** (vi)	['lɛçəln]
goed raden (ww)	**richtig raten** (vt)	['ʀɪçtɪç 'ʀa:tən]
grappen maken (ww)	**Witz machen**	[vɪts 'maχən]
graven (ww)	**graben** (vt)	['gʀa:bən]
hebben (ww)	**haben** (vt)	[ha:bən]
helpen (ww)	**helfen** (vi)	['hɛlfən]
herhalen (opnieuw zeggen)	**noch einmal sagen**	[nɔχ 'aɪnma:l 'za:gən]
honger hebben (ww)	**hungrig sein**	['hʊŋʀɪç zaɪn]
hopen (ww)	**hoffen** (vi)	['hɔfən]
horen (waarnemen met het oor)	**hören** (vt)	['hø:ʀən]
huilen (wenen)	**weinen** (vi)	['vaɪnən]
huren (huis, kamer)	**mieten** (vt)	['mi:tən]
informeren (informatie geven)	**informieren** (vt)	[ɪnfɔʁ'mi:ʀən]
instemmen (akkoord gaan)	**zustimmen** (vi)	['tsu:ʃtɪmən]
jagen (ww)	**jagen** (vi)	['jagən]
kennen (kennis hebben van iemand)	**kennen** (vt)	['kɛnən]
kiezen (ww)	**wählen** (vt)	['vɛ:lən]
klagen (ww)	**klagen** (vi)	['kla:gən]
kosten (ww)	**kosten** (vt)	['kɔstən]
kunnen (ww)	**können** (v mod)	['kœnən]
lachen (ww)	**lachen** (vi)	['laχən]
laten vallen (ww)	**fallen lassen**	['falən 'lasən]
lezen (ww)	**lesen** (vi, vt)	['le:zən]
liefhebben (ww)	**lieben** (vt)	['li:bən]
lunchen (ww)	**zu Mittag essen**	[tsu 'mɪta:k 'ɛsən]
nemen (ww)	**nehmen** (vt)	['ne:mən]
nodig zijn (ww)	**nötig sein**	['nø:tɪç zaɪn]

10. De belangrijkste werkwoorden. Deel 3

onderschatten (ww)	**unterschätzen** (vt)	[ˌʊntɐ'ʃɛtsən]
ondertekenen (ww)	**unterschreiben** (vt)	[ˌʊntɐ'ʃʀaɪbən]
ontbijten (ww)	**frühstücken** (vi)	['fʀy:ʃtʏkən]
openen (ww)	**öffnen** (vt)	['œfnən]
ophouden (ww)	**einstellen** (vt)	['aɪnʃtɛlən]
opmerken (zien)	**bemerken** (vt)	[bə'mɛʁkən]
opscheppen (ww)	**prahlen** (vi)	['pʀa:lən]
opschrijven (ww)	**aufschreiben** (vt)	['aʊfʃʀaɪbən]
plannen (ww)	**planen** (vt)	['pla:nən]

prefereren (verkiezen)	**vorziehen** (vt)	['foɐ,tsi:ən]
proberen (trachten)	**versuchen** (vt)	[fɛɐ'zu:χən]
redden (ww)	**retten** (vt)	['ʀɛtən]
rekenen op ...	**auf ... zählen**	[aʊf ... 'tsɛ:lən]
rennen (ww)	**laufen** (vi)	['laʊfən]
reserveren (een hotelkamer ~)	**reservieren** (vt)	[ʀezɛʁ'vi:ʀən]
roepen (om hulp)	**rufen** (vi)	['ʀu:fən]
schieten (ww)	**schießen** (vi)	['ʃi:sən]
schreeuwen (ww)	**schreien** (vi)	['ʃʀaɪən]
schrijven (ww)	**schreiben** (vi, vt)	['ʃʀaɪbən]
souperen (ww)	**zu Abend essen**	[tsu 'a:bənt 'ɛsən]
spelen (kinderen)	**spielen** (vi, vt)	['ʃpi:lən]
spreken (ww)	**sprechen** (vi)	['ʃpʀɛçən]
stelen (ww)	**stehlen** (vt)	['ʃte:lən]
stoppen (pauzeren)	**stoppen** (vt)	['ʃtɔpən]
studeren (Nederlands ~)	**lernen** (vt)	['lɛʁnən]
sturen (zenden)	**abschicken** (vt)	['ap,ʃɪkən]
tellen (optellen)	**rechnen** (vt)	['ʀɛçnən]
toebehoren aan ...	**gehören** (vi)	[gə'hø:ʀən]
toestaan (ww)	**erlauben** (vt)	[ɛɐ'laʊbən]
tonen (ww)	**zeigen** (vt)	['tsaɪgən]
twijfelen (onzeker zijn)	**zweifeln** (vi)	['tsvaɪfəln]
uitgaan (ww)	**ausgehen** (vi)	['aʊs,ge:ən]
uitnodigen (ww)	**einladen** (vt)	['aɪn,la:dən]
uitspreken (ww)	**aussprechen** (vt)	['aʊs,ʃpʀɛçən]
uitvaren tegen (ww)	**schelten** (vt)	['ʃɛltən]

11. De belangrijkste werkwoorden. Deel 4

vallen (ww)	**fallen** (vi)	['falən]
vangen (ww)	**fangen** (vt)	['faŋən]
veranderen (anders maken)	**ändern** (vt)	['ɛndɐn]
verbaasd zijn (ww)	**staunen** (vi)	['ʃtaunən]
verbergen (ww)	**verstecken** (vt)	[fɛɐ'ʃtɛkən]
verdedigen (je land ~)	**verteidigen** (vt)	[fɛɐ'taɪdɪgən]
verenigen (ww)	**vereinigen** (vt)	[fɛɐ'ʔaɪnɪgən]
vergelijken (ww)	**vergleichen** (vt)	[fɛɐ'glaɪçən]
vergeten (ww)	**vergessen** (vt)	[fɛɐ'gɛsən]
vergeven (ww)	**verzeihen** (vt)	[fɛɐ'tsaɪən]
verklaren (uitleggen)	**erklären** (vt)	[ɛɐ'klɛ:ʀən]
verkopen (per stuk ~)	**verkaufen** (vt)	[fɛɐ'kaʊfən]
vermelden (praten over)	**erwähnen** (vt)	[ɛɐ'vɛ:nən]
versieren (decoreren)	**schmücken** (vt)	['ʃmʏkən]
vertalen (ww)	**übersetzen** (vt)	[,y:bɐ'zɛtsən]
vertrouwen (ww)	**vertrauen** (vi)	[fɛɐ'tʀaʊən]
vervolgen (ww)	**fortsetzen** (vt)	['fɔʁt,zɛtsən]

verwarren (met elkaar ~)	**verwechseln** (vt)	[fɛɐ'vɛksəln]
verzoeken (ww)	**bitten** (vt)	['bɪtən]
verzuimen (school, enz.)	**versäumen** (vt)	[fɛɐ'zɔɪmən]
vinden (ww)	**finden** (vt)	['fɪndən]
vliegen (ww)	**fliegen** (vi)	['fli:gən]
volgen (ww)	**folgen** (vi)	['fɔlgən]
voorstellen (ww)	**vorschlagen** (vt)	['fo:ɐˌʃla:gən]
voorzien (verwachten)	**voraussehen** (vt)	[fo'ʀaʊsˌze:ən]
vragen (ww)	**fragen** (vt)	['fʀa:gən]
waarnemen (ww)	**beobachten** (vt)	[bə'ʔo:baχtən]
waarschuwen (ww)	**warnen** (vt)	['vaʁnən]
wachten (ww)	**warten** (vi)	['vaʁtən]
weerspreken (ww)	**einwenden** (vt)	['aɪnˌvɛndən]
weigeren (ww)	**sich weigern**	[zɪç 'vaɪgɐn]
werken (ww)	**arbeiten** (vi)	['aʁbaɪtən]
weten (ww)	**wissen** (vt)	['vɪsən]
willen (verlangen)	**wollen** (vt)	['vɔlən]
zeggen (ww)	**sagen** (vt)	['za:gən]
zich haasten (ww)	**sich beeilen**	[zɪç bə'ʔaɪlən]
zich interesseren voor ...	**sich interessieren**	[zɪç ɪntəʀɛ'si:ʀən]
zich vergissen (ww)	**sich irren**	[zɪç 'ɪʀən]
zich verontschuldigen	**sich entschuldigen**	[zɪç ɛnt'ʃʊldɪgən]
zien (ww)	**sehen** (vi, vt)	['ze:ən]
zijn (ww)	**sein** (vi)	[zaɪn]
zoeken (ww)	**suchen** (vt)	['zu:χən]
zwemmen (ww)	**schwimmen** (vi)	['ʃvɪmən]
zwijgen (ww)	**schweigen** (vi)	['ʃvaɪgən]

12. Kleuren

kleur (de)	**Farbe** (f)	['faʁbə]
tint (de)	**Schattierung** (f)	[ʃa'ti:ʀʊŋ]
kleurnuance (de)	**Farbton** (m)	['faʁpˌto:n]
regenboog (de)	**Regenbogen** (m)	['ʀe:gənˌbo:gən]
wit (bn)	**weiß**	[vaɪs]
zwart (bn)	**schwarz**	[ʃvaʁts]
grijs (bn)	**grau**	[gʀaʊ]
groen (bn)	**grün**	[gʀy:n]
geel (bn)	**gelb**	[gɛlp]
rood (bn)	**rot**	[ʀo:t]
blauw (bn)	**blau**	[blaʊ]
lichtblauw (bn)	**hellblau**	['hɛlˌblaʊ]
roze (bn)	**rosa**	['ʀo:za]
oranje (bn)	**orange**	[o'ʀaŋʃ]
violet (bn)	**violett**	[vɪo'lɛt]
bruin (bn)	**braun**	[bʀaʊn]

goud (bn)	**golden**	['gɔldən]
zilverkleurig (bn)	**silbrig**	['zɪlbʀɪç]
beige (bn)	**beige**	[be:ʃ]
roomkleurig (bn)	**cremefarben**	['kʀɛ:mˌfaʁbən]
turkoois (bn)	**türkis**	[tʏʁ'ki:s]
kersrood (bn)	**kirschrot**	['kɪʁʃʀo:t]
lila (bn)	**lila**	['li:la]
karmijnrood (bn)	**himbeerrot**	['hɪmbe:ɐˌʀo:t]
licht (bn)	**hell**	[hɛl]
donker (bn)	**dunkel**	['dʊŋkəl]
fel (bn)	**grell**	[gʀɛl]
kleur-, kleurig (bn)	**Farb-**	['faʁp]
kleuren- (abn)	**Farb-**	['faʁp]
zwart-wit (bn)	**schwarz-weiß**	['ʃvaʁtsˌvaɪs]
eenkleurig (bn)	**einfarbig**	['aɪnˌfaʁbɪç]
veelkleurig (bn)	**bunt**	[bʊnt]

13. Vragen

Wie?	**Wer?**	[ve:ɐ]
Wat?	**Was?**	[vas]
Waar?	**Wo?**	[vo:]
Waarheen?	**Wohin?**	[vo'hɪn]
Waarvandaan?	**Woher?**	[vo'he:ɐ]
Wanneer?	**Wann?**	[van]
Waarom?	**Wozu?**	[vo'tsu:]
Waarom?	**Warum?**	[va'ʀʊm]
Waarvoor dan ook?	**Wofür?**	[vo'fy:ɐ]
Hoe?	**Wie?**	[vi:]
Wat voor ...?	**Welcher?**	['vɛlçɐ]
Welk?	**Welcher?**	['vɛlçɐ]
Aan wie?	**Wem?**	[ve:m]
Over wie?	**Über wen?**	['y:bɐ ve:n]
Waarover?	**Wovon?**	[vo:'fɔn]
Met wie?	**Mit wem?**	[mɪt ve:m]
Hoeveel? (telb.)	**Wie viele?**	[vi: 'fi:lə]
Hoeveel? (ontelb.)	**Wie viel?**	['vi: fi:l]
Van wie? (mann.)	**Wessen?**	['vɛsən]

14. Functiewoorden. Bijwoorden. Deel 1

Waar?	**Wo?**	[vo:]
hier (bw)	**hier**	[hi:ɐ]
daar (bw)	**dort**	[dɔʁt]
ergens (bw)	**irgendwo**	['ɪʁgənt'vo:]
nergens (bw)	**nirgends**	['nɪʁgənts]

bij ... (in de buurt)	**an**	[an]
bij het raam	**am Fenster**	[am 'fɛnstɐ]
Waarheen?	**Wohin?**	[vo'hɪn]
hierheen (bw)	**hierher**	['hi:ɐ'he:ɐ]
daarheen (bw)	**dahin**	[da'hɪn]
hiervandaan (bw)	**von hier**	[fɔn hi:ɐ]
daarvandaan (bw)	**von da**	[fɔn da:]
dichtbij (bw)	**nah**	[na:]
ver (bw)	**weit**	[vaɪt]
in de buurt (van ...)	**in der Nähe von ...**	[ɪn de:ɐ 'nɛ:ə fɔn]
dichtbij (bw)	**in der Nähe**	[ɪn de:ɐ 'nɛ:ə]
niet ver (bw)	**unweit**	['ʊnvaɪt]
linker (bn)	**link**	[lɪŋk]
links (bw)	**links**	[lɪŋks]
linksaf, naar links (bw)	**nach links**	[na:χ lɪŋks]
rechter (bn)	**recht**	[ʀɛçt]
rechts (bw)	**rechts**	[ʀɛçts]
rechtsaf, naar rechts (bw)	**nach rechts**	[na:χ ʀɛçts]
vooraan (bw)	**vorne**	['fɔʁnə]
voorste (bn)	**Vorder-**	['fɔʁdɐ]
vooruit (bw)	**vorwärts**	['fo:ɐvɛʁts]
achter (bw)	**hinten**	['hɪntən]
van achteren (bw)	**von hinten**	[fɔn 'hɪntən]
achteruit (naar achteren)	**rückwärts**	['ʀʏkˌvɛʁts]
midden (het)	**Mitte** (f)	['mɪtə]
in het midden (bw)	**in der Mitte**	[ɪn de:ɐ 'mɪtə]
opzij (bw)	**seitlich**	['zaɪtlɪç]
overal (bw)	**überall**	[y:bɐ'ʔal]
omheen (bw)	**ringsherum**	[ˌʀɪŋshɛ'ʀʊm]
binnenuit (bw)	**von innen**	[fɔn 'ɪnən]
naar ergens (bw)	**irgendwohin**	['ɪʁgənt·vo'hɪn]
rechtdoor (bw)	**geradeaus**	[gəʀa:də'ʔaʊs]
terug (bijv. ~ komen)	**zurück**	[tsu'ʀʏk]
ergens vandaan (bw)	**irgendwoher**	['ɪʁgənt·vo'he:ɐ]
ergens vandaan (en dit geld moet ~ komen)	**von irgendwo**	[fɔn ˌɪʁgənt'vo:]
ten eerste (bw)	**erstens**	['e:ɐstəns]
ten tweede (bw)	**zweitens**	['tsvaɪtəns]
ten derde (bw)	**drittens**	['dʀɪtəns]
plotseling (bw)	**plötzlich**	['plœtslɪç]
in het begin (bw)	**zuerst**	[tsu'ʔe:ɐst]
voor de eerste keer (bw)	**zum ersten Mal**	[tsʊm 'e:ɐstən 'ma:l]
lang voor ... (bw)	**lange vor ...**	['laŋə fo:ɐ]

opnieuw (bw)	**von Anfang an**	[fɔn 'anˌfaŋ an]
voor eeuwig (bw)	**für immer**	[fy:ɐ 'ɪmɐ]
nooit (bw)	**nie**	[ni:]
weer (bw)	**wieder**	['vi:dɐ]
nu (bw)	**jetzt**	[jɛtst]
vaak (bw)	**oft**	[ɔft]
toen (bw)	**damals**	['da:ma:ls]
urgent (bw)	**dringend**	['dʀɪŋənt]
meestal (bw)	**gewöhnlich**	[gə'vø:nlɪç]
trouwens, ... (tussen haakjes)	**übrigens, ...**	['y:bʀɪgəns]
mogelijk (bw)	**möglicherweise**	['mø:klɪçɐ'vaɪzə]
waarschijnlijk (bw)	**wahrscheinlich**	[va:ɐ'ʃaɪnlɪç]
misschien (bw)	**vielleicht**	[fi'laɪçt]
trouwens (bw)	**außerdem ...**	['aʊsɐde:m]
daarom ...	**deshalb ...**	['dɛs'halp]
in weerwil van ...	**trotz ...**	[tʀɔts]
dankzij ...	**dank ...**	[daŋk]
wat (vn)	**was**	[vas]
dat (vw)	**das**	[das]
iets (vn)	**etwas**	['ɛtvas]
iets	**irgendwas**	['ɪʁgənt'vas]
niets (vn)	**nichts**	[nɪçts]
wie (~ is daar?)	**wer**	[ve:ɐ]
iemand (een onbekende)	**jemand**	['je:mant]
iemand (een bepaald persoon)	**irgendwer**	['ɪʁgənt've:ɐ]
niemand (vn)	**niemand**	['ni:mant]
nergens (bw)	**nirgends**	['nɪʁgənts]
niemands (bn)	**niemandes**	['ni:mandəs]
iemands (bn)	**jemandes**	['je:mandəs]
zo (Ik ben ~ blij)	**so**	[zo:]
ook (evenals)	**auch**	['aʊχ]
alsook (eveneens)	**ebenfalls**	['e:bənˌfals]

15. Functiewoorden. Bijwoorden. Deel 2

Waarom?	**Warum?**	[va'ʀʊm]
om een bepaalde reden	**aus irgendeinem Grund**	['aʊs 'ɪʁgənt'ʔaɪnəm gʀʊnt]
omdat ...	**weil ...**	[vaɪl]
voor een bepaald doel	**zu irgendeinem Zweck**	[tsu 'ɪʁgənt'ʔaɪnəm tsvɛk]
en (vw)	**und**	[ʊnt]
of (vw)	**oder**	['o:dɐ]
maar (vw)	**aber**	['a:bɐ]
voor (vz)	**für**	[fy:ɐ]
te (~ veel mensen)	**zu**	[tsu:]

alleen (bw)	**nur**	[nu:ɐ]
precies (bw)	**genau**	[gə'naʊ]
ongeveer (~ 10 kg)	**etwa**	['ɛtva]
omstreeks (bw)	**ungefähr**	['ʊngəfɛ:ɐ]
bij benadering (bn)	**ungefähr**	['ʊngəfɛ:ɐ]
bijna (bw)	**fast**	[fast]
rest (de)	**Übrige** (n)	['y:bʀɪgə]
de andere (tweede)	**der andere**	[de:ɐ 'andəʀə]
ander (bn)	**andere**	['andəʀə]
elk (bn)	**jeder** (m)	['je:dɐ]
om het even welk	**beliebig**	[bɛ'li:bɪç]
veel (grote hoeveelheid)	**viel**	[fi:l]
veel mensen	**viele Menschen**	['fi:lə 'mɛnʃən]
iedereen (alle personen)	**alle**	['alə]
in ruil voor ...	**im Austausch gegen ...**	[ɪm 'aʊsˌtaʊʃ 'ge:gən]
in ruil (bw)	**dafür**	[da'fy:ɐ]
met de hand (bw)	**mit der Hand**	[mɪt de:ɐ hant]
onwaarschijnlijk (bw)	**schwerlich**	['ʃve:ɐlɪç]
waarschijnlijk (bw)	**wahrscheinlich**	[va:ɐ'ʃaɪnlɪç]
met opzet (bw)	**absichtlich**	['apˌzɪçtlɪç]
toevallig (bw)	**zufällig**	['tsu:fɛlɪç]
zeer (bw)	**sehr**	[ze:ɐ]
bijvoorbeeld (bw)	**zum Beispiel**	[tsʊm 'baɪʃpi:l]
tussen (~ twee steden)	**zwischen**	['tsvɪʃən]
tussen (te midden van)	**unter**	['ʊntɐ]
zoveel (bw)	**so viel**	[zo: 'fi:l]
vooral (bw)	**besonders**	[bə'zɔndɐs]

Basisbegrippen Deel 2

16. Dagen van de week

maandag (de)	**Montag** (m)	['mo:nta:k]
dinsdag (de)	**Dienstag** (m)	['di:nsta:k]
woensdag (de)	**Mittwoch** (m)	['mɪtvɔχ]
donderdag (de)	**Donnerstag** (m)	['dɔnɐsta:k]
vrijdag (de)	**Freitag** (m)	['fʀaɪta:k]
zaterdag (de)	**Samstag** (m)	['zamsta:k]
zondag (de)	**Sonntag** (m)	['zɔnta:k]
vandaag (bw)	**heute**	['hɔɪtə]
morgen (bw)	**morgen**	['mɔʁgən]
overmorgen (bw)	**übermorgen**	['y:bɐˌmɔʁgən]
gisteren (bw)	**gestern**	['gɛstɐn]
eergisteren (bw)	**vorgestern**	['fo:ɐgɛstɐn]
dag (de)	**Tag** (m)	[ta:k]
werkdag (de)	**Arbeitstag** (m)	['aʁbaɪtsˌta:k]
feestdag (de)	**Feiertag** (m)	['faɪɐˌta:k]
verlofdag (de)	**freier Tag** (m)	['fʀaɪɐ ta:k]
weekend (het)	**Wochenende** (n)	['vɔχənˌʔɛndə]
de hele dag (bw)	**den ganzen Tag**	[den 'gantsən 'ta:k]
de volgende dag (bw)	**am nächsten Tag**	[am 'nɛ:çstən ta:k]
twee dagen geleden	**zwei Tage vorher**	[tsvaɪ 'ta:gə 'fo:ɐhe:ɐ]
aan de vooravond (bw)	**am Vortag**	[am 'fo:ɐˌta:k]
dag-, dagelijks (bn)	**täglich**	['tɛ:klɪç]
elke dag (bw)	**täglich**	['tɛ:klɪç]
week (de)	**Woche** (f)	['vɔχə]
vorige week (bw)	**letzte Woche**	['lɛtstə 'vɔχə]
volgende week (bw)	**nächste Woche**	['nɛ:çstə 'vɔχə]
wekelijks (bn)	**wöchentlich**	['vœçəntlɪç]
elke week (bw)	**wöchentlich**	['vœçəntlɪç]
twee keer per week	**zweimal pro Woche**	['tsvaɪma:l pʀɔ 'vɔχə]
elke dinsdag	**jeden Dienstag**	['je:dən 'di:nsta:k]

17. Uren. Dag en nacht

morgen (de)	**Morgen** (m)	['mɔʁgən]
's morgens (bw)	**morgens**	['mɔʁgəns]
middag (de)	**Mittag** (m)	['mɪta:k]
's middags (bw)	**nachmittags**	['na:χmɪˌta:ks]
avond (de)	**Abend** (m)	['a:bənt]
's avonds (bw)	**abends**	['a:bənts]

nacht (de)	**Nacht** (f)	[naχt]
's nachts (bw)	**nachts**	[naχts]
middernacht (de)	**Mitternacht** (f)	['mɪtɐ,naχt]
seconde (de)	**Sekunde** (f)	[ze'kʊndə]
minuut (de)	**Minute** (f)	[mi'nu:tə]
uur (het)	**Stunde** (f)	['ʃtʊndə]
halfuur (het)	**eine halbe Stunde**	['aɪnə 'halbə 'ʃtʊndə]
kwartier (het)	**Viertelstunde** (f)	['fɪʁtəl,ʃtʊndə]
vijftien minuten	**fünfzehn Minuten**	['fʏnftse:n mi'nu:tən]
etmaal (het)	**Tag und Nacht**	['ta:k ʊnt 'naχt]
zonsopgang (de)	**Sonnenaufgang** (m)	['zɔnən,ʔaʊfgaŋ]
dageraad (de)	**Morgendämmerung** (f)	['mɔʁgən,dɛməʀʊŋ]
vroege morgen (de)	**früher Morgen** (m)	['fʀy:ɐ 'mɔʁgən]
zonsondergang (de)	**Sonnenuntergang** (m)	['zɔnən,ʔʊntɐgaŋ]
's morgens vroeg (bw)	**früh am Morgen**	[fʀy: am 'mɔʁgən]
vanmorgen (bw)	**heute morgen**	['hɔɪtə 'mɔʁgən]
morgenochtend (bw)	**morgen früh**	['mɔʁgən fʀy:]
vanmiddag (bw)	**heute Mittag**	['hɔɪtə 'mɪta:k]
's middags (bw)	**nachmittags**	['na:χmɪ,ta:ks]
morgenmiddag (bw)	**morgen Nachmittag**	['mɔʁgən 'na:χmɪ,ta:k]
vanavond (bw)	**heute Abend**	['hɔɪtə 'a:bənt]
morgenavond (bw)	**morgen Abend**	['mɔʁgən 'a:bənt]
klokslag drie uur	**Punkt drei Uhr**	[pʊŋkt dʀaɪ u:ɐ]
ongeveer vier uur	**gegen vier Uhr**	['ge:gn fi:ɐ u:ɐ]
tegen twaalf uur	**um zwölf Uhr**	[ʊm tsvœlf u:ɐ]
over twintig minuten	**in zwanzig Minuten**	[ɪn 'tsvantsɪç mi'nu:tən]
over een uur	**in einer Stunde**	[ɪn 'aɪnɐ 'ʃtʊndə]
op tijd (bw)	**rechtzeitig**	['ʀɛçt,tsaɪtɪç]
kwart voor ...	**Viertel vor ...**	['fɪʁtəl fo:ɐ]
binnen een uur	**innerhalb einer Stunde**	['ɪnɐhalp 'aɪnɐ 'ʃtʊndə]
elk kwartier	**alle fünfzehn Minuten**	['alə 'fʏnftse:n mi'nu:tən]
de klok rond	**Tag und Nacht**	['ta:k ʊnt 'naχt]

18. Maanden. Seizoenen

januari (de)	**Januar** (m)	['janua:ɐ]
februari (de)	**Februar** (m)	['fe:bʀua:ɐ]
maart (de)	**März** (m)	[mɛʁts]
april (de)	**April** (m)	[a'pʀɪl]
mei (de)	**Mai** (m)	[maɪ]
juni (de)	**Juni** (m)	['ju:ni]
juli (de)	**Juli** (m)	['ju:li]
augustus (de)	**August** (m)	[aʊ'gʊst]
september (de)	**September** (m)	[zɛp'tɛmbɐ]
oktober (de)	**Oktober** (m)	[ɔk'to:bɐ]
november (de)	**November** (m)	[no'vɛmbɐ]
december (de)	**Dezember** (m)	[de'tsɛmbɐ]

lente (de)	**Frühling** (m)	['fʀy:lɪŋ]
in de lente (bw)	**im Frühling**	[ɪm 'fʀy:lɪŋ]
lente- (abn)	**Frühlings-**	['fʀy:lɪŋs]
zomer (de)	**Sommer** (m)	['zɔmɐ]
in de zomer (bw)	**im Sommer**	[ɪm 'zɔmɐ]
zomer-, zomers (bn)	**Sommer-**	['zɔmɐ]
herfst (de)	**Herbst** (m)	[hɛʁpst]
in de herfst (bw)	**im Herbst**	[ɪm hɛʁpst]
herfst- (abn)	**Herbst-**	[hɛʁpst]
winter (de)	**Winter** (m)	['vɪntɐ]
in de winter (bw)	**im Winter**	[ɪm 'vɪntɐ]
winter- (abn)	**Winter-**	['vɪntɐ]
maand (de)	**Monat** (m)	['mo:nat]
deze maand (bw)	**in diesem Monat**	[ɪn 'di:zəm 'mo:nat]
volgende maand (bw)	**nächsten Monat**	['nɛ:çstən 'mo:nat]
vorige maand (bw)	**letzten Monat**	['lɛtstən 'mo:nat]
een maand geleden (bw)	**vor einem Monat**	[fo:ɐ 'aɪnəm 'mo:nat]
over een maand (bw)	**über eine Monat**	['y:bɐ 'aɪnə 'mo:nat]
over twee maanden (bw)	**in zwei Monaten**	[ɪn tsvaɪ 'mo:natən]
de hele maand (bw)	**einen ganzen Monat**	['aɪnən 'gantsən 'mo:nat]
een volle maand (bw)	**den ganzen Monat**	[de:n 'gantsən 'mo:nat]
maand-, maandelijks (bn)	**monatlich**	['mo:natlɪç]
maandelijks (bw)	**monatlich**	['mo:natlɪç]
elke maand (bw)	**jeden Monat**	['je:dən 'mo:nat]
twee keer per maand	**zweimal pro Monat**	['tsvaɪma:l pʀɔ 'mo:nat]
jaar (het)	**Jahr** (n)	[ja:ɐ]
dit jaar (bw)	**dieses Jahr**	['di:zəs ja:ɐ]
volgend jaar (bw)	**nächstes Jahr**	['nɛ:çstəs ja:ɐ]
vorig jaar (bw)	**voriges Jahr**	['fo:ʀɪgəs ja:ɐ]
een jaar geleden (bw)	**vor einem Jahr**	[fo:ɐ 'aɪnəm ja:ɐ]
over een jaar	**in einem Jahr**	[ɪn 'aɪnəm ja:ɐ]
over twee jaar	**in zwei Jahren**	[ɪn tsvaɪ 'ja:ʀən]
het hele jaar	**ein ganzes Jahr**	[aɪn 'gantsəs ja:ɐ]
een vol jaar	**das ganze Jahr**	[das 'gantsə ja:ɐ]
elk jaar	**jedes Jahr**	['je:dəs ja:ɐ]
jaar-, jaarlijks (bn)	**jährlich**	['jɛ:ɐlɪç]
jaarlijks (bw)	**jährlich**	['jɛ:ɐlɪç]
4 keer per jaar	**viermal pro Jahr**	['fi:ɐma:l pʀɔ ja:ɐ]
datum (de)	**Datum** (n)	['da:tʊm]
datum (de)	**Datum** (n)	['da:tʊm]
kalender (de)	**Kalender** (m)	[ka'lɛndɐ]
een half jaar	**ein halbes Jahr**	[aɪn 'halbəs ja:ɐ]
zes maanden	**Halbjahr** (n)	['halpˌja:ɐ]
seizoen (bijv. lente, zomer)	**Saison** (f)	[zɛ'zɔŋ]
eeuw (de)	**Jahrhundert** (n)	[ja:ɐ'hʊndɐt]

19. Tijd. Diversen

tijd (de)	**Zeit** (f)	[tsaɪt]
ogenblik (het)	**Augenblick** (m)	[ˌaʊgən'blɪk]
moment (het)	**Moment** (m)	[mo'mɛnt]
ogenblikkelijk (bn)	**augenblicklich**	[ˌaʊgəŋ'blɪklɪç]
tijdsbestek (het)	**Zeitspanne** (f)	['tsaɪtˌʃpanə]
leven (het)	**Leben** (n)	['le:bən]
eeuwigheid (de)	**Ewigkeit** (f)	['e:vɪçkaɪt]
epoche (de), tijdperk (het)	**Epoche** (f)	[e'pɔχə]
era (de), tijdperk (het)	**Ära** (f)	['ɛ:ʀa]
cyclus (de)	**Zyklus** (m)	['tsy:klʊs]
periode (de)	**Periode** (f)	[pe'ʀɪo:də]
termijn (vastgestelde periode)	**Frist** (f)	[fʀɪst]
toekomst (de)	**Zukunft** (f)	['tsu:ˌkʊnft]
toekomstig (bn)	**zukünftig**	['tsu:ˌkʏnftɪç]
de volgende keer	**nächstes Mal**	['nɛ:çstəs mal]
verleden (het)	**Vergangenheit** (f)	[ˌfɛɐ'gaŋənhaɪt]
vorig (bn)	**vorig**	['fo:ʀɪç]
de vorige keer	**letztes Mal**	['lɛtstəs ma:l]
later (bw)	**später**	['ʃpɛ:tɐ]
na (~ het diner)	**danach**	[da'na:χ]
tegenwoordig (bw)	**zur Zeit**	[tsu:ɐ 'tsaɪt]
nu (bw)	**jetzt**	[jɛtst]
onmiddellijk (bw)	**sofort**	[zo'fɔʁt]
snel (bw)	**bald**	[balt]
bij voorbaat (bw)	**im Voraus**	[ɪm fo'ʀaʊs]
lang geleden (bw)	**lange her**	['laŋə he:ɐ]
kort geleden (bw)	**vor kurzem**	[fo:ɐ 'kʊʁtsəm]
noodlot (het)	**Schicksal** (n)	['ʃɪkˌza:l]
herinneringen (mv.)	**Erinnerungen** (pl)	[ɛɐ'ʔɪnəʀʊŋən]
archief (het)	**Archiv** (n)	[aʁ'çi:f]
tijdens ... (ten tijde van)	**während ...**	['vɛ:ʀənt]
lang (bw)	**lange**	['laŋə]
niet lang (bw)	**nicht lange**	[nɪçt 'laŋə]
vroeg (bijv. ~ in de ochtend)	**früh**	[fʀy:]
laat (bw)	**spät**	[ʃpɛ:t]
voor altijd (bw)	**für immer**	[fy:ɐ 'ɪmɐ]
beginnen (ww)	**beginnen** (vt)	[bə'gɪnən]
uitstellen (ww)	**verschieben** (vt)	[fɛɐ'ʃi:bən]
tegelijkertijd (bw)	**gleichzeitig**	['glaɪçˌtsaɪtɪç]
voortdurend (bw)	**ständig**	['ʃtɛndɪç]
voortdurend	**konstant**	[kɔn'stant]
tijdelijk (bn)	**zeitweilig**	['tsaɪtvaɪlɪç]
soms (bw)	**manchmal**	['mançma:l]
zelden (bw)	**selten**	['zɛltən]
vaak (bw)	**oft**	[ɔft]

20. Tegenovergestelden

rijk (bn)	**reich**	[ʀaɪç]
arm (bn)	**arm**	[aʁm]
ziek (bn)	**krank**	[kʀaŋk]
gezond (bn)	**gesund**	[gə'zʊnt]
groot (bn)	**groß**	[gʀo:s]
klein (bn)	**klein**	[klaɪn]
snel (bw)	**schnell**	[ʃnɛl]
langzaam (bw)	**langsam**	['laŋza:m]
snel (bn)	**schnell**	[ʃnɛl]
langzaam (bn)	**langsam**	['laŋza:m]
vrolijk (bn)	**froh**	[fʀo:]
treurig (bn)	**traurig**	['tʀaʊʀɪç]
samen (bw)	**zusammen**	[tsu'zamən]
apart (bw)	**getrennt**	[gə'tʀɛnt]
hardop (~ lezen)	**laut**	[laʊt]
stil (~ lezen)	**still**	[ʃtɪl]
hoog (bn)	**hoch**	[ho:χ]
laag (bn)	**niedrig**	['ni:dʀɪç]
diep (bn)	**tief**	[ti:f]
ondiep (bn)	**flach**	[flaχ]
ja	**ja**	[ja:]
nee	**nein**	[naɪn]
ver (bn)	**fern**	[fɛʁn]
dicht (bn)	**nah**	[na:]
ver (bw)	**weit**	[vaɪt]
dichtbij (bw)	**nebenan**	[ne:bən'ʔan]
lang (bn)	**lang**	[laŋ]
kort (bn)	**kurz**	[kʊʁts]
vriendelijk (goedhartig)	**gut**	[gu:t]
kwaad (bn)	**böse**	['bø:zə]
gehuwd (mann.)	**verheiratet**	[fɛɐ'haɪʀa:tət]
ongehuwd (mann.)	**ledig**	['le:dɪç]
verbieden (ww)	**verbieten** (vt)	[fɛɐ'bi:tən]
toestaan (ww)	**erlauben** (vt)	[ɛɐ'laʊbən]
einde (het)	**Ende** (n)	['ɛndə]
begin (het)	**Anfang** (m)	['anfaŋ]

linker (bn)	**link**	[lɪŋk]
rechter (bn)	**recht**	[ʀɛçt]
eerste (bn)	**der erste**	[de:ɐ 'ɛʁstə]
laatste (bn)	**der letzte**	[de:ɐ 'lɛtstə]
misdaad (de)	**Verbrechen** (n)	[fɛɐ'bʀɛçən]
bestraffing (de)	**Bestrafung** (f)	[bə'ʃtʀa:fʊŋ]
bevelen (ww)	**befehlen** (vt)	[ˌbə'fe:lən]
gehoorzamen (ww)	**gehorchen** (vi)	[gə'hɔʁçən]
recht (bn)	**gerade**	[gə'ʀa:də]
krom (bn)	**krumm**	[kʀʊm]
paradijs (het)	**Paradies** (n)	[paʀa'di:s]
hel (de)	**Hölle** (f)	['hœlə]
geboren worden (ww)	**geboren sein**	[gə'bo:ʀən zaɪn]
sterven (ww)	**sterben** (vi)	['ʃtɛʁbən]
sterk (bn)	**stark**	[ʃtaʁk]
zwak (bn)	**schwach**	['ʃvaχ]
oud (bn)	**alt**	[alt]
jong (bn)	**jung**	[jʊŋ]
oud (bn)	**alt**	[alt]
nieuw (bn)	**neu**	[nɔɪ]
hard (bn)	**hart**	[haʁt]
zacht (bn)	**weich**	[vaɪç]
warm (bn)	**warm**	[vaʁm]
koud (bn)	**kalt**	[kalt]
dik (bn)	**dick**	[dɪk]
dun (bn)	**mager**	['ma:gɐ]
smal (bn)	**eng**	[ɛŋ]
breed (bn)	**breit**	[bʀaɪt]
goed (bn)	**gut**	[gu:t]
slecht (bn)	**schlecht**	[ʃlɛçt]
moedig (bn)	**tapfer**	['tapfɐ]
laf (bn)	**feige**	['faɪgə]

21. Lijnen en vormen

vierkant (het)	**Quadrat** (n)	[kva'dʀa:t]
vierkant (bn)	**quadratisch**	[kva'dʀa:tɪʃ]
cirkel (de)	**Kreis** (m)	[kʀaɪs]
rond (bn)	**rund**	[ʀʊnt]

driehoek (de)	**Dreieck** (n)	['dʀaɪʔɛk]
driehoekig (bn)	**dreieckig**	['dʀaɪʔɛkɪç]
ovaal (het)	**Oval** (n)	[o'va:l]
ovaal (bn)	**oval**	[o'va:l]
rechthoek (de)	**Rechteck** (n)	['ʀɛçtʔɛk]
rechthoekig (bn)	**rechteckig**	['ʀɛçtʔɛkɪç]
piramide (de)	**Pyramide** (f)	[pyʀa'mi:də]
ruit (de)	**Rhombus** (m)	['ʀɔmbʊs]
trapezium (het)	**Trapez** (n)	[tʀa'pe:ts]
kubus (de)	**Würfel** (m)	['vʏʁfəl]
prisma (het)	**Prisma** (n)	['pʀɪsma]
omtrek (de)	**Kreis** (m)	[kʀaɪs]
bol, sfeer (de)	**Sphäre** (f)	['sfɛ:ʀə]
bal (de)	**Kugel** (f)	['ku:gəl]
diameter (de)	**Durchmesser** (m)	['dʊʁç,mɛsɐ]
straal (de)	**Radius** (m)	['ʀa:dɪʊs]
omtrek (~ van een cirkel)	**Umfang** (m)	['ʊmfaŋ]
middelpunt (het)	**Zentrum** (n)	['tsɛntʀʊm]
horizontaal (bn)	**waagerecht**	['va:gəʀɛçt]
verticaal (bn)	**senkrecht**	['zɛŋkʀɛçt]
parallel (de)	**Parallele** (f)	[paʀa'le:lə]
parallel (bn)	**parallel**	[paʀa'le:l]
lijn (de)	**Linie** (f)	['li:niə]
streep (de)	**Strich** (m)	[ʃtʀɪç]
rechte lijn (de)	**Gerade** (f)	[gə'ʀa:də]
kromme (de)	**Kurve** (f)	['kʊʁvə]
dun (bn)	**dünn**	[dʏn]
omlijning (de)	**Kontur** (m, f)	[kɔn'tu:ɐ]
snijpunt (het)	**Schnittpunkt** (m)	['ʃnɪt,pʊŋkt]
rechte hoek (de)	**rechter Winkel** (m)	['ʀɛçtɐ 'vɪŋkəl]
segment (het)	**Segment** (n)	[zɛ'gmɛnt]
sector (de)	**Sektor** (m)	['zɛkto:ɐ]
zijde (de)	**Seite** (f)	['zaɪtə]
hoek (de)	**Winkel** (m)	['vɪŋkəl]

22. Meeteenheden

gewicht (het)	**Gewicht** (n)	[gə'vɪçt]
lengte (de)	**Länge** (f)	['lɛŋə]
breedte (de)	**Breite** (f)	['bʀaɪtə]
hoogte (de)	**Höhe** (f)	['hø:ə]
diepte (de)	**Tiefe** (f)	['ti:fə]
volume (het)	**Volumen** (n)	[vo'lu:mən]
oppervlakte (de)	**Fläche** (f)	['flɛçə]
gram (het)	**Gramm** (n)	[gʀam]
milligram (het)	**Milligramm** (n)	['mɪli,gʀam]
kilogram (het)	**Kilo** (n)	['ki:lo]

ton (duizend kilo)	**Tonne** (f)	['tɔnə]
pond (het)	**Pfund** (n)	[pfʊnt]
ons (het)	**Unze** (f)	['ʊntsə]
meter (de)	**Meter** (m, n)	['me:tɐ]
millimeter (de)	**Millimeter** (m)	['mɪliˌme:tɐ]
centimeter (de)	**Zentimeter** (m, n)	[ˌtsɛnti'me:tɐ]
kilometer (de)	**Kilometer** (m)	[ˌkilo'me:tɐ]
mijl (de)	**Meile** (f)	['maɪlə]
duim (de)	**Zoll** (m)	[tsɔl]
voet (de)	**Fuß** (m)	[fu:s]
yard (de)	**Yard** (n)	[ja:ɐt]
vierkante meter (de)	**Quadratmeter** (m)	[kva'dʀa:tˌme:tɐ]
hectare (de)	**Hektar** (n)	['hɛkta:ɐ]
liter (de)	**Liter** (m, n)	['li:tɐ]
graad (de)	**Grad** (m)	[gʀa:t]
volt (de)	**Volt** (n)	[vɔlt]
ampère (de)	**Ampere** (n)	[am'pe:ɐ]
paardenkracht (de)	**Pferdestärke** (f)	['pfe:ɐdəʃtɛʁkə]
hoeveelheid (de)	**Anzahl** (f)	['antsa:l]
een beetje ...	**etwas ...**	['ɛtvas]
helft (de)	**Hälfte** (f)	['hɛlftə]
dozijn (het)	**Dutzend** (n)	['dʊtsənt]
stuk (het)	**Stück** (n)	[ʃtʏk]
afmeting (de)	**Größe** (f)	['gʀø:sə]
schaal (bijv. ~ van 1 op 50)	**Maßstab** (m)	['ma:sʃta:p]
minimaal (bn)	**minimal**	[mini'ma:l]
minste (bn)	**der kleinste**	[de:ɐ 'klaɪnstə]
medium (bn)	**mittler, mittel-**	['mɪtlɐ], ['mɪtəl]
maximaal (bn)	**maximal**	[maksi'ma:l]
grootste (bn)	**der größte**	[de:ɐ 'gʀø:stə]

23. Containers

glazen pot (de)	**Glas** (n)	[gla:s]
blik (conserven~)	**Dose** (f)	['do:zə]
emmer (de)	**Eimer** (m)	['aɪmɐ]
ton (bijv. regenton)	**Fass** (n), **Tonne** (f)	[fas], ['tɔnə]
ronde waterbak (de)	**Waschschüssel** (n)	['vaʃʃʏsəl]
tank (bijv. watertank-70-ltr)	**Tank** (m)	[taŋk]
heupfles (de)	**Flachmann** (m)	['flaχman]
jerrycan (de)	**Kanister** (m)	[ka'nɪstɐ]
tank (bijv. ketelwagen)	**Zisterne** (f)	[tsɪs'tɛʁnə]
beker (de)	**Kaffeebecher** (m)	['kafeˌbɛçɐ]
kopje (het)	**Tasse** (f)	['tasə]
schoteltje (het)	**Untertasse** (f)	['ʊntɐˌtasə]

glas (het)	**Wasserglas** (n)	['vasɐ,gla:s]
wijnglas (het)	**Weinglas** (n)	['vaɪn,gla:s]
pan (de)	**Kochtopf** (m)	['kɔχ,tɔpf]
fles (de)	**Flasche** (f)	['flaʃə]
flessenhals (de)	**Flaschenhals** (m)	['flaʃən,hals]
karaf (de)	**Karaffe** (f)	[ka'ʀafə]
kruik (de)	**Tonkrug** (m)	['to:n,kʀu:k]
vat (het)	**Gefäß** (n)	[gə'fɛ:s]
pot (de)	**Tontopf** (m)	['to:n,tɔpf]
vaas (de)	**Vase** (f)	['va:zə]
flacon (de)	**Flakon** (n)	[fla'kɔŋ]
flesje (het)	**Fläschchen** (n)	['flɛʃçən]
tube (bijv. ~ tandpasta)	**Tube** (f)	['tu:bə]
zak (bijv. ~ aardappelen)	**Sack** (m)	[zak]
tasje (het)	**Tüte** (f)	['ty:tə]
pakje (~ sigaretten, enz.)	**Schachtel** (f)	['ʃaχtəl]
doos (de)	**Karton** (m)	[kaʁ'tɔŋ]
kist (de)	**Kiste** (f)	['kɪstə]
mand (de)	**Korb** (m)	[kɔʁp]

24. Materialen

materiaal (het)	**Stoff** (n)	[ʃtɔf]
hout (het)	**Holz** (n)	[hɔlts]
houten (bn)	**hölzern**	['hœltsɐn]
glas (het)	**Glas** (n)	[gla:s]
glazen (bn)	**gläsern, Glas-**	['glɛ:zɐn], [gla:s]
steen (de)	**Stein** (m)	[ʃtaɪn]
stenen (bn)	**steinern**	['ʃtaɪnɐn]
plastic (het)	**Kunststoff** (m)	['kʊnst,ʃtɔf]
plastic (bn)	**Kunststoff-**	['kʊnst,ʃtɔf]
rubber (het)	**Gummi** (m, n)	['gʊmi]
rubber-, rubberen (bn)	**Gummi-**	['gʊmi]
stof (de)	**Stoff** (m)	[ʃtɔf]
van stof (bn)	**aus Stoff**	['aʊs ʃtɔf]
papier (het)	**Papier** (n)	[pa'pi:ɐ]
papieren (bn)	**Papier-**	[pa'pi:ɐ]
karton (het)	**Pappe** (f)	['papə]
kartonnen (bn)	**Pappen-**	['papən]
polyethyleen (het)	**Polyäthylen** (n)	[polyʔɛty'le:n]
cellofaan (het)	**Zellophan** (n)	[tsɛlo'fa:n]
multiplex (het)	**Furnier** (n)	[fʊʁ'ni:ɐ]

porselein (het)	**Porzellan** (n)	[pɔʁtsɛ'la:n]
porseleinen (bn)	**aus Porzellan**	['aʊs pɔʁtsɛ'la:n]
klei (de)	**Ton** (m)	[to:n]
klei-, van klei (bn)	**Ton-**	[to:n]
keramiek (de)	**Keramik** (f)	[ke'ʀa:mɪk]
keramieken (bn)	**keramisch**	[ke'ʀa:mɪʃ]

25. Metalen

metaal (het)	**Metall** (n)	[me'tal]
metalen (bn)	**metallisch, Metall-**	[me'talɪʃ], [me'tal]
legering (de)	**Legierung** (f)	[le'gi:ʀʊŋ]
goud (het)	**Gold** (n)	[gɔlt]
gouden (bn)	**golden**	['gɔldən]
zilver (het)	**Silber** (n)	['zɪlbə]
zilveren (bn)	**silbern, Silber-**	['zɪlbɐn], ['zɪlbɐ]
ijzer (het)	**Eisen** (n)	['aɪzən]
ijzeren	**eisern, Eisen-**	['aɪzɐn], ['aɪzən]
staal (het)	**Stahl** (m)	[ʃta:l]
stalen (bn)	**stählern**	['ʃtɛ:lɐn]
koper (het)	**Kupfer** (n)	['kʊpfɐ]
koperen (bn)	**kupfern, Kupfer-**	['kʊpfɐn], ['kʊpfɐ]
aluminium (het)	**Aluminium** (n)	[alu:'mi:njʊm]
aluminium (bn)	**Aluminium-**	[alu:'mi:njʊm]
brons (het)	**Bronze** (f)	['bʀɔŋsə]
bronzen (bn)	**bronzen**	['bʀɔŋsən]
messing (het)	**Messing** (n)	['mɛsɪŋ]
nikkel (het)	**Nickel** (n)	['nɪkəl]
platina (het)	**Platin** (n)	['pla:ti:n]
kwik (het)	**Quecksilber** (n)	['kvɛkˌzɪlbɐ]
tin (het)	**Zinn** (n)	[tsɪn]
lood (het)	**Blei** (n)	[blaɪ]
zink (het)	**Zink** (n)	[tsɪŋk]

MENS

Mens. Het lichaam

26. Mensen. Basisbegrippen

mens (de)	**Mensch** (m)	[mɛnʃ]
man (de)	**Mann** (m)	[man]
vrouw (de)	**Frau** (f)	[fʀaʊ]
kind (het)	**Kind** (n)	[kɪnt]
meisje (het)	**Mädchen** (n)	['mɛ:tçən]
jongen (de)	**Junge** (m)	['jʊŋə]
tiener, adolescent (de)	**Teenager** (m)	['ti:ne:dʒɐ]
oude man (de)	**Greis** (m)	[gʀaɪs]
oude vrouw (de)	**alte Frau** (f)	['altə 'fʀaʊ]

27. Menselijke anatomie

organisme (het)	**Organismus** (m)	[ˌɔʁga'nɪsmʊs]
hart (het)	**Herz** (n)	[hɛʁts]
bloed (het)	**Blut** (n)	[blu:t]
slagader (de)	**Arterie** (f)	[aʁ'te:ʀiə]
ader (de)	**Vene** (f)	['ve:nə]
hersenen (mv.)	**Gehirn** (n)	[gə'hɪʁn]
zenuw (de)	**Nerv** (m)	[nɛʁf]
zenuwen (mv.)	**Nerven** (pl)	['nɛʁfən]
wervel (de)	**Wirbel** (m)	['vɪʁbəl]
ruggengraat (de)	**Wirbelsäule** (f)	['vɪʁbəlˌzɔɪlə]
maag (de)	**Magen** (m)	['ma:gən]
darmen (mv.)	**Gedärm** (n)	[gə'dɛʁm]
darm (de)	**Darm** (m)	[daʁm]
lever (de)	**Leber** (f)	['le:bɐ]
nier (de)	**Niere** (f)	['ni:ʀə]
been (deel van het skelet)	**Knochen** (m)	['knɔχən]
skelet (het)	**Skelett** (n)	[ske'lɛt]
rib (de)	**Rippe** (f)	['ʀɪpə]
schedel (de)	**Schädel** (m)	['ʃɛ:dəl]
spier (de)	**Muskel** (m)	['mʊskəl]
biceps (de)	**Bizeps** (m)	['bi:tsɛps]
triceps (de)	**Trizeps** (m)	['tʀi:tsɛps]
pees (de)	**Sehne** (f)	['ze:nə]
gewricht (het)	**Gelenk** (n)	[gə'lɛŋk]

longen (mv.)	**Lungen** (pl)	['lʊŋən]
geslachtsorganen (mv.)	**Geschlechtsorgane** (pl)	[gə'ʃlɛçtsʔɔʁˌga:nə]
huid (de)	**Haut** (f)	[haʊt]

28. Hoofd

hoofd (het)	**Kopf** (m)	[kɔpf]
gezicht (het)	**Gesicht** (n)	[gə'zɪçt]
neus (de)	**Nase** (f)	['na:zə]
mond (de)	**Mund** (m)	[mʊnt]
oog (het)	**Auge** (n)	['aʊgə]
ogen (mv.)	**Augen** (pl)	['aʊgən]
pupil (de)	**Pupille** (f)	[pu'pɪlə]
wenkbrauw (de)	**Augenbraue** (f)	['aʊgəŋˌbʀaʊə]
wimper (de)	**Wimper** (f)	['vɪmpɐ]
ooglid (het)	**Augenlid** (n)	['aʊgəŋˌli:t]
tong (de)	**Zunge** (f)	['tsʊŋə]
tand (de)	**Zahn** (m)	[tsa:n]
lippen (mv.)	**Lippen** (pl)	['lɪpən]
jukbeenderen (mv.)	**Backenknochen** (pl)	['bakənˌknɔχən]
tandvlees (het)	**Zahnfleisch** (n)	['tsa:nˌflaɪʃ]
gehemelte (het)	**Gaumen** (m)	['gaʊmən]
neusgaten (mv.)	**Nasenlöcher** (pl)	['na:zənˌlœçɐ]
kin (de)	**Kinn** (n)	[kɪn]
kaak (de)	**Kiefer** (m)	['ki:fɐ]
wang (de)	**Wange** (f)	['vaŋə]
voorhoofd (het)	**Stirn** (f)	[ʃtɪʁn]
slaap (de)	**Schläfe** (f)	['ʃlɛ:fə]
oor (het)	**Ohr** (n)	[o:ɐ]
achterhoofd (het)	**Nacken** (m)	['nakən]
hals (de)	**Hals** (m)	[hals]
keel (de)	**Kehle** (f)	['ke:lə]
haren (mv.)	**Haare** (pl)	['ha:ʀə]
kapsel (het)	**Frisur** (f)	[ˌfʀi'zu:ɐ]
haarsnit (de)	**Haarschnitt** (m)	['ha:ɐʃnɪt]
pruik (de)	**Perücke** (f)	[pe'ʀʏkə]
snor (de)	**Schnurrbart** (m)	['ʃnʊʁˌba:ɐt]
baard (de)	**Bart** (m)	[ba:ɐt]
dragen (een baard, enz.)	**haben** (vt)	[ha:bən]
vlecht (de)	**Zopf** (m)	[tsɔpf]
bakkebaarden (mv.)	**Backenbart** (m)	['bakənˌba:ɐt]
ros (roodachtig, rossig)	**rothaarig**	['ʀo:tˌha:ʀɪç]
grijs (~ haar)	**grau**	[gʀaʊ]
kaal (bn)	**kahl**	[ka:l]
kale plek (de)	**Glatze** (f)	['glatsə]
paardenstaart (de)	**Pferdeschwanz** (m)	['pfe:ɐdəʃvants]
pony (de)	**Pony** (m)	['pɔni]

29. Menselijk lichaam

hand (de)	**Hand** (f)	[hant]
arm (de)	**Arm** (m)	[aʁm]
vinger (de)	**Finger** (m)	['fɪŋɐ]
teen (de)	**Zehe** (f)	['tse:ə]
duim (de)	**Daumen** (m)	['daʊmən]
pink (de)	**kleiner Finger** (m)	['klaɪnɐ 'fɪŋɐ]
nagel (de)	**Nagel** (m)	['na:gəl]
vuist (de)	**Faust** (f)	[faʊst]
handpalm (de)	**Handfläche** (f)	['hant·ˌflɛçə]
pols (de)	**Handgelenk** (n)	['hant·gəˌlɛŋk]
voorarm (de)	**Unterarm** (m)	['ʊntɐˌʔaʁm]
elleboog (de)	**Ellbogen** (m)	['ɛlˌbo:gən]
schouder (de)	**Schulter** (f)	['ʃʊltɐ]
been (rechter ~)	**Bein** (n)	[baɪn]
voet (de)	**Fuß** (m)	[fu:s]
knie (de)	**Knie** (n)	[kni:]
kuit (de)	**Wade** (f)	['va:də]
heup (de)	**Hüfte** (f)	['hʏftə]
hiel (de)	**Ferse** (f)	['fɛʁzə]
lichaam (het)	**Körper** (m)	['kœʁpɐ]
buik (de)	**Bauch** (m)	['baʊχ]
borst (de)	**Brust** (f)	[bʀʊst]
borst (de)	**Busen** (m)	['bu:zən]
zijde (de)	**Seite** (f), **Flanke** (f)	['zaɪtə], ['flaŋkə]
rug (de)	**Rücken** (m)	['ʀʏkən]
lage rug (de)	**Kreuz** (n)	[kʀɔɪts]
taille (de)	**Taille** (f)	['taljə]
navel (de)	**Nabel** (m)	['na:bəl]
billen (mv.)	**Gesäßbacken** (pl)	[gə'zɛ:s·bakən]
achterwerk (het)	**Hinterteil** (n)	['hɪntɐˌtaɪl]
huidvlek (de)	**Leberfleck** (m)	['le:bɐˌflɛk]
moedervlek (de)	**Muttermal** (n)	['mu:tɐˌma:l]
tatoeage (de)	**Tätowierung** (f)	[tɛto'vi:ʀʊŋ]
litteken (het)	**Narbe** (f)	['naʁbə]

Kleding en accessoires

30. Bovenkleding. Jassen

kleren (mv.)	**Kleidung** (f)	['klaɪdʊŋ]
bovenkleding (de)	**Oberkleidung** (f)	['o:bɐˌklaɪdʊŋ]
winterkleding (de)	**Winterkleidung** (f)	['vɪntɐˌklaɪdʊŋ]
jas (de)	**Mantel** (m)	['mantəl]
bontjas (de)	**Pelzmantel** (m)	['pɛltsˌmantəl]
bontjasje (het)	**Pelzjacke** (f)	['pɛltsˌjakə]
donzen jas (de)	**Daunenjacke** (f)	['daʊnənˌjakə]
jasje (bijv. een leren ~)	**Jacke** (f)	['jakə]
regenjas (de)	**Regenmantel** (m)	['ʀe:gənˌmantəl]
waterdicht (bn)	**wasserdicht**	['vasɐˌdɪçt]

31. Heren & dames kleding

overhemd (het)	**Hemd** (n)	[hɛmt]
broek (de)	**Hose** (f)	['ho:zə]
jeans (de)	**Jeans** (f)	[dʒi:ns]
colbert (de)	**Jackett** (n)	[ʒa'kɛt]
kostuum (het)	**Anzug** (m)	['anˌtsu:k]
jurk (de)	**Kleid** (n)	[klaɪt]
rok (de)	**Rock** (m)	[ʀɔk]
blouse (de)	**Bluse** (f)	['blu:zə]
wollen vest (de)	**Strickjacke** (f)	['ʃtʀɪkˌjakə]
blazer (kort jasje)	**Jacke** (f)	['jakə]
T-shirt (het)	**T-Shirt** (n)	['ti:ˌʃø:ɐt]
shorts (mv.)	**Shorts** (pl)	[ʃɔʁts]
trainingspak (het)	**Sportanzug** (m)	['ʃpɔʁtˌantsu:k]
badjas (de)	**Bademantel** (m)	['ba:dəˌmantəl]
pyjama (de)	**Schlafanzug** (m)	['ʃla:fʔanˌtsu:k]
sweater (de)	**Sweater** (m)	['swɛtɐ]
pullover (de)	**Pullover** (m)	[pʊ'lo:vɐ]
gilet (het)	**Weste** (f)	['vɛstə]
rokkostuum (het)	**Frack** (m)	[fʀak]
smoking (de)	**Smoking** (m)	['smo:kɪŋ]
uniform (het)	**Uniform** (f)	['ʊniˌfɔʁm]
werkkleding (de)	**Arbeitskleidung** (f)	['aʁbaɪtsˌklaɪdʊŋ]
overall (de)	**Overall** (m)	['o:vəʀal]
doktersjas (de)	**Kittel** (m)	['kɪtəl]

32. Kleding. Ondergoed

ondergoed (het)	**Unterwäsche** (f)	['ʊntɐˌvɛʃə]
herenslip (de)	**Herrenslip** (m)	['hɛʀənˌslɪp]
slipjes (mv.)	**Damenslip** (m)	['da:mənˌslɪp]
onderhemd (het)	**Unterhemd** (n)	['ʊntɐˌhɛmt]
sokken (mv.)	**Socken** (pl)	['zɔkən]
nachthemd (het)	**Nachthemd** (n)	['naχtˌhɛmt]
beha (de)	**Büstenhalter** (m)	['bystənˌhaltɐ]
kniekousen (mv.)	**Kniestrümpfe** (pl)	['kni:ʃtʀʏmpfə]
panty (de)	**Strumpfhose** (f)	['ʃtʀʊmpfˌho:zə]
nylonkousen (mv.)	**Strümpfe** (pl)	['ʃtʀʏmpfə]
badpak (het)	**Badeanzug** (m)	['ba:dəˌʔantsu:k]

33. Hoofddeksels

hoed (de)	**Mütze** (f)	['mʏtsə]
deukhoed (de)	**Filzhut** (m)	['fɪltsˌhu:t]
honkbalpet (de)	**Baseballkappe** (f)	['bɛɪsbɔ:lˌkapə]
kleppet (de)	**Schiebermütze** (f)	['ʃi:bɐˌmʏtsə]
baret (de)	**Baskenmütze** (f)	['baskənˌmʏtsə]
kap (de)	**Kapuze** (f)	[ka'pu:tsə]
panamahoed (de)	**Panamahut** (m)	['panama:ˌhu:t]
gebreide muts (de)	**Strickmütze** (f)	['ʃtʀɪkˌmʏtsə]
hoofddoek (de)	**Kopftuch** (n)	['kɔpfˌtu:χ]
dameshoed (de)	**Damenhut** (m)	['da:mənˌhu:t]
veiligheidshelm (de)	**Schutzhelm** (m)	['ʃʊtsˌhɛlm]
veldmuts (de)	**Feldmütze** (f)	['fɛltˌmʏtsə]
helm, valhelm (de)	**Helm** (m)	[hɛlm]
bolhoed (de)	**Melone** (f)	[me'lo:nə]
hoge hoed (de)	**Zylinder** (m)	[tsy'lɪndɐ]

34. Schoeisel

schoeisel (het)	**Schuhe** (pl)	['ʃu:ə]
schoenen (mv.)	**Stiefeletten** (pl)	[ʃti:fə'lɛtən]
vrouwenschoenen (mv.)	**Halbschuhe** (pl)	['halpˌʃu:ə]
laarzen (mv.)	**Stiefel** (pl)	['ʃti:fəl]
pantoffels (mv.)	**Hausschuhe** (pl)	['hausˌʃu:ə]
sportschoenen (mv.)	**Tennisschuhe** (pl)	['tɛnɪsˌʃu:ə]
sneakers (mv.)	**Leinenschuhe** (pl)	['laɪnən·ʃu:ə]
sandalen (mv.)	**Sandalen** (pl)	[zan'da:lən]
schoenlapper (de)	**Schuster** (m)	['ʃu:stɐ]
hiel (de)	**Absatz** (m)	['apˌzats]

paar (een ~ schoenen)	**Paar** (n)	[pa:ɐ]
veter (de)	**Schnürsenkel** (m)	['ʃny:ɐˌsɛŋkəl]
rijgen (schoenen ~)	**schnüren** (vt)	['ʃny:ʀən]
schoenlepel (de)	**Schuhlöffel** (m)	['ʃu:ˌlœfəl]
schoensmeer (de/het)	**Schuhcreme** (f)	['ʃu:ˌkʀɛ:m]

35. Textiel. Weefsel

katoen (de/het)	**Baumwolle** (f)	['baʊmˌvɔlə]
katoenen (bn)	**Baumwolle-**	['baʊmˌvɔlə]
vlas (het)	**Leinen** (m)	['laɪnən]
vlas-, van vlas (bn)	**Leinen-**	['laɪnən]
zijde (de)	**Seide** (f)	['zaɪdə]
zijden (bn)	**Seiden-**	['zaɪdən]
wol (de)	**Wolle** (f)	['vɔlə]
wollen (bn)	**Woll-**	['vɔl]
fluweel (het)	**Samt** (m)	[zamt]
suède (de)	**Wildleder** (n)	['vɪltˌle:dɐ]
ribfluweel (het)	**Cord** (m)	[kɔʁt]
nylon (de/het)	**Nylon** (n)	['naɪlɔn]
nylon-, van nylon (bn)	**Nylon-**	['naɪlɔn]
polyester (het)	**Polyester** (m)	[polɪ'ɛstɐ]
polyester- (abn)	**Polyester-**	[polɪ'ɛstɐ]
leer (het)	**Leder** (n)	['le:dɐ]
leren (van leer gemaak)	**Leder**	['le:dɐ]
bont (het)	**Pelz** (m)	[pɛlts]
bont- (abn)	**Pelz-**	[pɛlts]

36. Persoonlijke accessoires

handschoenen (mv.)	**Handschuhe** (pl)	['hantˌʃu:ə]
wanten (mv.)	**Fausthandschuhe** (pl)	['faʊst·hantˌʃu:ə]
sjaal (fleece ~)	**Schal** (m)	[ʃa:l]
bril (de)	**Brille** (f)	['bʀɪlə]
brilmontuur (het)	**Brillengestell** (n)	['bʀɪlən·gə'ʃtɛl]
paraplu (de)	**Regenschirm** (m)	['ʀe:gənˌʃɪʁm]
wandelstok (de)	**Spazierstock** (m)	[ʃpa'tsi:ɐˌʃtɔk]
haarborstel (de)	**Haarbürste** (f)	['ha:ɐˌbʏʁstə]
waaier (de)	**Fächer** (m)	['fɛçɐ]
das (de)	**Krawatte** (f)	[kʀa'vatə]
strikje (het)	**Fliege** (f)	['fli:gə]
bretels (mv.)	**Hosenträger** (pl)	['ho:zənˌtʀɛ:gɐ]
zakdoek (de)	**Taschentuch** (n)	['taʃənˌtu:χ]
kam (de)	**Kamm** (m)	[kam]
haarspeldje (het)	**Haarspange** (f)	['ha:ɐˌʃpaŋə]

schuifspeldje (het)	**Haarnadel** (f)	['ha:ɐˌna:dəl]
gesp (de)	**Schnalle** (f)	['ʃnalə]
broekriem (de)	**Gürtel** (m)	['gʏʁtəl]
draagriem (de)	**Umhängegurt** (m)	['ʊmhɛŋəˌgʊʁt]
handtas (de)	**Tasche** (f)	['taʃə]
damestas (de)	**Handtasche** (f)	['hantˌtaʃə]
rugzak (de)	**Rucksack** (m)	['ʀʊkˌzak]

37. Kleding. Diversen

mode (de)	**Mode** (f)	['mo:də]
de mode (bn)	**modisch**	['mo:dɪʃ]
kledingstilist (de)	**Modedesigner** (m)	['mo:də·di'zaɪnɐ]
kraag (de)	**Kragen** (m)	['kʀa:gən]
zak (de)	**Tasche** (f)	['taʃə]
zak- (abn)	**Taschen-**	['taʃən]
mouw (de)	**Ärmel** (m)	['ɛʁməl]
lusje (het)	**Aufhänger** (m)	['aʊfˌhɛŋɐ]
gulp (de)	**Hosenschlitz** (m)	['ho:zənˌʃlɪts]
rits (de)	**Reißverschluss** (m)	['ʀaɪs·fɛɐˌʃlʊs]
sluiting (de)	**Verschluss** (m)	[fɛɐ'ʃlʊs]
knoop (de)	**Knopf** (m)	[knɔpf]
knoopsgat (het)	**Knopfloch** (n)	['knɔpfˌlɔχ]
losraken (bijv. knopen)	**abgehen** (vi)	['apˌge:ən]
naaien (kleren, enz.)	**nähen** (vi, vt)	['nɛ:ən]
borduren (ww)	**sticken** (vt)	['ʃtɪkən]
borduursel (het)	**Stickerei** (f)	[ʃtɪkə'ʀaɪ]
naald (de)	**Nadel** (f)	['na:dəl]
draad (de)	**Faden** (m)	['fa:dən]
naad (de)	**Naht** (f)	[na:t]
vies worden (ww)	**sich beschmutzen**	[zɪç bə'ʃmʊtsən]
vlek (de)	**Fleck** (m)	[flɛk]
gekreukt raken (ov. kleren)	**sich knittern**	[zɪç 'knɪtɐn]
scheuren (ov.ww.)	**zerreißen** (vt)	[tsɛɐ'ʀaɪsən]
mot (de)	**Motte** (f)	['mɔtə]

38. Persoonlijke verzorging. Schoonheidsmiddelen

tandpasta (de)	**Zahnpasta** (f)	['tsa:nˌpasta]
tandenborstel (de)	**Zahnbürste** (f)	['tsa:nˌbʏʁstə]
tanden poetsen (ww)	**Zähne putzen**	['tsɛ:nə 'pʊtsən]
scheermes (het)	**Rasierer** (m)	[ʀa'zi:ʀɐ]
scheerschuim (het)	**Rasiercreme** (f)	[ʀa'zi:ɐˌkʀɛ:m]
zich scheren (ww)	**sich rasieren**	[zɪç ʀa'zi:ʀən]
zeep (de)	**Seife** (f)	['zaɪfə]

shampoo (de)	**Shampoo** (n)	['ʃampu]
schaar (de)	**Schere** (f)	['ʃe:ʀə]
nagelvijl (de)	**Nagelfeile** (f)	['na:gəl,faɪlə]
nagelknipper (de)	**Nagelzange** (f)	['na:gəl,tsaŋə]
pincet (het)	**Pinzette** (f)	[pɪn'tsɛtə]
cosmetica (mv.)	**Kosmetik** (f)	[kɔs'me:tɪk]
masker (het)	**Gesichtsmaske** (f)	[gə'zɪçts,maskə]
manicure (de)	**Maniküre** (f)	[mani'ky:ʀə]
manicure doen	**Maniküre machen**	[mani'ky:ʀə 'maχən]
pedicure (de)	**Pediküre** (f)	[pedi'ky:ʀə]
cosmetica tasje (het)	**Kosmetiktasche** (f)	[kɔs'me:tɪk,taʃə]
poeder (de/het)	**Puder** (m)	['pu:dɐ]
poederdoos (de)	**Puderdose** (f)	['pu:dɐ,do:zə]
rouge (de)	**Rouge** (n)	[ʀu:ʒ]
parfum (de/het)	**Parfüm** (n)	[paʁ'fy:m]
eau de toilet (de)	**Duftwasser** (n)	['dʊft,vasɐ]
lotion (de)	**Lotion** (f)	[lo'tsjo:n]
eau de cologne (de)	**Kölnischwasser** (n)	['kœlnɪʃ,vasɐ]
oogschaduw (de)	**Lidschatten** (m)	['li:tʃatən]
oogpotlood (het)	**Kajalstift** (m)	[ka'ja:l,ʃtɪft]
mascara (de)	**Wimperntusche** (f)	['vɪmpɐn,tʊʃə]
lippenstift (de)	**Lippenstift** (m)	['lɪpən,ʃtɪft]
nagellak (de)	**Nagellack** (m)	['na:gəl,lak]
haarlak (de)	**Haarlack** (m)	['ha:ɐ,lak]
deodorant (de)	**Deodorant** (n)	[deodo'ʀant]
crème (de)	**Creme** (f)	[kʀɛ:m]
gezichtscrème (de)	**Gesichtscreme** (f)	[gə'zɪçts,kʀɛ:m]
handcrème (de)	**Handcreme** (f)	['hant,kʀɛ:m]
antirimpelcrème (de)	**Anti-Falten-Creme** (f)	[,anti'faltən·kʀɛ:m]
dagcrème (de)	**Tagescreme** (f)	['ta:gəs,kʀɛ:m]
nachtcrème (de)	**Nachtcreme** (f)	['naχt,kʀɛ:m]
dag- (abn)	**Tages-**	['ta:gəs]
nacht- (abn)	**Nacht-**	[naχt]
tampon (de)	**Tampon** (m)	['tampo:n]
toiletpapier (het)	**Toilettenpapier** (n)	[toa'lɛtən·pa,pi:ɐ]
föhn (de)	**Föhn** (m)	['fø:n]

39. Juwelen

sieraden (mv.)	**Schmuck** (m)	[ʃmʊk]
edel (bijv. ~ stenen)	**Edel-**	['e:dəl]
keurmerk (het)	**Repunze** (f)	[ʀe'pʊntsə]
ring (de)	**Ring** (m)	[ʀɪŋ]
trouwring (de)	**Ehering** (m)	['e:ə,ʀɪŋ]
armband (de)	**Armband** (n)	['aʁm,bant]
oorringen (mv.)	**Ohrringe** (pl)	['o:ɐ,ʀɪŋə]

halssnoer (het)	**Kette** (f)	['kɛtə]
kroon (de)	**Krone** (f)	['kʀo:nə]
kralen snoer (het)	**Halskette** (f)	['hals,kɛtə]
diamant (de)	**Brillant** (m)	[bʀɪl'jant]
smaragd (de)	**Smaragd** (m)	[sma'ʀakt]
robijn (de)	**Rubin** (m)	[ʀu'bi:n]
saffier (de)	**Saphir** (m)	['za:fiɐ]
parel (de)	**Perle** (f)	['pɛʁlə]
barnsteen (de)	**Bernstein** (m)	['bɛʁn,ʃtaɪn]

40. Horloges. Klokken

polshorloge (het)	**Armbanduhr** (f)	['aʁmbant,?u:ɐ]
wijzerplaat (de)	**Zifferblatt** (n)	['tsɪfɐ,blat]
wijzer (de)	**Zeiger** (m)	['tsaɪgɐ]
metalen horlogeband (de)	**Metallarmband** (n)	[me'tal,?aʁmbant]
horlogebandje (het)	**Uhrenarmband** (n)	['u:ʀən,?aʁmbant]
batterij (de)	**Batterie** (f)	[batə'ʀi:]
leeg zijn (ww)	**verbraucht sein**	[fɛɐ'bʀaʊχt zaɪn]
batterij vervangen	**die Batterie wechseln**	[di batə'ʀi: 'vɛksəln]
voorlopen (ww)	**vorgehen** (vi)	['fo:ɐ,ge:ən]
achterlopen (ww)	**nachgehen** (vi)	['na:χ,ge:ən]
wandklok (de)	**Wanduhr** (f)	['vant,?u:ɐ]
zandloper (de)	**Sanduhr** (f)	['zant,?u:ɐ]
zonnewijzer (de)	**Sonnenuhr** (f)	['zɔnən,?u:ɐ]
wekker (de)	**Wecker** (m)	['vɛkɐ]
horlogemaker (de)	**Uhrmacher** (m)	['u:ɐ,maχɐ]
repareren (ww)	**reparieren** (vt)	[ʀepa'ʀi:ʀən]

Voedsel. Voeding

41. Voedsel

vlees (het)	**Fleisch** (n)	[flaɪʃ]
kip (de)	**Hühnerfleisch** (n)	['hy:nɐˌflaɪʃ]
kuiken (het)	**Küken** (n)	['ky:kən]
eend (de)	**Ente** (f)	['ɛntə]
gans (de)	**Gans** (f)	[gans]
wild (het)	**Wild** (n)	[vɪlt]
kalkoen (de)	**Pute** (f)	['pu:tə]
varkensvlees (het)	**Schweinefleisch** (n)	['ʃvaɪnəˌflaɪʃ]
kalfsvlees (het)	**Kalbfleisch** (n)	['kalpˌflaɪʃ]
schapenvlees (het)	**Hammelfleisch** (n)	['haməlˌflaɪʃ]
rundvlees (het)	**Rindfleisch** (n)	['ʀɪntˌflaɪʃ]
konijnenvlees (het)	**Kaninchenfleisch** (n)	[ka'ni:nçənˌflaɪʃ]
worst (de)	**Wurst** (f)	[vʊʁst]
saucijs (de)	**Würstchen** (n)	['vʏʁstçən]
spek (het)	**Schinkenspeck** (m)	['ʃɪŋkənˌʃpɛk]
ham (de)	**Schinken** (m)	['ʃɪŋkən]
gerookte achterham (de)	**Räucherschinken** (m)	['ʀɔɪçɐˌʃɪŋkən]
paté (de)	**Pastete** (f)	[pas'te:tə]
lever (de)	**Leber** (f)	['le:bɐ]
gehakt (het)	**Hackfleisch** (n)	['hakˌflaɪʃ]
tong (de)	**Zunge** (f)	['tsʊŋə]
ei (het)	**Ei** (n)	[aɪ]
eieren (mv.)	**Eier** (pl)	['aɪɐ]
eiwit (het)	**Eiweiß** (n)	['aɪvaɪs]
eigeel (het)	**Eigelb** (n)	['aɪgɛlp]
vis (de)	**Fisch** (m)	[fɪʃ]
zeevruchten (mv.)	**Meeresfrüchte** (pl)	['me:ʀəsˌfʀʏçtə]
schaaldieren (mv.)	**Krebstiere** (pl)	['kʀe:psˌti:ʀə]
kaviaar (de)	**Kaviar** (m)	['ka:vɪaʁ]
krab (de)	**Krabbe** (f)	['kʀabə]
garnaal (de)	**Garnele** (f)	[gaʁ'ne:lə]
oester (de)	**Auster** (f)	['aʊstɐ]
langoest (de)	**Languste** (f)	[laŋ'gʊstə]
octopus (de)	**Krake** (m)	['kʀa:kə]
inktvis (de)	**Kalmar** (m)	['kalmaʁ]
steur (de)	**Störfleisch** (n)	['ʃtø:ɐˌflaɪʃ]
zalm (de)	**Lachs** (m)	[laks]
heilbot (de)	**Heilbutt** (m)	['haɪlbʊt]
kabeljauw (de)	**Dorsch** (m)	[dɔʁʃ]

makreel (de)	**Makrele** (f)	[ma'kʀe:lə]
tonijn (de)	**Tunfisch** (m)	['tu:nfɪʃ]
paling (de)	**Aal** (m)	[a:l]
forel (de)	**Forelle** (f)	[ˌfo'ʀɛlə]
sardine (de)	**Sardine** (f)	[zaʁ'di:nə]
snoek (de)	**Hecht** (m)	[hɛçt]
haring (de)	**Hering** (m)	['he:ʀɪŋ]
brood (het)	**Brot** (n)	[bʀo:t]
kaas (de)	**Käse** (m)	['kɛ:zə]
suiker (de)	**Zucker** (m)	['tsʊkɐ]
zout (het)	**Salz** (n)	[zalts]
rijst (de)	**Reis** (m)	[ʀaɪs]
pasta (de)	**Teigwaren** (pl)	['taɪkˌva:ʀən]
noedels (mv.)	**Nudeln** (pl)	['nu:dəln]
boter (de)	**Butter** (f)	['bʊtɐ]
plantaardige olie (de)	**Pflanzenöl** (n)	['pflantsənˌʔø:l]
zonnebloemolie (de)	**Sonnenblumenöl** (n)	['zɔnənblu:mənˌʔø:l]
margarine (de)	**Margarine** (f)	[maʁga'ʀi:nə]
olijven (mv.)	**Oliven** (pl)	[o'li:vən]
olijfolie (de)	**Olivenöl** (n)	[o'li:vənˌʔø:l]
melk (de)	**Milch** (f)	[mɪlç]
gecondenseerde melk (de)	**Kondensmilch** (f)	[kɔn'dɛnsˌmɪlç]
yoghurt (de)	**Joghurt** (m, f)	['jo:gʊʁt]
zure room (de)	**saure Sahne** (f)	['zaʊʀə 'za:nə]
room (de)	**Sahne** (f)	['za:nə]
mayonaise (de)	**Mayonnaise** (f)	[majɔ'nɛ:zə]
crème (de)	**Buttercreme** (f)	['bʊtɐˌkʀɛ:m]
graan (het)	**Grütze** (f)	['gʀʏtsə]
meel (het), bloem (de)	**Mehl** (n)	[me:l]
conserven (mv.)	**Konserven** (pl)	[kɔn'zɛʁvən]
maïsvlokken (mv.)	**Maisflocken** (pl)	[maɪs'flɔkən]
honing (de)	**Honig** (m)	['ho:nɪç]
jam (de)	**Marmelade** (f)	[ˌmaʁmə'la:də]
kauwgom (de)	**Kaugummi** (m, n)	['kaʊˌgʊmi]

42. Drankjes

water (het)	**Wasser** (n)	['vasɐ]
drinkwater (het)	**Trinkwasser** (n)	['tʀɪŋkˌvasɐ]
mineraalwater (het)	**Mineralwasser** (n)	[mine'ʀa:lˌvasɐ]
zonder gas	**still**	[ʃtɪl]
koolzuurhoudend (bn)	**mit Kohlensäure**	[mɪt 'ko:lənˌzɔɪʀə]
bruisend (bn)	**mit Gas**	[mɪt ga:s]
ijs (het)	**Eis** (n)	[aɪs]

met ijs	**mit Eis**	[mɪt aɪs]
alcohol vrij (bn)	**alkoholfrei**	['alkoho:l·fʀaɪ]
alcohol vrije drank (de)	**alkoholfreies Getränk** (n)	['alkoho:l·fʀaɪəs gə'tʀɛŋk]
frisdrank (de)	**Erfrischungsgetränk** (n)	[ɛɐ'fʀɪʃʊŋs·gə,tʀɛŋk]
limonade (de)	**Limonade** (f)	[limo'na:də]
alcoholische dranken (mv.)	**Spirituosen** (pl)	[ʃpiʀi'tʊo:zən]
wijn (de)	**Wein** (m)	[vaɪn]
witte wijn (de)	**Weißwein** (m)	['vaɪs,vaɪn]
rode wijn (de)	**Rotwein** (m)	['ʀo:t,vaɪn]
likeur (de)	**Likör** (m)	[li'kø:ɐ]
champagne (de)	**Champagner** (m)	[ʃam'panjɐ]
vermout (de)	**Wermut** (m)	['ve:ɐmu:t]
whisky (de)	**Whisky** (m)	['vɪski]
wodka (de)	**Wodka** (m)	['vɔtka]
gin (de)	**Gin** (m)	[dʒɪn]
cognac (de)	**Kognak** (m)	['kɔnjak]
rum (de)	**Rum** (m)	[ʀʊm]
koffie (de)	**Kaffee** (m)	['kafe]
zwarte koffie (de)	**schwarzer Kaffee** (m)	['ʃvaʁtsɐ 'kafe]
koffie (de) met melk	**Milchkaffee** (m)	['mɪlç·ka,fe:]
cappuccino (de)	**Cappuccino** (m)	[,kapʊ'tʃi:no]
oploskoffie (de)	**Pulverkaffee** (m)	['pʊlfɐ,kafe]
melk (de)	**Milch** (f)	[mɪlç]
cocktail (de)	**Cocktail** (m)	['kɔktɛɪl]
milkshake (de)	**Milchcocktail** (m)	['mɪlç,kɔktɛɪl]
sap (het)	**Saft** (m)	[zaft]
tomatensap (het)	**Tomatensaft** (m)	[to'ma:tən,zaft]
sinaasappelsap (het)	**Orangensaft** (m)	[o'ʀa:ŋʒən,zaft]
vers geperst sap (het)	**frisch gepresster Saft** (m)	[fʀɪʃ gə'pʀɛstə zaft]
bier (het)	**Bier** (n)	[bi:ɐ]
licht bier (het)	**Helles** (n)	['hɛlɛs]
donker bier (het)	**Dunkelbier** (n)	['dʊŋkəl,bi:ɐ]
thee (de)	**Tee** (m)	[te:]
zwarte thee (de)	**schwarzer Tee** (m)	['ʃvaʁtsɐ 'te:]
groene thee (de)	**grüner Tee** (m)	['gʀy:nɐ te:]

43. Groenten

groenten (mv.)	**Gemüse** (n)	[gə'my:zə]
verse kruiden (mv.)	**grünes Gemüse** (pl)	['gʀy:nəs gə'my:zə]
tomaat (de)	**Tomate** (f)	[to'ma:tə]
augurk (de)	**Gurke** (f)	['gʊʁkə]
wortel (de)	**Karotte** (f)	[ka'ʀɔtə]
aardappel (de)	**Kartoffel** (f)	[kaʁ'tɔfəl]
ui (de)	**Zwiebel** (f)	['tsvi:bəl]

knoflook (de)	**Knoblauch** (m)	['kno:pˌlaʊχ]
kool (de)	**Kohl** (m)	[ko:l]
bloemkool (de)	**Blumenkohl** (m)	['blu:mənˌko:l]
spruitkool (de)	**Rosenkohl** (m)	['ʀo:zənˌko:l]
broccoli (de)	**Brokkoli** (m)	['bʀɔkoli]
rode biet (de)	**Rote Bete** (f)	[ˌʀo:tə'be:tə]
aubergine (de)	**Aubergine** (f)	[ˌobɛʁ'ʒi:nə]
courgette (de)	**Zucchini** (f)	[tsʊ'ki:ni]
pompoen (de)	**Kürbis** (m)	['kʏʁbɪs]
raap (de)	**Rübe** (f)	['ʀy:bə]
peterselie (de)	**Petersilie** (f)	[petɐ'zi:lɪə]
dille (de)	**Dill** (m)	[dɪl]
sla (de)	**Kopf Salat** (m)	[kɔpf za'la:t]
selderij (de)	**Sellerie** (m)	['zɛləʀi]
asperge (de)	**Spargel** (m)	['ʃpaʁgəl]
spinazie (de)	**Spinat** (m)	[ʃpi'na:t]
erwt (de)	**Erbse** (f)	['ɛʁpsə]
bonen (mv.)	**Bohnen** (pl)	['bo:nən]
maïs (de)	**Mais** (m)	['maɪs]
nierboon (de)	**weiße Bohne** (f)	['vaɪsə 'bo:nə]
peper (de)	**Paprika** (m)	['papʁika]
radijs (de)	**Radieschen** (n)	[ʀa'di:sçən]
artisjok (de)	**Artischocke** (f)	[aʁti'ʃɔkə]

44. Vruchten. Noten

vrucht (de)	**Frucht** (f)	[fʀʊχt]
appel (de)	**Apfel** (m)	['apfəl]
peer (de)	**Birne** (f)	['bɪʁnə]
citroen (de)	**Zitrone** (f)	[tsi'tʀo:nə]
sinaasappel (de)	**Apfelsine** (f)	[apfəl'zi:nə]
aardbei (de)	**Erdbeere** (f)	['e:ɐtˌbe:ʀə]
mandarijn (de)	**Mandarine** (f)	[ˌmanda'ʀi:nə]
pruim (de)	**Pflaume** (f)	['pflaʊmə]
perzik (de)	**Pfirsich** (m)	['pfɪʁzɪç]
abrikoos (de)	**Aprikose** (f)	[ˌapʀi'ko:zə]
framboos (de)	**Himbeere** (f)	['hɪmˌbe:ʀə]
ananas (de)	**Ananas** (f)	['ananas]
banaan (de)	**Banane** (f)	[ba'na:nə]
watermeloen (de)	**Wassermelone** (f)	['vasɐmeˌlo:nə]
druif (de)	**Weintrauben** (pl)	['vaɪnˌtʀaʊbən]
zure kers (de)	**Sauerkirsche** (f)	['zaʊɐˌkɪʁʃə]
zoete kers (de)	**Süßkirsche** (f)	['zy:sˌkɪʁʃə]
meloen (de)	**Melone** (f)	[me'lo:nə]
grapefruit (de)	**Grapefruit** (f)	['gʀɛɪpˌfʀu:t]
avocado (de)	**Avocado** (f)	[avo'ka:do]
papaja (de)	**Papaya** (f)	[pa'pa:ja]

mango (de)	**Mango** (f)	['maŋgo]
granaatappel (de)	**Granatapfel** (m)	[gʀa'na:tˌʔapfəl]
rode bes (de)	**rote Johannisbeere** (f)	['ʀo:tə jo:'hanɪsbe:ʀə]
zwarte bes (de)	**schwarze Johannisbeere** (f)	['ʃvaʁtsə jo:'hanɪsbe:ʀə]
kruisbes (de)	**Stachelbeere** (f)	['ʃtaχəlˌbe:ʀə]
blauwe bosbes (de)	**Heidelbeere** (f)	['haɪdəlˌbe:ʀə]
braambes (de)	**Brombeere** (f)	['bʀɔmˌbe:ʀə]
rozijn (de)	**Rosinen** (pl)	[ʀo'zi:nən]
vijg (de)	**Feige** (f)	['faɪgə]
dadel (de)	**Dattel** (f)	['datəl]
pinda (de)	**Erdnuss** (f)	['e:ɐtˌnʊs]
amandel (de)	**Mandel** (f)	['mandəl]
walnoot (de)	**Walnuss** (f)	['valˌnʊs]
hazelnoot (de)	**Haselnuss** (f)	['ha:zəlˌnʊs]
kokosnoot (de)	**Kokosnuss** (f)	['ko:kɔsˌnʊs]
pistaches (mv.)	**Pistazien** (pl)	[pɪs'ta:tsɪən]

45. Brood. Snoep

suikerbakkerij (de)	**Konditorwaren** (pl)	[kɔn'dito:ɐˌva:ʀən]
brood (het)	**Brot** (n)	[bʀo:t]
koekje (het)	**Keks** (m, n)	[ke:ks]
chocolade (de)	**Schokolade** (f)	[ʃoko'la:də]
chocolade- (abn)	**Schokoladen-**	[ʃoko'la:dən]
snoepje (het)	**Bonbon** (m, n)	[bɔŋ'bɔŋ]
cakeje (het)	**Kuchen** (m)	['ku:χən]
taart (bijv. verjaardags~)	**Torte** (f)	['tɔʁtə]
pastei (de)	**Kuchen** (m)	['ku:χən]
vulling (de)	**Füllung** (f)	['fʏlʊŋ]
confituur (de)	**Konfitüre** (f)	[ˌkɔnfi'ty:ʀə]
marmelade (de)	**Marmelade** (f)	[ˌmaʁmə'la:də]
wafel (de)	**Waffeln** (pl)	[vafəln]
ijsje (het)	**Eis** (n)	[aɪs]
pudding (de)	**Pudding** (m)	['pʊdɪŋ]

46. Bereide gerechten

gerecht (het)	**Gericht** (n)	[gə'ʀɪçt]
keuken (bijv. Franse ~)	**Küche** (f)	['kʏçə]
recept (het)	**Rezept** (n)	[ʀe'tsɛpt]
portie (de)	**Portion** (f)	[pɔʁ'tsjo:n]
salade (de)	**Salat** (m)	[za'la:t]
soep (de)	**Suppe** (f)	['zʊpə]
bouillon (de)	**Brühe** (f), **Bouillon** (f)	['bʀy:ə], [bul'jɔŋ]
boterham (de)	**belegtes Brot** (n)	[bə'le:ktəs bʀo:t]

spiegelei (het)	**Spiegelei** (n)	['ʃpi:gəl,ʔaɪ]
hamburger (de)	**Hamburger** (m)	['ham,bʊʁgɐ]
biefstuk (de)	**Beefsteak** (n)	['bi:f,ʃte:k]
garnering (de)	**Beilage** (f)	['baɪ,la:gə]
spaghetti (de)	**Spaghetti** (pl)	[ʃpa'gɛti]
aardappelpuree (de)	**Kartoffelpüree** (n)	[kaʁ'tɔfəl·py,ʀe:]
pizza (de)	**Pizza** (f)	['pɪtsa]
pap (de)	**Brei** (m)	[bʀaɪ]
omelet (de)	**Omelett** (n)	[ɔm'lɛt]
gekookt (in water)	**gekocht**	[gə'kɔχt]
gerookt (bn)	**geräuchert**	[gə'ʀɔɪçɐt]
gebakken (bn)	**gebraten**	[gə'bʀa:tən]
gedroogd (bn)	**getrocknet**	[gə'tʀɔknət]
diepvries (bn)	**tiefgekühlt**	['ti:fgə,ky:lt]
gemarineerd (bn)	**mariniert**	[maʀi'ni:ɐt]
zoet (bn)	**süß**	[zy:s]
gezouten (bn)	**salzig**	['zaltsɪç]
koud (bn)	**kalt**	[kalt]
heet (bn)	**heiß**	[haɪs]
bitter (bn)	**bitter**	['bɪtə]
lekker (bn)	**lecker**	['lɛkɐ]
koken (in kokend water)	**kochen** (vt)	['kɔχən]
bereiden (avondmaaltijd ~)	**zubereiten** (vt)	['tsu:bə,ʀaɪtən]
bakken (ww)	**braten** (vt)	['bʀa:tən]
opwarmen (ww)	**aufwärmen** (vt)	['aʊf,vɛʁmən]
zouten (ww)	**salzen** (vt)	['zaltsən]
peperen (ww)	**pfeffern** (vt)	['pfɛfɐn]
raspen (ww)	**reiben** (vt)	['ʀaɪbən]
schil (de)	**Schale** (f)	['ʃa:lə]
schillen (ww)	**schälen** (vt)	['ʃɛ:lən]

47. Kruiden

zout (het)	**Salz** (n)	[zalts]
gezouten (bn)	**salzig**	['zaltsɪç]
zouten (ww)	**salzen** (vt)	['zaltsən]
zwarte peper (de)	**schwarzer Pfeffer** (m)	['ʃvaʁtsɐ 'pfɛfɐ]
rode peper (de)	**roter Pfeffer** (m)	['ʀo:tɐ 'pfɛfɐ]
mosterd (de)	**Senf** (m)	[zɛnf]
mierikswortel (de)	**Meerrettich** (m)	['me:ɐ,ʀɛtɪç]
condiment (het)	**Gewürz** (n)	[gə'vʏʁts]
specerij, kruiderij (de)	**Gewürz** (n)	[gə'vʏʁts]
saus (de)	**Soße** (f)	['zo:sə]
azijn (de)	**Essig** (m)	['ɛsɪç]
anijs (de)	**Anis** (m)	[a'ni:s]
basilicum (de)	**Basilikum** (n)	[ba'zi:likʊm]

kruidnagel (de)	**Nelke** (f)	['nɛlkə]
gember (de)	**Ingwer** (m)	['ɪŋvɐ]
koriander (de)	**Koriander** (m)	[ko'ʀɪandɐ]
kaneel (de/het)	**Zimt** (m)	[tsɪmt]
sesamzaad (het)	**Sesam** (m)	['ze:zam]
laurierblad (het)	**Lorbeerblatt** (n)	['lɔʁbe:ɐˌblat]
paprika (de)	**Paprika** (m)	['papʁika]
komijn (de)	**Kümmel** (m)	['kʏməl]
saffraan (de)	**Safran** (m)	['zafʀan]

48. Maaltijden

eten (het)	**Essen** (n)	['ɛsən]
eten (ww)	**essen** (vi, vt)	['ɛsən]
ontbijt (het)	**Frühstück** (n)	['fʀy:ʃtʏk]
ontbijten (ww)	**frühstücken** (vi)	['fʀy:ʃtʏkən]
lunch (de)	**Mittagessen** (n)	['mɪta:kˌʔɛsən]
lunchen (ww)	**zu Mittag essen**	[tsu 'mɪta:k 'ɛsən]
avondeten (het)	**Abendessen** (n)	['a:bəntˌʔɛsən]
souperen (ww)	**zu Abend essen**	[tsu 'a:bənt 'ɛsən]
eetlust (de)	**Appetit** (m)	[ape'ti:t]
Eet smakelijk!	**Guten Appetit!**	[ˌgutən ˌʔapə'ti:t]
openen (een fles ~)	**öffnen** (vt)	['œfnən]
morsen (koffie, enz.)	**verschütten** (vt)	[fɛɐ'ʃʏtən]
zijn gemorst	**verschüttet werden**	[fɛɐ'ʃʏtət 've:ɐdən]
koken (water kookt bij 100°C)	**kochen** (vi)	['kɔχən]
koken (Hoe om water te ~)	**kochen** (vt)	['kɔχən]
gekookt (~ water)	**gekocht**	[gə'kɔχt]
afkoelen (koeler maken)	**kühlen** (vt)	['ky:lən]
afkoelen (koeler worden)	**abkühlen** (vi)	['apˌky:lən]
smaak (de)	**Geschmack** (m)	[gə'ʃmak]
nasmaak (de)	**Beigeschmack** (m)	['baɪgəˌʃmak]
volgen een dieet	**auf Diät sein**	[aʊf di'ɛ:t zaɪn]
dieet (het)	**Diät** (f)	[di'ɛ:t]
vitamine (de)	**Vitamin** (n)	[vita'mi:n]
calorie (de)	**Kalorie** (f)	[kalo'ʀi:]
vegetariër (de)	**Vegetarier** (m)	[vege'ta:ʀɪɐ]
vegetarisch (bn)	**vegetarisch**	[vege'ta:ʀɪʃ]
vetten (mv.)	**Fett** (n)	[fɛt]
eiwitten (mv.)	**Protein** (n)	[pʀote'i:n]
koolhydraten (mv.)	**Kohlenhydrat** (n)	['ko:lənhyˌdʀa:t]
snede (de)	**Scheibchen** (n)	['ʃaɪpçən]
stuk (bijv. een ~ taart)	**Stück** (n)	[ʃtʏk]
kruimel (de)	**Krümel** (m)	['kʀy:məl]

49. Tafelschikking

lepel (de)	**Löffel** (m)	['lœfəl]
mes (het)	**Messer** (n)	['mɛsɐ]
vork (de)	**Gabel** (f)	[ga:bəl]
kopje (het)	**Tasse** (f)	['tasə]
bord (het)	**Teller** (m)	['tɛlɐ]
schoteltje (het)	**Untertasse** (f)	['ʊntɐˌtasə]
servet (het)	**Serviette** (f)	[zɛʁ'vɪɛtə]
tandenstoker (de)	**Zahnstocher** (m)	['tsa:nʃtɔχɐ]

50. Restaurant

restaurant (het)	**Restaurant** (n)	[ʀɛsto'ʀaŋ]
koffiehuis (het)	**Kaffeehaus** (n)	[ka'fe:ˌhaʊs]
bar (de)	**Bar** (f)	[ba:ɐ]
tearoom (de)	**Teesalon** (m)	['te:·za'lɔŋ]
kelner, ober (de)	**Kellner** (m)	['kɛlnɐ]
serveerster (de)	**Kellnerin** (f)	['kɛlnəʀɪn]
barman (de)	**Barmixer** (m)	['ba:ɐˌmɪksɐ]
menu (het)	**Speisekarte** (f)	['ʃpaɪzəˌkaʁtə]
wijnkaart (de)	**Weinkarte** (f)	['vaɪnˌkaʁtə]
een tafel reserveren	**einen Tisch reservieren**	['aɪnən tɪʃ ʀezɛʁ'vi:ʀən]
gerecht (het)	**Gericht** (n)	[gə'ʀɪçt]
bestellen (eten ~)	**bestellen** (vt)	[bə'ʃtɛlən]
een bestelling maken	**eine Bestellung aufgeben**	['aɪnə bə'ʃtɛlʊŋ 'aʊfˌge:bən]
aperitief (de/het)	**Aperitif** (m)	[apeʀi'ti:f]
voorgerecht (het)	**Vorspeise** (f)	['fo:ɐʃpaɪzə]
dessert (het)	**Nachtisch** (m)	['na:χˌtɪʃ]
rekening (de)	**Rechnung** (f)	['ʀɛçnʊŋ]
de rekening betalen	**Rechnung bezahlen**	['ʀɛçnʊŋ bə'tsa:lən]
wisselgeld teruggeven	**das Wechselgeld geben**	[das 'vɛksəlˌgɛlt 'ge:bən]
fooi (de)	**Trinkgeld** (n)	['tʀɪŋkˌgɛlt]

Familie, verwanten en vrienden

51. Persoonlijke informatie. Formulieren

naam (de)	**Vorname** (m)	['fo:ɐˌna:mə]
achternaam (de)	**Name** (m)	['na:mə]
geboortedatum (de)	**Geburtsdatum** (n)	[gə'bu:ɐtsˌda:tʊm]
geboorteplaats (de)	**Geburtsort** (m)	[gə'bu:ɐtsˌʔɔʁt]
nationaliteit (de)	**Nationalität** (f)	[natsjɔnali'tɛ:t]
woonplaats (de)	**Wohnort** (m)	['vo:nˌʔɔʁt]
land (het)	**Land** (n)	[lant]
beroep (het)	**Beruf** (m)	[bə'ʀu:f]
geslacht (ov. het vrouwelijk ~)	**Geschlecht** (n)	[gə'ʃlɛçt]
lengte (de)	**Größe** (f)	['gʀø:sə]
gewicht (het)	**Gewicht** (n)	[gə'vɪçt]

52. Familieleden. Verwanten

moeder (de)	**Mutter** (f)	['mʊtɐ]
vader (de)	**Vater** (m)	['fa:tɐ]
zoon (de)	**Sohn** (m)	[zo:n]
dochter (de)	**Tochter** (f)	['tɔχtɐ]
jongste dochter (de)	**jüngste Tochter** (f)	['jʏŋstə 'tɔχtɐ]
jongste zoon (de)	**jüngste Sohn** (m)	['jʏŋstə 'zo:n]
oudste dochter (de)	**ältere Tochter** (f)	['ɛltəʀə 'tɔχtɐ]
oudste zoon (de)	**älterer Sohn** (m)	['ɛltəʀɐ 'zo:n]
broer (de)	**Bruder** (m)	['bʀu:dɐ]
zuster (de)	**Schwester** (f)	['ʃvɛstɐ]
neef (zoon van oom, tante)	**Cousin** (m)	[ku'zɛŋ]
nicht (dochter van oom, tante)	**Cousine** (f)	[ku'zi:nə]
mama (de)	**Mama** (f)	['mama]
papa (de)	**Papa** (m)	['papa]
ouders (mv.)	**Eltern** (pl)	['ɛltɐn]
kind (het)	**Kind** (n)	[kɪnt]
kinderen (mv.)	**Kinder** (pl)	['kɪndɐ]
oma (de)	**Großmutter** (f)	['gʀo:sˌmʊtɐ]
opa (de)	**Großvater** (m)	['gʀo:sˌfa:tɐ]
kleinzoon (de)	**Enkel** (m)	['ɛŋkəl]
kleindochter (de)	**Enkelin** (f)	['ɛŋkəlɪn]
kleinkinderen (mv.)	**Enkelkinder** (pl)	['ɛŋkəlˌkɪndɐ]

oom (de)	**Onkel** (m)	['ɔŋkəl]
tante (de)	**Tante** (f)	['tantə]
neef (zoon van broer, zus)	**Neffe** (m)	['nɛfə]
nicht (dochter van broer, zus)	**Nichte** (f)	['nɪçtə]
schoonmoeder (de)	**Schwiegermutter** (f)	['ʃvi:gɐˌmʊtɐ]
schoonvader (de)	**Schwiegervater** (m)	['ʃvi:gɐˌfa:tɐ]
schoonzoon (de)	**Schwiegersohn** (m)	['ʃvi:gɐˌzo:n]
stiefmoeder (de)	**Stiefmutter** (f)	['ʃti:fˌmʊtɐ]
stiefvader (de)	**Stiefvater** (m)	['ʃti:fˌfa:tɐ]
zuigeling (de)	**Säugling** (m)	['zɔɪklɪŋ]
wiegenkind (het)	**Kleinkind** (n)	['klaɪnˌkɪnt]
kleuter (de)	**Kleine** (m)	['klaɪnə]
vrouw (de)	**Frau** (f)	[fʀaʊ]
man (de)	**Mann** (m)	[man]
echtgenoot (de)	**Ehemann** (m)	['e:əˌman]
echtgenote (de)	**Gemahlin** (f)	[gə'ma:lɪn]
gehuwd (mann.)	**verheiratet**	[fɛɐ'haɪʀa:tət]
gehuwd (vrouw.)	**verheiratet**	[fɛɐ'haɪʀa:tət]
ongehuwd (mann.)	**ledig**	['le:dɪç]
vrijgezel (de)	**Junggeselle** (m)	['jʊŋgəˌzɛlə]
gescheiden (bn)	**geschieden**	[gə'ʃi:dən]
weduwe (de)	**Witwe** (f)	['vɪtvə]
weduwnaar (de)	**Witwer** (m)	['vɪtvɐ]
familielid (het)	**Verwandte** (m)	[fɛɐ'vantə]
dichte familielid (het)	**naher Verwandter** (m)	['na:ɐ fɛɐ'vantɐ]
verre familielid (het)	**entfernter Verwandter** (m)	[ɛnt'fɛʁntɐ fɛɐ'vantɐ]
familieleden (mv.)	**Verwandte** (pl)	[fɛɐ'vantə]
wees (de), weeskind (het)	**Waise** (m, f)	['vaɪzə]
voogd (de)	**Vormund** (m)	['fo:ɐˌmʊnt]
adopteren (een jongen te ~)	**adoptieren** (vt)	[adɔp'ti:ʀən]
adopteren (een meisje te ~)	**adoptieren** (vt)	[adɔp'ti:ʀən]

53. Vrienden. Collega's

vriend (de)	**Freund** (m)	[fʀɔɪnt]
vriendin (de)	**Freundin** (f)	['fʀɔɪndɪn]
vriendschap (de)	**Freundschaft** (f)	['fʀɔɪntʃaft]
bevriend zijn (ww)	**befreundet sein**	[bə'fʀɔɪndət zaɪn]
makker (de)	**Freund** (m)	[fʀɔɪnt]
vriendin (de)	**Freundin** (f)	['fʀɔɪndɪn]
partner (de)	**Partner** (m)	['paʁtnɐ]
chef (de)	**Chef** (m)	[ʃɛf]
baas (de)	**Vorgesetzte** (m)	['fo:ɐgəˌzɛtstə]
eigenaar (de)	**Besitzer** (m)	[bə'zɪtsɐ]
ondergeschikte (de)	**Untergeordnete** (m)	['ʊntɐgəˌʔɔʁtnətə]
collega (de)	**Kollege** (m), **Kollegin** (f)	[kɔ'le:gə], [kɔ'le:gɪn]

kennis (de)	**Bekannte** (m)	[bə'kantə]
medereiziger (de)	**Reisegefährte** (m)	['ʀaɪzə,gə'fɛ:ɐtə]
klasgenoot (de)	**Mitschüler** (m)	['mɪt,ʃy:lɐ]
buurman (de)	**Nachbar** (m)	['naχ,ba:ɐ]
buurvrouw (de)	**Nachbarin** (f)	['naχba:ʀɪn]
buren (mv.)	**Nachbarn** (pl)	['naχba:ɐn]

54. Man. Vrouw

vrouw (de)	**Frau** (f)	[fʀaʊ]
meisje (het)	**Mädchen** (n)	['mɛ:tçən]
bruid (de)	**Braut** (f)	[bʀaʊt]
mooi(e) (vrouw, meisje)	**schöne**	['ʃø:nə]
groot, grote (vrouw, meisje)	**große**	['gʀo:sə]
slank(e) (vrouw, meisje)	**schlanke**	['ʃlaŋkə]
korte, kleine (vrouw, meisje)	**kleine**	['klaɪnə]
blondine (de)	**Blondine** (f)	[blɔn'di:nə]
brunette (de)	**Brünette** (f)	[bʀy'nɛtə]
dames- (abn)	**Damen-**	['da:mən]
maagd (de)	**Jungfrau** (f)	['jʊŋfʀaʊ]
zwanger (bn)	**schwangere**	['ʃvaŋəʀə]
man (de)	**Mann** (m)	[man]
blonde man (de)	**Blonde** (m)	['blɔndə]
bruinharige man (de)	**Brünette** (m)	[bʀy'nɛtə]
groot (bn)	**hoch**	[ho:χ]
klein (bn)	**klein**	[klaɪn]
onbeleefd (bn)	**grob**	[gʀo:p]
gedrongen (bn)	**untersetzt**	[,ʊntɐ'zɛtst]
robuust (bn)	**robust**	[ʀo'bʊst]
sterk (bn)	**stark**	[ʃtaʁk]
sterkte (de)	**Kraft** (f)	[kʀaft]
mollig (bn)	**dick**	[dɪk]
getaand (bn)	**dunkelhäutig**	['dʊŋkəl,hɔɪtɪç]
slank (bn)	**schlank**	[ʃlaŋk]
elegant (bn)	**elegant**	[ele'gant]

55. Leeftijd

leeftijd (de)	**Alter** (n)	['altə]
jeugd (de)	**Jugend** (f)	['ju:gənt]
jong (bn)	**jung**	[jʊŋ]
jonger (bn)	**jünger**	['jʏŋɐ]
ouder (bn)	**älter**	['ɛltɐ]

jongen (de)	**Junge** (m)	['jʊŋə]
tiener, adolescent (de)	**Teenager** (m)	['ti:ne:dʒɐ]
kerel (de)	**Bursche** (m)	['bʊʁʃə]
oude man (de)	**Greis** (m)	[gʀaɪs]
oude vrouw (de)	**alte Frau** (f)	['altə 'fʀaʊ]
volwassen (bn)	**Erwachsene** (f)	[ɛɐ'vaksənə]
van middelbare leeftijd (bn)	**in mittleren Jahren**	[ɪn 'mɪtləʀən 'ja:ʀən]
bejaard (bn)	**älterer**	['ɛltəʀɐ]
oud (bn)	**alt**	[alt]
pensioen (het)	**Ruhestand** (m)	['ʀu:əʃtant]
met pensioen gaan	**in Rente gehen**	[ɪn 'ʀɛntə 'ge:ən]
gepensioneerde (de)	**Rentner** (m)	['ʀɛntnɐ]

56. Kinderen

kind (het)	**Kind** (n)	[kɪnt]
kinderen (mv.)	**Kinder** (pl)	['kɪndɐ]
tweeling (de)	**Zwillinge** (pl)	['tsvɪlɪŋə]
wieg (de)	**Wiege** (f)	['vi:gə]
rammelaar (de)	**Rassel** (f)	['ʀasəl]
luier (de)	**Windel** (f)	['vɪndəl]
speen (de)	**Schnuller** (m)	['ʃnʊlɐ]
kinderwagen (de)	**Kinderwagen** (m)	['kɪndɐˌva:gən]
kleuterschool (de)	**Kindergarten** (m)	['kɪndɐˌgaʁtən]
babysitter (de)	**Kinderfrau** (f)	['kɪndɐˌfʀaʊ]
kindertijd (de)	**Kindheit** (f)	['kɪnthaɪt]
pop (de)	**Puppe** (f)	['pʊpə]
speelgoed (het)	**Spielzeug** (n)	['ʃpi:lˌtsɔɪk]
bouwspeelgoed (het)	**Baukasten** (m)	['baʊˌkastən]
welopgevoed (bn)	**wohlerzogen**	['vo:lɛɐˌtso:gən]
onopgevoed (bn)	**ungezogen**	['ʊngəˌtso:gən]
verwend (bn)	**verwöhnt**	[fɛɐ'vø:nt]
stout zijn (ww)	**unartig sein**	['ʊnʔaʁtɪç zaɪn]
stout (bn)	**unartig**	['ʊnʔaʁtɪç]
stoutheid (de)	**Unart** (f)	['ʊnʔaʁt]
stouterd (de)	**Schelm** (m)	[ʃɛlm]
gehoorzaam (bn)	**gehorsam**	[gə'ho:ɐza:m]
ongehoorzaam (bn)	**ungehorsam**	['ʊngəˌho:ɐza:m]
braaf (bn)	**fügsam**	[fy:ksam]
slim (verstandig)	**klug**	[klu:k]
wonderkind (het)	**Wunderkind** (n)	['vʊndɐˌkɪnt]

57. Gehuwde paren. Gezinsleven

kussen (een kus geven)	**küssen** (vt)	['kʏsən]
elkaar kussen (ww)	**sich küssen**	[zɪç 'kʏsən]
gezin (het)	**Familie** (f)	[fa'mi:liə]
gezins- (abn)	**Familien-**	[fa'mi:liən]
paar (het)	**Paar** (n)	[pa:ɐ]
huwelijk (het)	**Ehe** (f)	['e:ə]
thuis (het)	**Heim** (n)	['haɪm]
dynastie (de)	**Dynastie** (f)	[dynas'ti:]
date (de)	**Rendezvous** (n)	[ʀaŋde'vu:]
zoen (de)	**Kuss** (m)	[kʊs]
liefde (de)	**Liebe** (f)	['li:bə]
liefhebben (ww)	**lieben** (vt)	['li:bən]
geliefde (bn)	**geliebt**	[gə'li:pt]
tederheid (de)	**Zärtlichkeit** (f)	['tsɛ:ɐtlɪçkaɪt]
teder (bn)	**zärtlich**	['tsɛ:ɐtlɪç]
trouw (de)	**Treue** (f)	['tʀɔɪə]
trouw (bn)	**treu**	[tʀɔɪ]
zorg (bijv. bejaarden~)	**Fürsorge** (f)	['fy:ɐ,zɔʁgə]
zorgzaam (bn)	**sorgsam**	['zɔʁkza:m]
jonggehuwden (mv.)	**Frischvermählte** (pl)	['fʀɪʃ·fɛɐ'mɛ:ltə]
wittebroodsweken (mv.)	**Flitterwochen** (pl)	['flɪte,vɔχən]
trouwen (vrouw)	**heiraten** (vi)	['haɪʀa:tən]
trouwen (man)	**heiraten** (vi)	['haɪʀa:tən]
bruiloft (de)	**Hochzeit** (f)	['hɔχ,tsaɪt]
gouden bruiloft (de)	**goldene Hochzeit** (f)	['gɔldənə 'hɔχ,tsaɪt]
verjaardag (de)	**Jahrestag** (m)	['ja:ʀəs,ta:k]
minnaar (de)	**Geliebte** (m)	[gə'li:ptə]
minnares (de)	**Geliebte** (f)	[gə'li:ptə]
overspel (het)	**Ehebruch** (m)	['e:ə,bʀʊχ]
overspel plegen (ww)	**Ehebruch begehen**	['e:ə,bʀʊχ bə'ge:ən]
jaloers (bn)	**eifersüchtig**	['aɪfe,zʏçtɪç]
jaloers zijn (echtgenoot, enz.)	**eifersüchtig sein**	['aɪfe,zʏçtɪç zaɪn]
echtscheiding (de)	**Scheidung** (f)	['ʃaɪdʊŋ]
scheiden (ww)	**sich scheiden lassen**	[zɪç 'ʃaɪdən 'lasən]
ruzie hebben (ww)	**streiten** (vi)	['ʃtʀaɪtən]
vrede sluiten (ww)	**sich versöhnen**	[zɪç fɛɐ'zø:nən]
samen (bw)	**zusammen**	[tsu'zamən]
seks (de)	**Sex** (m)	[sɛks], [zɛks]
geluk (het)	**Glück** (n)	[glʏk]
gelukkig (bn)	**glücklich**	['glʏklɪç]
ongeluk (het)	**Unglück** (n)	['ʊn,glʏk]
ongelukkig (bn)	**unglücklich**	['ʊn,glʏklɪç]

Karakter. Gevoelens. Emoties

58. Gevoelens. Emoties

gevoel (het)	**Gefühl** (n)	[gə'fy:l]
gevoelens (mv.)	**Gefühle** (pl)	[gə'fy:lə]
voelen (ww)	**fühlen** (vt)	['fy:lən]
honger (de)	**Hunger** (m)	['hʊŋɐ]
honger hebben (ww)	**hungrig sein**	['hʊŋʀɪç zaɪn]
dorst (de)	**Durst** (m)	[dʊʁst]
dorst hebben	**Durst haben**	['dʊʁst 'ha:bən]
slaperigheid (de)	**Schläfrigkeit** (f)	['ʃlɛ:fʀɪçkaɪt]
willen slapen	**schlafen wollen**	['ʃla:fən 'vɔlən]
moeheid (de)	**Müdigkeit** (f)	['my:dɪçkaɪt]
moe (bn)	**müde**	['my:də]
vermoeid raken (ww)	**müde werden**	['my:də 've:ɐdən]
stemming (de)	**Laune** (f)	['laʊnə]
verveling (de)	**Langeweile** (f)	['laŋəˌvaɪlə]
zich vervelen (ww)	**sich langweilen**	[zɪç 'laŋˌvaɪlən]
afzondering (de)	**Zurückgezogenheit** (n)	[tsu'ʀʏkgəˌtso:gənhaɪt]
zich afzonderen (ww)	**sich zurückziehen**	[zɪç tsu'ʀʏkˌtsi:ən]
bezorgd maken	**beunruhigen** (vt)	[bə'ʔʊnˌʀu:ɪgən]
bezorgd zijn (ww)	**sorgen** (vi)	['zɔʁgən]
zorg (bijv. geld~en)	**Besorgnis** (f)	[bə'zɔʁknɪs]
ongerustheid (de)	**Angst** (f)	['aŋst]
ongerust (bn)	**besorgt**	[bə'zɔʁkt]
zenuwachtig zijn (ww)	**nervös sein**	[nɛʁ'vø:s zaɪn]
in paniek raken	**in Panik verfallen** (vi)	[ɪn 'pa:nɪk fɛɐ'falən]
hoop (de)	**Hoffnung** (f)	['hɔfnʊŋ]
hopen (ww)	**hoffen** (vi)	['hɔfən]
zekerheid (de)	**Sicherheit** (f)	['zɪçɐhaɪt]
zeker (bn)	**sicher**	['zɪçɐ]
onzekerheid (de)	**Unsicherheit** (f)	['ʊnˌzɪçɐhaɪt]
onzeker (bn)	**unsicher**	['ʊnˌzɪçɐ]
dronken (bn)	**betrunken**	[bə'tʀʊŋkən]
nuchter (bn)	**nüchtern**	['nʏçtɐn]
zwak (bn)	**schwach**	['ʃvaχ]
gelukkig (bn)	**glücklich**	['glʏklɪç]
doen schrikken (ww)	**erschrecken** (vt)	[ɛɐ'ʃʀɛkən]
toorn (de)	**Wut** (f)	[vu:t]
woede (de)	**Rage** (f)	['ʀa:ʒə]
depressie (de)	**Depression** (f)	[depʀɛ'sjo:n]
ongemak (het)	**Unbehagen** (n)	['ʊnbəˌha:gən]

gemak, comfort (het)	**Komfort** (m)	[kɔm'fo:ɐ]
spijt hebben (ww)	**bedauern** (vt)	[bə'daʊɐn]
spijt (de)	**Bedauern** (n)	[bə'daʊɐn]
pech (de)	**Missgeschick** (n)	['mɪsgəˌʃɪk]
bedroefdheid (de)	**Kummer** (m)	['kʊmɐ]
schaamte (de)	**Scham** (f)	[ʃa:m]
pret (de), plezier (het)	**Freude** (f)	['fʀɔɪdə]
enthousiasme (het)	**Begeisterung** (f)	[bə'gaɪstəʀʊŋ]
enthousiasteling (de)	**Enthusiast** (m)	[ɛntu'zɪast]
enthousiasme vertonen	**Begeisterung zeigen**	[bə'gaɪstəʀʊŋ 'tsaɪgən]

59. Karakter. Persoonlijkheid

karakter (het)	**Charakter** (m)	[ka'ʀaktɐ]
karakterfout (de)	**Charakterfehler** (m)	[ka'ʀaktɐˌfe:lɐ]
verstand (het)	**Verstand** (m)	[fɛɐ'ʃtant]
rede (de)	**Vernunft** (f)	[fɛɐ'nʊnft]
geweten (het)	**Gewissen** (n)	[gə'vɪsən]
gewoonte (de)	**Gewohnheit** (f)	[gə'vo:nhaɪt]
bekwaamheid (de)	**Fähigkeit** (f)	['fɛ:ɪçkaɪt]
kunnen (bijv., ~ zwemmen)	**können** (v mod)	['kœnən]
geduldig (bn)	**geduldig**	[gə'dʊldɪç]
ongeduldig (bn)	**ungeduldig**	['ʊngədʊldɪç]
nieuwsgierig (bn)	**neugierig**	['nɔɪˌgi:ʀɪç]
nieuwsgierigheid (de)	**Neugier** (f)	['nɔɪˌgi:ɐ]
bescheidenheid (de)	**Bescheidenheit** (f)	[bə'ʃaɪdənhaɪt]
bescheiden (bn)	**bescheiden**	[bə'ʃaɪdən]
onbescheiden (bn)	**unbescheiden**	['ʊnbə'ʃaɪdən]
luiheid (de)	**Faulheit** (f)	['faʊlhaɪt]
lui (bn)	**faul**	[faʊl]
luiwammes (de)	**Faulenzer** (m)	['faʊlɛntsɐ]
sluwheid (de)	**Listigkeit** (f)	['lɪstɪçkaɪt]
sluw (bn)	**listig**	['lɪstɪç]
wantrouwen (het)	**Misstrauen** (n)	['mɪsˌtʀaʊən]
wantrouwig (bn)	**misstrauisch**	['mɪstʀaʊɪʃ]
gulheid (de)	**Freigebigkeit** (f)	['fʀaɪˌge:bɪçkaɪt]
gul (bn)	**freigebig**	['fʀaɪˌge:bɪç]
talentrijk (bn)	**talentiert**	[talɛn'ti:ɐt]
talent (het)	**Talent** (n)	[ta'lɛnt]
moedig (bn)	**tapfer**	['tapfɐ]
moed (de)	**Tapferkeit** (f)	['tapfɐkaɪt]
eerlijk (bn)	**ehrlich**	['e:ɐlɪç]
eerlijkheid (de)	**Ehrlichkeit** (f)	['e:ɐlɪçkaɪt]
voorzichtig (bn)	**vorsichtig**	['fo:ɐˌzɪçtɪç]
manhaftig (bn)	**tapfer**	['tapfɐ]

ernstig (bn)	**ernst**	[ɛʁnst]
streng (bn)	**streng**	[ʃtʀɛŋ]
resoluut (bn)	**entschlossen**	[ɛnt'ʃlɔsən]
onzeker, irresoluut (bn)	**unentschlossen**	['ʊnʔɛntˌʃlɔsən]
schuchter (bn)	**schüchtern**	['ʃʏçtɐn]
schuchterheid (de)	**Schüchternheit** (f)	['ʃʏçtɐnhaɪt]
vertrouwen (het)	**Vertrauen** (n)	[fɛɐ'tʀaʊən]
vertrouwen (ww)	**vertrauen** (vi)	[fɛɐ'tʀaʊən]
goedgelovig (bn)	**vertrauensvoll**	[fɛɐ'tʀaʊənsˌfɔl]
oprecht (bw)	**aufrichtig**	['aʊfˌʀɪçtɪç]
oprecht (bn)	**aufrichtig**	['aʊfˌʀɪçtɪç]
oprechtheid (de)	**Aufrichtigkeit** (f)	['aʊfˌʀɪçtɪçkaɪt]
open (bn)	**offen**	['ɔfən]
rustig (bn)	**still**	[ʃtɪl]
openhartig (bn)	**freimütig**	['fʀaɪˌmy:tɪç]
naïef (bn)	**naiv**	[na'i:f]
verstrooid (bn)	**zerstreut**	[tsɛɐ'ʃtʀɔɪt]
leuk, grappig (bn)	**drollig, komisch**	['dʀɔlɪç], ['ko:mɪʃ]
gierigheid (de)	**Gier** (f)	[gi:ɐ]
gierig (bn)	**habgierig**	['ha:pˌgi:ʀɪç]
inhalig (bn)	**geizig**	['gaɪtsɪç]
kwaad (bn)	**böse**	['bø:zə]
koppig (bn)	**hartnäckig**	['haʁtˌnɛkɪç]
onaangenaam (bn)	**unangenehm**	['ʊnʔangəˌne:m]
egoïst (de)	**Egoist** (m)	[ego'ɪst]
egoïstisch (bn)	**egoistisch**	[ego'ɪstɪʃ]
lafaard (de)	**Feigling** (m)	['faɪklɪŋ]
laf (bn)	**feige**	['faɪgə]

60. Slaap. Dromen

slapen (ww)	**schlafen** (vi)	['ʃla:fən]
slaap (in ~ vallen)	**Schlaf** (m)	[ʃla:f]
droom (de)	**Traum** (m)	[tʀaʊm]
dromen (in de slaap)	**träumen** (vi, vt)	['tʀɔɪmən]
slaperig (bn)	**verschlafen**	[fɛɐ'ʃla:fən]
bed (het)	**Bett** (n)	[bɛt]
matras (de)	**Matratze** (f)	[ma'tʀatsə]
deken (de)	**Decke** (f)	['dɛkə]
kussen (het)	**Kissen** (n)	['kɪsən]
laken (het)	**Laken** (n)	['la:kən]
slapeloosheid (de)	**Schlaflosigkeit** (f)	['ʃla:flo:zɪçkaɪt]
slapeloos (bn)	**schlaflos**	['ʃla:flo:s]
slaapmiddel (het)	**Schlafmittel** (n)	['ʃla:fˌmɪtəl]
slaapmiddel innemen	**Schlafmittel nehmen**	['ʃla:fˌmɪtəl 'ne:mən]
willen slapen	**schlafen wollen**	['ʃla:fən 'vɔlən]

geeuwen (ww)	**gähnen** (vi)	['gɛ:nən]
gaan slapen	**schlafen gehen**	['ʃla:fən 'ge:ən]
het bed opmaken	**das Bett machen**	[das bɛt 'maχən]
inslapen (ww)	**einschlafen** (vi)	['aɪnˌʃaltən]
nachtmerrie (de)	**Alptraum** (m)	['alpˌtʀaʊm]
gesnurk (het)	**Schnarchen** (n)	['ʃnaʁçən]
snurken (ww)	**schnarchen** (vi)	['ʃnaʁçən]
wekker (de)	**Wecker** (m)	['vɛkɐ]
wekken (ww)	**aufwecken** (vt)	['aʊfˌvɛkən]
wakker worden (ww)	**erwachen** (vi)	[ɛɐ'vaχən]
opstaan (ww)	**aufstehen** (vi)	['aʊfˌʃte:ən]
zich wassen (ww)	**sich waschen**	[zɪç 'vaʃən]

61. Humor. Gelach. Blijdschap

humor (de)	**Humor** (m)	[hu'mo:ɐ]
gevoel (het) voor humor	**Sinn** (m) **für Humor**	[zɪn fy:ɐ hu'mo:ɐ]
plezier hebben (ww)	**sich amüsieren**	[zɪç amy'zi:ʀən]
vrolijk (bn)	**froh**	[fʀo:]
pret (de), plezier (het)	**Fröhlichkeit** (f)	['fʀø:lɪçˌkaɪt]
glimlach (de)	**Lächeln** (n)	['lɛçəln]
glimlachen (ww)	**lächeln** (vi)	['lɛçəln]
beginnen te lachen (ww)	**auflachen** (vi)	['aʊflaχən]
lachen (ww)	**lachen** (vi)	['laχən]
lach (de)	**Lachen** (n)	['laχən]
mop (de)	**Anekdote, Witz** (m)	[anɛk'do:tə], [vɪts]
grappig (een ~ verhaal)	**lächerlich**	['lɛçəlɪç]
grappig (~e clown)	**komisch**	['ko:mɪʃ]
grappen maken (ww)	**Witz machen**	[vɪts 'maχən]
grap (de)	**Spaß** (m)	[ʃpa:s]
blijheid (de)	**Freude** (f)	['fʀɔɪdə]
blij zijn (ww)	**sich freuen**	[zɪç 'fʀɔɪən]
blij (bn)	**froh**	[fʀo:]

62. Discussie, conversatie. Deel 1

communicatie (de)	**Kommunikation** (f)	[kɔmunika'tsɪo:n]
communiceren (ww)	**kommunizieren** (vi)	[kɔmuni'tsi:ʀən]
conversatie (de)	**Konversation** (f)	[kɔnvɛʁza'tsjo:n]
dialoog (de)	**Dialog** (m)	[dia'lo:k]
discussie (de)	**Diskussion** (f)	[dɪskʊ'sjo:n]
debat (het)	**Streitgespräch** (n)	['ʃtʀaɪt·gə'ʃpʀɛ:ç]
debatteren, twisten (ww)	**streiten** (vi)	['ʃtʀaɪtən]
gesprekspartner (de)	**Gesprächspartner** (m)	[gə'ʃpʀɛ:çsˌpaʁtnɐ]
thema (het)	**Thema** (n)	['te:ma]

standpunt (het)	**Gesichtspunkt** (m)	[gə'zɪçts,pʊŋkt]
mening (de)	**Meinung** (f)	['maɪnʊŋ]
toespraak (de)	**Rede** (f)	['ʀe:də]
bespreking (de)	**Besprechung** (f)	[bə'ʃpʀɛçʊŋ]
bespreken (spreken over)	**besprechen** (vt)	[bə'ʃpʀɛçən]
gesprek (het)	**Gespräch** (n)	[gə'ʃpʀɛ:ç]
spreken (converseren)	**Gespräche führen**	[gə'ʃpʀɛ:çə 'fy:ʀən]
ontmoeting (de)	**Treffen** (n)	['tʀɛfən]
ontmoeten (ww)	**sich treffen**	[zɪç 'tʀɛfən]
spreekwoord (het)	**Sprichwort** (n)	['ʃpʀɪç,vɔʁt]
gezegde (het)	**Redensart** (f)	['ʀe:dəns,ʔa:ɐt]
raadsel (het)	**Rätsel** (n)	['ʀɛ:tsəl]
een raadsel opgeven	**ein Rätsel aufgeben**	[aɪn 'ʀɛ:tsəl 'aʊf,ge:bən]
wachtwoord (het)	**Parole** (f)	[pa'ʀo:lə]
geheim (het)	**Geheimnis** (n)	[gə'haɪmnɪs]
eed (de)	**Eid** (m), **Schwur** (m)	[aɪt], [ʃvu:ɐ]
zweren (een eed doen)	**schwören** (vi, vt)	['ʃvø:ʀən]
belofte (de)	**Versprechen** (n)	[fɛɐ'ʃpʀɛçən]
beloven (ww)	**versprechen** (vt)	[fɛɐ'ʃpʀɛçən]
advies (het)	**Rat** (m)	[ʀa:t]
adviseren (ww)	**raten** (vt)	['ʀa:tən]
advies volgen (iemands ~)	**einen Rat befolgen**	['aɪnən ʀa:t bə'fɔlgən]
luisteren (gehoorzamen)	**gehorchen** (vi)	[gə'hɔʁçən]
nieuws (het)	**Neuigkeit** (f)	['nɔjɪçkaɪt]
sensatie (de)	**Sensation** (f)	[zɛnza'tsjo:n]
informatie (de)	**Informationen** (pl)	[ɪnfɔʁma'tsjo:nən]
conclusie (de)	**Schlussfolgerung** (f)	['ʃlʊs,fɔlgəʀʊŋ]
stem (de)	**Stimme** (f)	['ʃtɪmə]
compliment (het)	**Kompliment** (n)	[,kɔmpli'mɛnt]
vriendelijk (bn)	**freundlich**	['fʀɔɪntlɪç]
woord (het)	**Wort** (n)	[vɔʁt]
zin (de), zinsdeel (het)	**Phrase** (f)	['fʀa:zə]
antwoord (het)	**Antwort** (f)	['antvɔʁt]
waarheid (de)	**Wahrheit** (f)	['va:ɐhaɪt]
leugen (de)	**Lüge** (f)	['ly:gə]
gedachte (de)	**Gedanke** (m)	[gə'daŋkə]
idee (de/het)	**Idee** (f)	[i'de:]
fantasie (de)	**Phantasie** (f)	[fanta'zi:]

63. Discussie, conversatie. Deel 2

gerespecteerd (bn)	**angesehen**	['angə,ze:ən]
respecteren (ww)	**respektieren** (vt)	[ʀespɛk'ti:ʀən]
respect (het)	**Respekt** (m)	[ʀe'spɛkt]
Geachte ... (brief)	**Sehr geehrter ...**	[ze:ɐ gə'le:ɐtɐ]
voorstellen (Mag ik jullie ~)	**bekannt machen**	[bə'kant 'maχən]

kennismaken (met ...) **kennenlernen** (vt) ['kɛnən,lɛʁnən]
intentie (de) **Absicht** (f) ['apzɪçt]
intentie hebben (ww) **beabsichtigen** (vt) [bə'ʔapzɪçtɪgən]
wens (de) **Wunsch** (m) [vʊnʃ]
wensen (ww) **wünschen** (vt) ['vʏnʃən]

verbazing (de) **Staunen** (n) ['ʃtaunən]
verbazen (verwonderen) **erstaunen** (vt) [ɛɐ'ʃtaʊnən]
verbaasd zijn (ww) **staunen** (vi) ['ʃtaunən]

geven (ww) **geben** (vt) ['ge:bən]
nemen (ww) **nehmen** (vt) ['ne:mən]
teruggeven (ww) **herausgeben** (vt) [hɛ'ʀaʊs,ge:bən]
retourneren (ww) **zurückgeben** (vt) [tsu'ʀʏk,ge:bən]

zich verontschuldigen **sich entschuldigen** [zɪç ɛnt'ʃʊldɪgən]
verontschuldiging (de) **Entschuldigung** (f) [ɛnt'ʃʊldɪgʊŋ]
vergeven (ww) **verzeihen** (vt) [fɛɐ'tsaɪən]

spreken (ww) **sprechen** (vi) ['ʃpʀɛçən]
luisteren (ww) **hören** (vt), **zuhören** (vi) ['hø:ʀən], ['tsu:,hø:ʀən]
aanhoren (ww) **sich anhören** [zɪç 'an,hø:ʀən]
begrijpen (ww) **verstehen** (vt) [fɛɐ'ʃte:ən]

tonen (ww) **zeigen** (vt) ['tsaɪgən]
kijken naar ... **ansehen** (vt) ['anze:ən]
roepen (vragen te komen) **rufen** (vt) ['ʀu:fən]
afleiden (storen) **belästigen** (vt) [bə'lɛstɪgən]
storen (lastigvallen) **stören** (vt) ['ʃtø:ʀən]
doorgeven (ww) **übergeben** (vt) [y:bɐ'ge:bən]

verzoek (het) **Bitte** (f) ['bɪtə]
verzoeken (ww) **bitten** (vt) ['bɪtən]
eis (de) **Verlangen** (n) [fɛɐ'laŋən]
eisen (met klem vragen) **verlangen** (vt) [fɛɐ'laŋən]

beledigen (beledigende namen geven) **necken** (vt) ['nɛkən]
uitlachen (ww) **spotten** (vi) ['ʃpɔtən]
spot (de) **Spott** (m) [ʃpɔt]
bijnaam (de) **Spitzname** (m) ['ʃpɪts,na:mə]

zinspeling (de) **Andeutung** (f) ['an,dɔɪtʊŋ]
zinspelen (ww) **andeuten** (vt) ['an,dɔɪtən]
impliceren (duiden op) **meinen** (vt) ['maɪnən]

beschrijving (de) **Beschreibung** (f) [bə'ʃʀaɪbʊŋ]
beschrijven (ww) **beschreiben** (vt) [bə'ʃʀaɪbən]
lof (de) **Lob** (n) [lo:p]
loven (ww) **loben** (vt) ['lo:bən]

teleurstelling (de) **Enttäuschung** (f) [ɛnt'tɔɪʃʊŋ]
teleurstellen (ww) **enttäuschen** (vt) [ɛnt'tɔɪʃən]
teleurgesteld zijn (ww) **enttäuscht sein** [ɛnt'tɔɪʃt zaɪn]
veronderstelling (de) **Vermutung** (f) [fɛɐ'mu:tʊŋ]
veronderstellen (ww) **vermuten** (vt) [fɛɐ'mu:tən]

waarschuwing (de)	**Warnung** (f)	['vaʁnʊŋ]
waarschuwen (ww)	**warnen** (vt)	['vaʁnən]

64. Discussie, conversatie. Deel 3

aanpraten (ww)	**überreden** (vt)	[y:bɐ'ʀe:dən]
kalmeren (kalm maken)	**beruhigen** (vt)	[bə'ʀu:ɪgən]
stilte (de)	**Schweigen** (n)	['ʃvaɪgən]
zwijgen (ww)	**schweigen** (vi)	['ʃvaɪgən]
fluisteren (ww)	**flüstern** (vt)	['flʏstɐn]
gefluister (het)	**Flüstern** (n)	['flʏstɐn]
open, eerlijk (bw)	**offen**	['ɔfən]
volgens mij ...	**meiner Meinung nach ...**	['maɪnə 'maɪnʊŋ na:χ]
detail (het)	**Detail** (n)	[de'taɪ]
gedetailleerd (bn)	**ausführlich**	['aʊsˌfy:ɐlɪç]
gedetailleerd (bw)	**ausführlich**	['aʊsˌfy:ɐlɪç]
hint (de)	**Tipp** (m)	[tɪp]
een hint geven	**einen Tipp geben**	['aɪnən tɪp 'ge:bən]
blik (de)	**Blick** (m)	[blɪk]
een kijkje nemen	**anblicken** (vt)	['anblikən]
strak (een ~ke blik)	**starr**	[ʃtaʁ]
knipperen (ww)	**blinzeln** (vi)	['blɪntsəln]
knipogen (ww)	**zwinkern** (vi)	['tsvɪŋkɐn]
knikken (ww)	**nicken** (vi)	['nɪkən]
zucht (de)	**Seufzer** (m)	['zɔɪftsɐ]
zuchten (ww)	**aufseufzen** (vi)	['aʊfˌzɔɪftsən]
huiveren (ww)	**zusammenzucken** (vi)	[tsu'zamənˌtsʊkən]
gebaar (het)	**Geste** (f)	['gɛstə]
aanraken (ww)	**berühren** (vt)	[bə'ʀy:ʀən]
grijpen (ww)	**ergreifen** (vt)	[ɛɐ'gʀaɪfən]
een schouderklopje geven	**klopfen** (vt)	['klɔpfən]
Kijk uit!	**Vorsicht!**	['fo:ɐˌzɪçt]
Echt?	**Wirklich?**	['vɪʁklɪç]
Succes!	**Viel Glück!**	[fi:l glʏk]
Juist, ja!	**Klar!**	[kla:ɐ]
Wat jammer!	**Schade!**	['ʃa:də]

65. Overeenstemming. Weigering

instemming (het)	**Einverständnis** (n)	['aɪnfɛɐˌʃtɛntnɪs]
instemmen (akkoord gaan)	**zustimmen** (vi)	['tsu:ˌʃtɪmən]
goedkeuring (de)	**Billigung** (f)	['bɪlɪgʊŋ]
goedkeuren (ww)	**billigen** (vt)	['bɪlɪgən]
weigering (de)	**Absage** (f)	['apˌza:gə]
weigeren (ww)	**sich weigern**	[zɪç 'vaɪgɐn]

Geweldig!	**Ausgezeichnet!**	['aʊsgəˌtsaɪçnət]
Goed!	**Ganz recht!**	[gants ʀɛçt]
Akkoord!	**Gut! Okay!**	[gu:t], [o'ke:]
verboden (bn)	**verboten**	[fɛɐ'bo:tən]
het is verboden	**Es ist verboten**	[ɛs ist fɛɐ'bo:tən]
het is onmogelijk	**Es ist unmöglich**	[ɛs ist 'ʊnmø:klɪç]
onjuist (bn)	**falsch**	[falʃ]
afwijzen (ww)	**ablehnen** (vt)	['apˌle:nən]
steunen (een goed doel, enz.)	**unterstützen** (vt)	[ˌʊntɐ'ʃtʏtsən]
aanvaarden (excuses ~)	**akzeptieren** (vt)	[ˌaktsɛp'ti:ʀən]
bevestigen (ww)	**bestätigen** (vt)	[bə'ʃtɛ:tɪgən]
bevestiging (de)	**Bestätigung** (f)	[bə'ʃtɛ:tɪgʊŋ]
toestemming (de)	**Erlaubnis** (f)	[ɛɐ'laʊpnɪs]
toestaan (ww)	**erlauben** (vt)	[ɛɐ'laʊbən]
beslissing (de)	**Entscheidung** (f)	[ɛnt'ʃaɪdʊŋ]
z'n mond houden (ww)	**schweigen** (vi)	['ʃvaɪgən]
voorwaarde (de)	**Bedingung** (f)	[bə'dɪŋʊŋ]
smoes (de)	**Ausrede** (f)	['aʊsˌʀe:də]
lof (de)	**Lob** (n)	[lo:p]
loven (ww)	**loben** (vt)	['lo:bən]

66. Succes. Veel geluk. Mislukking

succes (het)	**Erfolg** (m)	[ɛɐ'fɔlk]
succesvol (bw)	**erfolgreich**	[ɛɐ'fɔlkʀaɪç]
succesvol (bn)	**erfolgreich**	[ɛɐ'fɔlkʀaɪç]
geluk (het)	**Glück** (n)	[glʏk]
Succes!	**Viel Glück!**	[fi:l glʏk]
geluks- (bn)	**Glücks-**	[glʏks]
gelukkig (fortuinlijk)	**glücklich**	['glʏklɪç]
mislukking (de)	**Misserfolg** (m)	['mɪsʔɛɐˌfɔlk]
tegenslag (de)	**Missgeschick** (n)	['mɪsgəˌʃɪk]
pech (de)	**Unglück** (n)	['ʊnˌglʏk]
zonder succes (bn)	**missglückt**	[mɪs'glʏkt]
catastrofe (de)	**Katastrophe** (f)	[ˌkatas'tʀo:fə]
fierheid (de)	**Stolz** (m)	[ʃtɔlts]
fier (bn)	**stolz**	[ʃtɔlts]
fier zijn (ww)	**stolz sein**	[ʃtɔlts zaɪn]
winnaar (de)	**Sieger** (m)	['zi:gɐ]
winnen (ww)	**siegen** (vi)	['zi:gən]
verliezen (ww)	**verlieren** (vt)	[fɛɐ'li:ʀən]
poging (de)	**Versuch** (m)	[fɛɐ'zu:χ]
pogen, proberen (ww)	**versuchen** (vt)	[fɛɐ'zu:χən]
kans (de)	**Chance** (f)	['ʃaŋsə]

67. Ruzies. Negatieve emoties

schreeuw (de)	**Schrei** (m)	[ʃʀaɪ]
schreeuwen (ww)	**schreien** (vi)	['ʃʀaɪən]
beginnen te schreeuwen	**beginnen zu schreien**	[bə'gɪnən tsu 'ʃʀaɪən]
ruzie (de)	**Zank** (m)	[tsaŋk]
ruzie hebben (ww)	**sich zanken**	[zɪç 'tsaŋkən]
schandaal (het)	**Riesenkrach** (m)	['ʀi:zən,kʀaχ]
schandaal maken (ww)	**Krach haben**	['kʀaχ ha:bən]
conflict (het)	**Konflikt** (m)	[kɔn'flɪkt]
misverstand (het)	**Missverständnis** (n)	['mɪsfɛɐ,ʃtɛntnɪs]
belediging (de)	**Kränkung** (f)	['kʀɛŋkʊŋ]
beledigen (met scheldwoorden)	**kränken** (vt)	['kʀɛŋkən]
beledigd (bn)	**gekränkt**	[gə'kʀɛŋkt]
krenking (de)	**Beleidigung** (f)	[bə'laɪdɪgʊŋ]
krenken (beledigen)	**beleidigen** (vt)	[bə'laɪdɪgən]
gekwetst worden (ww)	**sich beleidigt fühlen**	[zɪç bə'laɪdɪçt 'fy:lən]
verontwaardiging (de)	**Empörung** (f)	[ɛm'pø:ʀʊŋ]
verontwaardigd zijn (ww)	**sich empören**	[zɪç ɛm'pø:ʀən]
klacht (de)	**Klage** (f)	['kla:gə]
klagen (ww)	**klagen** (vi)	['kla:gən]
verontschuldiging (de)	**Entschuldigung** (f)	[ɛnt'ʃʊldɪgʊŋ]
zich verontschuldigen	**sich entschuldigen**	[zɪç ɛnt'ʃʊldɪgən]
excuus vragen	**um Entschuldigung bitten**	[ʊm ɛnt'ʃʊldɪgʊŋ 'bɪtən]
kritiek (de)	**Kritik** (f)	[kʀi'ti:k]
bekritiseren (ww)	**kritisieren** (vt)	[kʀiti'zi:ʀən]
beschuldiging (de)	**Anklage** (f)	['ankla:gə]
beschuldigen (ww)	**anklagen** (vt)	['an,kla:gən]
wraak (de)	**Rache** (f)	['ʀaχə]
wreken (ww)	**rächen** (vt)	['ʀɛçən]
wraak nemen (ww)	**sich rächen**	[zɪç 'ʀɛçən]
minachting (de)	**Verachtung** (f)	[fɛɐ'ʔaχtʊŋ]
minachten (ww)	**verachten** (vt)	[fɛɐ'ʔaχtən]
haat (de)	**Hass** (m)	[has]
haten (ww)	**hassen** (vt)	['hasən]
zenuwachtig (bn)	**nervös**	[nɛʁ'vø:s]
zenuwachtig zijn (ww)	**nervös sein**	[nɛʁ'vø:s zaɪn]
boos (bn)	**verärgert**	[fɛɐ'ɛʁget]
boos maken (ww)	**ärgern** (vt)	['ɛʁgen]
vernedering (de)	**Erniedrigung** (f)	[ɛɐ'ni:dʀɪgʊŋ]
vernederen (ww)	**erniedrigen** (vt)	[ɛɐ'ni:dʀɪgən]
zich vernederen (ww)	**sich erniedrigen**	[zɪç ɛɐ'ni:dʀɪgən]
schok (de)	**Schock** (m)	[ʃɔk]
schokken (ww)	**schockieren** (vt)	[ʃɔ'ki:ʀən]

onaangenaamheid (de)	**Ärger** (m)	['ɛʁgɐ]
onaangenaam (bn)	**unangenehm**	['ʊnʔangəˌne:m]
vrees (de)	**Angst** (f)	['aŋst]
vreselijk (bijv. ~ onweer)	**furchtbar**	['fʊʁçtba:ɐ]
eng (bn)	**schrecklich**	['ʃʀɛklɪç]
gruwel (de)	**Entsetzen** (n)	[ɛnt'zɛtsən]
vreselijk (~ nieuws)	**entsetzlich**	[ɛnt'zɛtslɪç]
beginnen te beven	**zittern** (vi)	['tsɪtɐn]
huilen (wenen)	**weinen** (vi)	['vaɪnən]
beginnen te huilen (wenen)	**anfangen zu weinen**	['anˌfaŋən tsu: 'vaɪnən]
traan (de)	**Träne** (f)	['tʀɛ:nə]
schuld (~ geven aan)	**Schuld** (f)	[ʃʊlt]
schuldgevoel (het)	**Schuldgefühl** (n)	['ʃʊltgəˌfy:l]
schande (de)	**Schmach** (f)	[ʃma:χ]
protest (het)	**Protest** (m)	[pʀo'tɛst]
stress (de)	**Stress** (m)	[stʀɛs]
storen (lastigvallen)	**stören** (vt)	['ʃtø:ʀən]
kwaad zijn (ww)	**sich ärgern**	[zɪç 'ɛʁgɐn]
kwaad (bn)	**ärgerlich**	['ɛʁgɐˌlɪç]
beëindigen (een relatie ~)	**abbrechen** (vi)	['apˌbʀɛçən]
vloeken (ww)	**schelten** (vi)	['ʃɛltən]
schrikken (schrik krijgen)	**erschrecken** (vi)	[ɛɐ'ʃʀɛkən]
slaan (iemand ~)	**schlagen** (vt)	['ʃla:gən]
vechten (ww)	**sich prügeln**	[zɪç 'pʀy:gəln]
regelen (conflict)	**beilegen** (vt)	['baɪˌle:gən]
ontevreden (bn)	**unzufrieden**	['ʊntsuˌfʀi:dən]
woedend (bn)	**wütend**	['vy:tənt]
Dat is niet goed!	**Das ist nicht gut!**	[das is nɪçt gu:t]
Dat is slecht!	**Das ist schlecht!**	[das is ʃlɛçt]

Geneeskunde

68. Ziekten

ziekte (de)	**Krankheit** (f)	['kʀaŋkhaɪt]
ziek zijn (ww)	**krank sein**	[kʀaŋk zaɪn]
gezondheid (de)	**Gesundheit** (f)	[gə'zʊnthaɪt]
snotneus (de)	**Schnupfen** (m)	['ʃnʊpfən]
angina (de)	**Angina** (f)	[aŋ'gi:na]
verkoudheid (de)	**Erkältung** (f)	[ɛɐ'kɛltʊŋ]
verkouden raken (ww)	**sich erkälten**	[zɪç ɛɐ'kɛltən]
bronchitis (de)	**Bronchitis** (f)	[bʀɔn'çi:tɪs]
longontsteking (de)	**Lungenentzündung** (f)	['lʊŋən?ɛnt͵tsʏndʊŋ]
griep (de)	**Grippe** (f)	['gʀɪpə]
bijziend (bn)	**kurzsichtig**	['kʊʁts͵zɪçtɪç]
verziend (bn)	**weitsichtig**	['vaɪt͵zɪçtɪç]
scheelheid (de)	**Schielen** (n)	['ʃi:lən]
scheel (bn)	**schielend**	['ʃi:lənt]
grauwe staar (de)	**grauer Star** (m)	['gʀaʊɐ ʃta:ɐ]
glaucoom (het)	**Glaukom** (n)	[glau'ko:m]
beroerte (de)	**Schlaganfall** (m)	['ʃla:k?an͵fal]
hartinfarct (het)	**Infarkt** (m)	[ɪn'faʁkt]
myocardiaal infarct (het)	**Herzinfarkt** (m)	['hɛʁts?ɪn͵faʁkt]
verlamming (de)	**Lähmung** (f)	['lɛ:mʊŋ]
verlammen (ww)	**lähmen** (vt)	['lɛ:mən]
allergie (de)	**Allergie** (f)	[͵alɛʁ'gi:]
astma (de/het)	**Asthma** (n)	['astma]
diabetes (de)	**Diabetes** (m)	[dia'be:tɛs]
tandpijn (de)	**Zahnschmerz** (m)	['tsa:n͵ʃmɛʁts]
tandbederf (het)	**Karies** (f)	['ka:ʁɪɛs]
diarree (de)	**Durchfall** (m)	['dʊʁç͵fal]
constipatie (de)	**Verstopfung** (f)	[fɛɐ'ʃtɔpfʊŋ]
maagstoornis (de)	**Magenverstimmung** (f)	['ma:gən·fɛɐ͵ʃtɪmʊŋ]
voedselvergiftiging (de)	**Vergiftung** (f)	[fɛɐ'gɪftʊŋ]
voedselvergiftiging oplopen	**Vergiftung bekommen**	[fɛɐ'gɪftʊŋ bə'kɔmən]
artritis (de)	**Arthritis** (f)	[aʁ'tʀi:tɪs]
rachitis (de)	**Rachitis** (f)	[ʀa'χi:tɪs]
reuma (het)	**Rheumatismus** (m)	[ʀɔɪma'tɪsmʊs]
arteriosclerose (de)	**Atherosklerose** (f)	[atɛʁɔskle'ʀo:zə]
gastritis (de)	**Gastritis** (f)	[gas'tʀi:tɪs]
blindedarmontsteking (de)	**Blinddarmentzündung** (f)	['blɪntdaʁm?ɛnt͵tsʏndʊŋ]

galblaasontsteking (de)	**Cholezystitis** (f)	[çoletsʏs'ti:tɪs]
zweer (de)	**Geschwür** (n)	[gə'ʃvy:ɐ]
mazelen (mv.)	**Masern** (pl)	['ma:zɐn]
rodehond (de)	**Röteln** (pl)	['ʀø:təln]
geelzucht (de)	**Gelbsucht** (f)	['gɛlp,zʊχt]
leverontsteking (de)	**Hepatitis** (f)	[ˌhepa'ti:tɪs]
schizofrenie (de)	**Schizophrenie** (f)	[ʃitsofʀe'ni:]
dolheid (de)	**Tollwut** (f)	['tɔlˌvu:t]
neurose (de)	**Neurose** (f)	[nɔɪ'ʀo:zə]
hersenschudding (de)	**Gehirnerschütterung** (f)	[gə'hɪʁnʔɛɐˌʃʏtəʁʊŋ]
kanker (de)	**Krebs** (m)	[kʀe:ps]
sclerose (de)	**Sklerose** (f)	[skle'ʀo:zə]
multiple sclerose (de)	**multiple Sklerose** (f)	[mʊl'ti:plə skle'ʀo:zə]
alcoholisme (het)	**Alkoholismus** (m)	[ˌalkoho'lɪsmʊs]
alcoholicus (de)	**Alkoholiker** (m)	[alko'ho:likɐ]
syfilis (de)	**Syphilis** (f)	['zy:filɪs]
AIDS (de)	**AIDS**	['eɪts]
tumor (de)	**Tumor** (m)	['tu:mo:ɐ]
kwaadaardig (bn)	**bösartig**	['bø:sˌʔa:ɐtɪç]
goedaardig (bn)	**gutartig**	['gu:tˌʔa:ɐtɪç]
koorts (de)	**Fieber** (n)	['fi:bɐ]
malaria (de)	**Malaria** (f)	[ma'la:ʀɪa]
gangreen (het)	**Gangrän** (f, n)	[gaŋ'gʀɛ:n]
zeeziekte (de)	**Seekrankheit** (f)	['ze:ˌkʀaŋkhaɪt]
epilepsie (de)	**Epilepsie** (f)	[epilɛ'psi:]
epidemie (de)	**Epidemie** (f)	[epide'mi:]
tyfus (de)	**Typhus** (m)	['ty:fʊs]
tuberculose (de)	**Tuberkulose** (f)	[tubɛʁku'lo:zə]
cholera (de)	**Cholera** (f)	['ko:leʀa]
pest (de)	**Pest** (f)	[pɛst]

69. Symptomen. Behandelingen. Deel 1

symptoom (het)	**Symptom** (n)	[zʏmp'to:m]
temperatuur (de)	**Temperatur** (f)	[tɛmpəʀa'tu:ɐ]
verhoogde temperatuur (de)	**Fieber** (n)	['fi:bɐ]
polsslag (de)	**Puls** (m)	[pʊls]
duizeling (de)	**Schwindel** (m)	['ʃvɪndəl]
heet (erg warm)	**heiß**	[haɪs]
koude rillingen (mv.)	**Schüttelfrost** (m)	['ʃʏtəlˌfʀɔst]
bleek (bn)	**blass**	[blas]
hoest (de)	**Husten** (m)	['hu:stən]
hoesten (ww)	**husten** (vi)	['hu:stən]
niezen (ww)	**niesen** (vi)	['ni:zən]
flauwte (de)	**Ohnmacht** (f)	['o:nˌmaχt]
flauwvallen (ww)	**ohnmächtig werden**	['o:nˌmɛçtɪç 've:ɐdən]

blauwe plek (de)	**blauer Fleck** (m)	['blaʊɐ flɛk]
buil (de)	**Beule** (f)	['bɔɪlə]
zich stoten (ww)	**sich stoßen**	[zɪç 'ʃto:sən]
kneuzing (de)	**Prellung** (f)	['pʀɛlʊŋ]
kneuzen (gekneusd zijn)	**sich stoßen**	[zɪç 'ʃto:sən]
hinken (ww)	**hinken** (vi)	['hɪŋkən]
verstuiking (de)	**Verrenkung** (f)	[fɛɐ'ʀɛnkuŋ]
verstuiken (enkel, enz.)	**ausrenken** (vt)	['aʊsˌʀɛŋkən]
breuk (de)	**Fraktur** (f)	[fʀak'tu:ɐ]
een breuk oplopen	**brechen** (vt)	['bʀɛçən]
snijwond (de)	**Schnittwunde** (f)	['ʃnɪtˌvʊndə]
zich snijden (ww)	**sich schneiden**	[zɪç 'ʃnaɪdən]
bloeding (de)	**Blutung** (f)	['blu:tʊŋ]
brandwond (de)	**Verbrennung** (f)	[fɛɐ'bʀɛnʊŋ]
zich branden (ww)	**sich verbrennen**	[zɪç fɛɐ'bʀɛnən]
prikken (ww)	**stechen** (vt)	['ʃtɛçən]
zich prikken (ww)	**sich stechen**	[zɪç 'ʃtɛçən]
blesseren (ww)	**verletzen** (vt)	[fɛɐ'lɛtsən]
blessure (letsel)	**Verletzung** (f)	[fɛɐ'lɛtsʊŋ]
wond (de)	**Wunde** (f)	['vʊndə]
trauma (het)	**Trauma** (n)	['tʀaʊma]
ijlen (ww)	**irrereden** (vi)	['ɪʀəˌʀe:dən]
stotteren (ww)	**stottern** (vi)	['ʃtɔtɐn]
zonnesteek (de)	**Sonnenstich** (m)	['zɔnənˌʃtɪç]

70. Symptomen. Behandelingen. Deel 2

pijn (de)	**Schmerz** (m)	[ʃmɛʁts]
splinter (de)	**Splitter** (m)	['ʃplɪtɐ]
zweet (het)	**Schweiß** (m)	[ʃvaɪs]
zweten (ww)	**schwitzen** (vi)	['ʃvɪtsən]
braking (de)	**Erbrechen** (n)	[ɛɐ'bʀɛçən]
stuiptrekkingen (mv.)	**Krämpfe** (pl)	['kʀɛmpfə]
zwanger (bn)	**schwanger**	['ʃvaŋɐ]
geboren worden (ww)	**geboren sein**	[gə'bo:ʀən zaɪn]
geboorte (de)	**Geburt** (f)	[gə'bu:ɐt]
baren (ww)	**gebären** (vt)	[gə'bɛ:ʀən]
abortus (de)	**Abtreibung** (f)	['apˌtʀaɪbʊŋ]
ademhaling (de)	**Atem** (m)	['a:təm]
inademing (de)	**Atemzug** (m)	['a:təmˌtsu:k]
uitademing (de)	**Ausatmung** (f)	['aʊsʔa:tmʊŋ]
uitademen (ww)	**ausatmen** (vt)	['aʊsˌʔa:tmən]
inademen (ww)	**einatmen** (vt)	['aɪnˌʔa:tmən]
invalide (de)	**Invalide** (m)	[ɪnva'li:də]
gehandicapte (de)	**Krüppel** (m)	['kʀʏpəl]

drugsverslaafde (de)	**Drogenabhängiger** (m)	['dʀo:gən,ʔaphɛŋɪgɐ]
doof (bn)	**taub**	[taʊp]
stom (bn)	**stumm**	[ʃtʊm]
doofstom (bn)	**taubstumm**	['taʊp,ʃtʊm]
krankzinnig (bn)	**verrückt**	[fɛɐ'ʀʏkt]
krankzinnige (man)	**Irre** (m)	['ɪʀə]
krankzinnige (vrouw)	**Irre** (f)	['ɪʀə]
krankzinnig worden	**den Verstand verlieren**	[den fɛɐ'ʃtant fɛɐ'li:ʀən]
gen (het)	**Gen** (n)	[ge:n]
immuniteit (de)	**Immunität** (f)	[ɪmuni'tɛ:t]
erfelijk (bn)	**erblich**	['ɛʁplɪç]
aangeboren (bn)	**angeboren**	['angə,bo:ʀən]
virus (het)	**Virus** (m, n)	['vi:ʀʊs]
microbe (de)	**Mikrobe** (f)	[mi'kʀo:bə]
bacterie (de)	**Bakterie** (f)	[bak'te:ʀɪə]
infectie (de)	**Infektion** (f)	[ɪnfɛk'tsjo:n]

71. Symptomen. Behandelingen. Deel 3

ziekenhuis (het)	**Krankenhaus** (n)	['kʀaŋkən,haʊs]
patiënt (de)	**Patient** (m)	[pa'tsɪɛnt]
diagnose (de)	**Diagnose** (f)	[dia'gno:zə]
genezing (de)	**Heilung** (f)	['haɪlʊŋ]
medische behandeling (de)	**Behandlung** (f)	[bə'handlʊŋ]
onder behandeling zijn	**Behandlung bekommen**	[bə'handlʊŋ bə'kɔmən]
behandelen (ww)	**behandeln** (vt)	[bə'handəln]
zorgen (zieken ~)	**pflegen** (vt)	['pfle:gən]
ziekenzorg (de)	**Pflege** (f)	['pfle:gə]
operatie (de)	**Operation** (f)	[opəʀa'tsjo:n]
verbinden (een arm ~)	**verbinden** (vt)	[fɛɐ'bɪndən]
verband (het)	**Verband** (m)	[fɛɐ'bant]
vaccin (het)	**Impfung** (f)	['ɪmpfʊŋ]
inenten (vaccineren)	**impfen** (vt)	['ɪmpfən]
injectie (de)	**Spritze** (f)	['ʃpʀɪtsə]
een injectie geven	**eine Spritze geben**	['aɪnə 'ʃpʀɪtsə 'ge:bən]
aanval (de)	**Anfall** (m)	['an,fal]
amputatie (de)	**Amputation** (f)	[amputa'tsjo:n]
amputeren (ww)	**amputieren** (vt)	[ampu'ti:ʀən]
coma (het)	**Koma** (n)	['ko:ma]
in coma liggen	**im Koma liegen**	[ɪm 'ko:ma 'li:gən]
intensieve zorg, ICU (de)	**Reanimation** (f)	[ʀeʔanima'tsjo:n]
zich herstellen (ww)	**genesen von …**	[gə'ne:zən fɔn]
toestand (de)	**Zustand** (m)	['tsu:ʃtant]
bewustzijn (het)	**Bewusstsein** (n)	[bə'vʊstzaɪn]
geheugen (het)	**Gedächtnis** (n)	[gə'dɛçtnɪs]
trekken (een kies ~)	**ziehen** (vt)	['tsi:ən]

vulling (de) **Plombe** (f) ['plɔmbə]
vullen (ww) **plombieren** (vt) [plɔm'bi:ʀən]

hypnose (de) **Hypnose** (f) [hʏp'no:zə]
hypnotiseren (ww) **hypnotisieren** (vt) [hʏpnoti'zi:ʀən]

72. Artsen

dokter, arts (de) **Arzt** (m) [aʁtst]
ziekenzuster (de) **Krankenschwester** (f) [kʀaŋkənˌʃvɛstɐ]
lijfarts (de) **Privatarzt** (m) [pʀi'va:tˌʔaʁtst]

tandarts (de) **Zahnarzt** (m) ['tsa:nˌʔaʁtst]
oogarts (de) **Augenarzt** (m) ['aʊgənˌʔaʁtst]
therapeut (de) **Internist** (m) [ɪntɐ'nɪst]
chirurg (de) **Chirurg** (m) [çi'ʀʊʁk]

psychiater (de) **Psychiater** (m) [psy'çɪa:tɐ]
pediater (de) **Kinderarzt** (m) ['kɪndɐˌʔaʁtst]
psycholoog (de) **Psychologe** (m) [psyço'lo:gə]
gynaecoloog (de) **Frauenarzt** (m) ['fʀaʊənˌʔaʁtst]
cardioloog (de) **Kardiologe** (m) [kaʁdɪo'lo:gə]

73. Geneeskunde. Medicijnen. Accessoires

geneesmiddel (het) **Arznei** (f) [aʁts'naɪ]
middel (het) **Heilmittel** (n) ['haɪlˌmɪtəl]
voorschrijven (ww) **verschreiben** (vt) [fɛɐ'ʃʀaɪbən]
recept (het) **Rezept** (n) [ʀe'tsɛpt]

tablet (de/het) **Tablette** (f) [tab'letə]
zalf (de) **Salbe** (f) ['zalbə]
ampul (de) **Ampulle** (f) [am'pʊlə]
drank (de) **Mixtur** (f) [mɪks'tu:ɐ]
siroop (de) **Sirup** (m) ['zi:ʀʊp]
pil (de) **Pille** (f) ['pɪlə]
poeder (de/het) **Pulver** (n) ['pʊlfɐ]

verband (het) **Verband** (m) [fɛɐ'bant]
watten (mv.) **Watte** (f) ['vatə]
jodium (het) **Jod** (n) [jo:t]

pleister (de) **Pflaster** (n) ['pflastɐ]
pipet (de) **Pipette** (f) [pi'pɛtə]
thermometer (de) **Thermometer** (n) [tɛʁmo'me:tɐ]
spuit (de) **Spritze** (f) ['ʃpʀɪtsə]

rolstoel (de) **Rollstuhl** (m) ['ʀɔlˌʃtu:l]
krukken (mv.) **Krücken** (pl) ['kʀʏkən]

pijnstiller (de) **Betäubungsmittel** (n) [bə'tɔɪbʊŋsˌmɪtəl]
laxeermiddel (het) **Abführmittel** (n) ['apfy:ɐˌmɪtəl]

spiritus (de)	**Spiritus** (m)	['spi:ʀitʊs]
medicinale kruiden (mv.)	**Heilkraut** (n)	['haɪlˌkʀaʊt]
kruiden- (abn)	**Kräuter-**	['kʀɔɪtɐ]

74. Roken. Tabaksproducten

tabak (de)	**Tabak** (m)	['ta:bak]
sigaret (de)	**Zigarette** (f)	[tsiga'ʀɛtə]
sigaar (de)	**Zigarre** (f)	[tsi'gaʀə]
pijp (de)	**Pfeife** (f)	['pfaɪfə]
pakje (~ sigaretten)	**Packung** (f)	['pakʊŋ]
lucifers (mv.)	**Streichhölzer** (pl)	['ʃtʀaɪçˌhœltsɐ]
luciferdoosje (het)	**Streichholzschachtel** (f)	['ʃtʀaɪç·hɔltsˌʃaχtəl]
aansteker (de)	**Feuerzeug** (n)	['fɔɪɐˌtsɔɪk]
asbak (de)	**Aschenbecher** (m)	['aʃən·bɛçɐ]
sigarettendoosje (het)	**Zigarettenetui** (n)	[tsiga'ʀɛtənʔɛtˌvi:]
sigarettenpijpje (het)	**Mundstück** (n)	['mʊntˌʃtʏk]
filter (de/het)	**Filter** (n)	['fɪltɐ]
roken (ww)	**rauchen** (vi, vt)	['ʀaʊχən]
een sigaret opsteken	**anrauchen** (vt)	['anˌʀaʊχən]
roken (het)	**Rauchen** (n)	['ʀaʊχən]
roker (de)	**Raucher** (m)	['ʀaʊχɐ]
peuk (de)	**Stummel** (m)	['ʃtʊməl]
rook (de)	**Rauch** (m)	[ʀaʊχ]
as (de)	**Asche** (f)	['aʃə]

HET MENSELIJKE LEEFGEBIED

Stad

75. Stad. Het leven in de stad

stad (de)	**Stadt** (f)	[ʃtat]
hoofdstad (de)	**Hauptstadt** (f)	['haʊptˌʃtat]
dorp (het)	**Dorf** (n)	[dɔʁf]
plattegrond (de)	**Stadtplan** (m)	['ʃtatˌpla:n]
centrum (ov. een stad)	**Stadtzentrum** (n)	['ʃtatˌtsɛntʀʊm]
voorstad (de)	**Vorort** (m)	['fo:ɐˌʔɔʁt]
voorstads- (abn)	**Vorort-**	['fo:ɐˌʔɔʁt]
randgemeente (de)	**Stadtrand** (m)	['ʃtatˌʀant]
omgeving (de)	**Umgebung** (f)	[ʊm'ge:bʊŋ]
blok (huizenblok)	**Stadtviertel** (n)	['ʃtatˌfɪʁtəl]
woonwijk (de)	**Wohnblock** (m)	['vo:nˌblɔk]
verkeer (het)	**Straßenverkehr** (m)	['ʃtʀa:sən·fɛɐˌke:ɐ]
verkeerslicht (het)	**Ampel** (f)	['ampəl]
openbaar vervoer (het)	**Stadtverkehr** (m)	['ʃtat·fɛɐ'ke:ɐ]
kruispunt (het)	**Straßenkreuzung** (f)	['ʃtʀa:sənˌkʀɔɪtsʊŋ]
zebrapad (oversteekplaats)	**Übergang** (m)	['y:bɐˌgaŋ]
onderdoorgang (de)	**Fußgängerunterführung** (f)	['fu:sˌgɛŋɐ·ʊntɐ'fy:ʀʊŋ]
oversteken (de straat ~)	**überqueren** (vt)	[y:bɐ'kve:ʀən]
voetganger (de)	**Fußgänger** (m)	['fu:sˌgɛŋɐ]
trottoir (het)	**Gehweg** (m)	['ge:ˌve:k]
brug (de)	**Brücke** (f)	['bʀʏkə]
dijk (de)	**Kai** (m)	[kaɪ]
fontein (de)	**Springbrunnen** (m)	['ʃpʀɪŋˌbʀʊnən]
allee (de)	**Allee** (f)	[a'le:]
park (het)	**Park** (m)	[paʁk]
boulevard (de)	**Boulevard** (m)	[bulə'va:ɐ]
plein (het)	**Platz** (m)	[plats]
laan (de)	**Avenue** (f)	[avə'ny:]
straat (de)	**Straße** (f)	['ʃtʀa:sə]
zijstraat (de)	**Gasse** (f)	['gasə]
doodlopende straat (de)	**Sackgasse** (f)	['zakˌgasə]
huis (het)	**Haus** (n)	[haʊs]
gebouw (het)	**Gebäude** (n)	[gə'bɔɪdə]
wolkenkrabber (de)	**Wolkenkratzer** (m)	['vɔlkənˌkʀatsɐ]
gevel (de)	**Fassade** (f)	[fa'sa:də]
dak (het)	**Dach** (n)	[daχ]

venster (het)	**Fenster** (n)	['fɛnstɐ]
boog (de)	**Bogen** (m)	['bo:gən]
pilaar (de)	**Säule** (f)	['zɔɪlə]
hoek (ov. een gebouw)	**Ecke** (f)	['ɛkə]
vitrine (de)	**Schaufenster** (n)	['ʃaʊˌfɛnstɐ]
gevelreclame (de)	**Firmenschild** (n)	['fɪʁmənˌʃɪlt]
affiche (de/het)	**Anschlag** (m)	['anˌʃla:k]
reclameposter (de)	**Werbeposter** (m)	['vɛʁbəˌpo:stɐ]
aanplakbord (het)	**Werbeschild** (n)	['vɛʁbəˌʃɪlt]
vuilnis (de/het)	**Müll** (m)	[mʏl]
vuilnisbak (de)	**Mülleimer** (m)	['mʏlˌʔaɪmɐ]
afval weggooien (ww)	**Abfall wegwerfen**	['apfal 'vɛkˌvɛʁfən]
stortplaats (de)	**Mülldeponie** (f)	['mʏl·depoˌni:]
telefooncel (de)	**Telefonzelle** (f)	[tele'fo:nˌtsɛlə]
straatlicht (het)	**Straßenlaterne** (f)	['ʃtʀa:sən·laˌtɛʁnə]
bank (de)	**Bank** (f)	[baŋk]
politieagent (de)	**Polizist** (m)	[poli'tsɪst]
politie (de)	**Polizei** (f)	[ˌpoli'tsaɪ]
zwerver (de)	**Bettler** (m)	['bɛtlɐ]
dakloze (de)	**Obdachlose** (m)	['ɔpdaχˌlo:zə]

76. Stedelijke instellingen

winkel (de)	**Laden** (m)	['la:dən]
apotheek (de)	**Apotheke** (f)	[apo'te:kə]
optiek (de)	**Optik** (f)	['ɔptɪk]
winkelcentrum (het)	**Einkaufszentrum** (n)	['aɪnkaʊfsˌtsɛntʀʊm]
supermarkt (de)	**Supermarkt** (m)	['zu:pɐˌmaʁkt]
bakkerij (de)	**Bäckerei** (f)	[ˌbɛkə'ʀaɪ]
bakker (de)	**Bäcker** (m)	['bɛkɐ]
banketbakkerij (de)	**Konditorei** (f)	[ˌkɔndito'ʀaɪ]
kruidenier (de)	**Lebensmittelladen** (m)	['le:bənsˌmɪtəl·la:dən]
slagerij (de)	**Metzgerei** (f)	[mɛtsgə'ʀaɪ]
groentewinkel (de)	**Gemüseladen** (m)	[gə'my:zəˌla:dən]
markt (de)	**Markt** (m)	[maʁkt]
koffiehuis (het)	**Kaffeehaus** (n)	[ka'fe:ˌhaʊs]
restaurant (het)	**Restaurant** (n)	[ʀɛsto'ʀaŋ]
bar (de)	**Bierstube** (f)	['bi:ɐˌʃtu:bə]
pizzeria (de)	**Pizzeria** (f)	[pɪtse'ʀi:a]
kapperssalon (de/het)	**Friseursalon** (m)	[fʀi'zø:ɐ·zaˌlɔŋ]
postkantoor (het)	**Post** (f)	[pɔst]
stomerij (de)	**chemische Reinigung** (f)	[çe:miʃə 'ʀaɪnɪgʊŋ]
fotostudio (de)	**Fotostudio** (n)	['fotoˌʃtu:dɪo]
schoenwinkel (de)	**Schuhgeschäft** (n)	['ʃu:gəˌʃɛft]
boekhandel (de)	**Buchhandlung** (f)	['bu:χˌhandlʊŋ]

sportwinkel (de)	**Sportgeschäft** (n)	['ʃpɔʁt·gə'ʃɛft]
kledingreparatie (de)	**Kleiderreparatur** (f)	['klaɪdɐˌʀepaʀa'tu:ɐ]
kledingverhuur (de)	**Bekleidungsverleih** (m)	[bə'klaɪdʊŋs·fɛɐ'laɪ]
videotheek (de)	**Videothek** (f)	[video'te:k]
circus (de/het)	**Zirkus** (m)	['tsɪʁkʊs]
dierentuin (de)	**Zoo** (m)	['tso:]
bioscoop (de)	**Kino** (n)	['ki:no]
museum (het)	**Museum** (n)	[mu'ze:ʊm]
bibliotheek (de)	**Bibliothek** (f)	[biblio'te:k]
theater (het)	**Theater** (n)	[te'a:tɐ]
opera (de)	**Opernhaus** (n)	['o:pɐnˌhaʊs]
nachtclub (de)	**Nachtklub** (m)	['naχtˌklʊp]
casino (het)	**Kasino** (n)	[ka'zi:no]
moskee (de)	**Moschee** (f)	[mɔ'ʃe:]
synagoge (de)	**Synagoge** (f)	[zyna'go:gə]
kathedraal (de)	**Kathedrale** (f)	[kate'dʀa:lə]
tempel (de)	**Tempel** (m)	['tɛmpəl]
kerk (de)	**Kirche** (f)	['kɪʁçə]
instituut (het)	**Institut** (n)	[ɪnsti'tu:t]
universiteit (de)	**Universität** (f)	[univɛʁzi'tɛ:t]
school (de)	**Schule** (f)	['ʃu:lə]
gemeentehuis (het)	**Präfektur** (f)	[pʀɛfɛk'tu:ɐ]
stadhuis (het)	**Rathaus** (n)	['ʀa:tˌhaʊs]
hotel (het)	**Hotel** (n)	[ho'tɛl]
bank (de)	**Bank** (f)	[baŋk]
ambassade (de)	**Botschaft** (f)	['bo:tʃaft]
reisbureau (het)	**Reisebüro** (n)	['ʀaɪzə·byˌʀo:]
informatieloket (het)	**Informationsbüro** (n)	[ɪnfɔʁma'tsjo:ns·byˌʀo:]
wisselkantoor (het)	**Wechselstube** (f)	['vɛksəlˌʃtu:bə]
metro (de)	**U-Bahn** (f)	['u:ba:n]
ziekenhuis (het)	**Krankenhaus** (n)	['kʀaŋkənˌhaʊs]
benzinestation (het)	**Tankstelle** (f)	['taŋkˌʃtɛlə]
parking (de)	**Parkplatz** (m)	['paʁkˌplats]

77. Stedelijk vervoer

bus, autobus (de)	**Bus** (m)	[bʊs]
tram (de)	**Straßenbahn** (f)	['ʃtʀa:sənˌba:n]
trolleybus (de)	**Obus** (m)	['o:bʊs]
route (de)	**Linie** (f)	['li:niə]
nummer (busnummer, enz.)	**Nummer** (f)	['nʊmɐ]
rijden met ...	**mit ... fahren**	[mɪt ... 'fa:ʀən]
stappen (in de bus ~)	**einsteigen** (vi)	['aɪnˌʃtaɪgən]
afstappen (ww)	**aussteigen** (vi)	['aʊsˌʃtaɪgən]
halte (de)	**Haltestelle** (f)	['haltəˌʃtɛlə]

volgende halte (de)	**nächste Haltestelle** (f)	['nɛ:çstə 'haltəˌʃtɛlə]
eindpunt (het)	**Endhaltestelle** (f)	['ɛntˌhaltəʃtɛlə]
dienstregeling (de)	**Fahrplan** (m)	['fa:ɐˌpla:n]
wachten (ww)	**warten** (vi, vt)	['vaʁtən]
kaartje (het)	**Fahrkarte** (f)	['fa:ɐˌkaʁtə]
reiskosten (de)	**Fahrpreis** (m)	['fa:ɐˌpʀaɪs]
kassier (de)	**Kassierer** (m)	[ka'si:ʀɐ]
kaartcontrole (de)	**Fahrkartenkontrolle** (f)	['fa:ɐˌkaʁtən·kɔn'tʀɔlə]
controleur (de)	**Kontrolleur** (m)	[kɔntʀɔ'lø:ɐ]
te laat zijn (ww)	**sich verspäten**	[zɪç fɛɐ'ʃpɛ:tən]
missen (de bus ~)	**versäumen** (vt)	[fɛɐ'zɔɪmən]
zich haasten (ww)	**sich beeilen**	[zɪç bə'ʔaɪlən]
taxi (de)	**Taxi** (n)	['taksi]
taxichauffeur (de)	**Taxifahrer** (m)	['taksiˌfa:ʀɐ]
met de taxi (bw)	**mit dem Taxi**	[mɪt dem 'taksi]
taxistandplaats (de)	**Taxistand** (m)	['taksiˌʃtant]
een taxi bestellen	**ein Taxi rufen**	[aɪn 'taksi 'ʀu:fən]
een taxi nemen	**ein Taxi nehmen**	[aɪn 'taksi 'ne:mən]
verkeer (het)	**Straßenverkehr** (m)	['ʃtʀa:sən·fɛɐˌke:ɐ]
file (de)	**Stau** (m)	[ʃtaʊ]
spitsuur (het)	**Hauptverkehrszeit** (f)	['haʊpt·fɛɐ'ke:ɐsˌtsaɪt]
parkeren (on.ww.)	**parken** (vi)	['paʁkən]
parkeren (ov.ww.)	**parken** (vt)	['paʁkən]
parking (de)	**Parkplatz** (m)	['paʁkˌplats]
metro (de)	**U-Bahn** (f)	['u:ba:n]
halte (bijv. kleine treinhalte)	**Station** (f)	[ʃta'tsjo:n]
de metro nemen	**mit der U-Bahn fahren**	[mɪt de:ɐ 'u:ba:n 'fa:ʀən]
trein (de)	**Zug** (m)	[tsu:k]
station (treinstation)	**Bahnhof** (m)	['ba:nˌho:f]

78. Bezienswaardigheden

monument (het)	**Denkmal** (n)	['dɛŋkˌma:l]
vesting (de)	**Festung** (f)	['fɛstʊŋ]
paleis (het)	**Palast** (m)	[pa'last]
kasteel (het)	**Schloss** (n)	[ʃlɔs]
toren (de)	**Turm** (m)	[tʊʁm]
mausoleum (het)	**Mausoleum** (n)	[ˌmaʊzo'le:ʊm]
architectuur (de)	**Architektur** (f)	[aʁçitɛk'tu:ɐ]
middeleeuws (bn)	**mittelalterlich**	['mɪtəlˌʔaltəlɪç]
oud (bn)	**alt**	[alt]
nationaal (bn)	**national**	[natsjɔ'na:l]
bekend (bn)	**berühmt**	[bə'ʀy:mt]
toerist (de)	**Tourist** (m)	[tu'ʀɪst]
gids (de)	**Fremdenführer** (m)	['fʀɛmdənˌfy:ʀɐ]
rondleiding (de)	**Ausflug** (m)	['aʊsˌflu:k]

tonen (ww)	**zeigen** (vt)	['tsaɪgən]
vertellen (ww)	**erzählen** (vt)	[ɛɐ'tsɛ:lən]
vinden (ww)	**finden** (vt)	['fɪndən]
verdwalen (de weg kwijt zijn)	**sich verlieren**	[zɪç fɛɐ'li:bən]
plattegrond (~ van de metro)	**Karte** (f)	['kaʁtə]
plattegrond (~ van de stad)	**Karte** (f)	['kaʁtə]
souvenir (het)	**Souvenir** (n)	[zuvəˌni:ɐ]
souvenirwinkel (de)	**Souvenirladen** (m)	[zuvəˌni:ɐ'la:dən]
foto's maken	**fotografieren** (vt)	[fotogʀa'fi:ʀən]
zich laten fotograferen	**sich fotografieren**	[zɪç fotogʀa'fi:ʀən]

79. Winkelen

kopen (ww)	**kaufen** (vt)	['kaufən]
aankoop (de)	**Einkauf** (m)	['aɪnˌkaʊf]
winkelen (ww)	**einkaufen gehen**	['aɪnˌkaʊfən 'ge:ən]
winkelen (het)	**Einkaufen** (n)	['aɪnˌkaʊfən]
open zijn (ov. een winkel, enz.)	**offen sein**	['ɔfən zaɪn]
gesloten zijn (ww)	**zu sein**	[tsu zaɪn]
schoeisel (het)	**Schuhe** (pl)	['ʃu:ə]
kleren (mv.)	**Kleidung** (f)	['klaɪdʊŋ]
cosmetica (mv.)	**Kosmetik** (f)	[kɔs'me:tɪk]
voedingswaren (mv.)	**Lebensmittel** (pl)	['le:bənsˌmɪtəl]
geschenk (het)	**Geschenk** (n)	[gə'ʃɛŋk]
verkoper (de)	**Verkäufer** (m)	[fɛɐ'kɔɪfɐ]
verkoopster (de)	**Verkäuferin** (f)	[fɛɐ'kɔɪfəʀɪn]
kassa (de)	**Kasse** (f)	['kasə]
spiegel (de)	**Spiegel** (m)	['ʃpi:gəl]
toonbank (de)	**Ladentisch** (m)	['la:dənˌtɪʃ]
paskamer (de)	**Umkleidekabine** (f)	['ʊmklaɪdə·kaˌbi:nə]
aanpassen (ww)	**anprobieren** (vt)	['anpʀoˌbi:ʀən]
passen (ov. kleren)	**passen** (vi)	['pasən]
bevallen (prettig vinden)	**gefallen** (vi)	[gə'falən]
prijs (de)	**Preis** (m)	[pʀaɪs]
prijskaartje (het)	**Preisschild** (n)	['pʀaɪsˌʃɪlt]
kosten (ww)	**kosten** (vt)	['kɔstən]
Hoeveel?	**Wie viel?**	['vi: fi:l]
korting (de)	**Rabatt** (m)	[ʀa'bat]
niet duur (bn)	**preiswert**	['pʀaɪsˌve:ɐt]
goedkoop (bn)	**billig**	['bɪlɪç]
duur (bn)	**teuer**	['tɔɪɐ]
Dat is duur.	**Das ist teuer**	[das is 'tɔɪɐ]
verhuur (de)	**Verleih** (m)	[fɛɐ'laɪ]
huren (smoking, enz.)	**ausleihen** (vt)	['ausˌlaɪən]

krediet (het)	**Kredit** (m), **Darlehen** (n)	[kʀe'di:t], ['daʁ,le:ən]
op krediet (bw)	**auf Kredit**	[aʊf kʀe'di:t]

80. Geld

geld (het)	**Geld** (n)	[gɛlt]
ruil (de)	**Austausch** (m)	['aʊs,taʊʃ]
koers (de)	**Kurs** (m)	[kʊʁs]
geldautomaat (de)	**Geldautomat** (m)	['gɛltʔaʊto,ma:t]
muntstuk (de)	**Münze** (f)	['mʏntsə]
dollar (de)	**Dollar** (m)	['dɔlaʁ]
euro (de)	**Euro** (m)	['ɔɪʀo]
lire (de)	**Lira** (f)	['li:ʀa]
Duitse mark (de)	**Mark** (f)	[maʁk]
frank (de)	**Franken** (m)	['fʀaŋkən]
pond sterling (het)	**Pfund Sterling** (n)	[pfʊnt 'ʃtɛʁlɪŋ]
yen (de)	**Yen** (m)	[jɛn]
schuld (geldbedrag)	**Schulden** (pl)	['ʃʊldən]
schuldenaar (de)	**Schuldner** (m)	['ʃʊldnɐ]
uitlenen (ww)	**leihen** (vt)	['laɪən]
lenen (geld ~)	**ausleihen** (vt)	['aʊs,laɪən]
bank (de)	**Bank** (f)	[baŋk]
bankrekening (de)	**Konto** (n)	['kɔnto]
storten (ww)	**einzahlen** (vt)	['aɪn,tsa:lən]
op rekening storten	**auf ein Konto einzahlen**	[aʊf aɪn 'kɔnto 'aɪn,tsa:lən]
opnemen (ww)	**abheben** (vt)	['ap,he:bən]
kredietkaart (de)	**Kreditkarte** (f)	[kʀe'di:t,kaʁtə]
baar geld (het)	**Bargeld** (n)	['ba:ɐ,gɛlt]
cheque (de)	**Scheck** (m)	[ʃɛk]
een cheque uitschrijven	**einen Scheck schreiben**	['aɪnən ʃɛk 'ʃʀaɪbn]
chequeboekje (het)	**Scheckbuch** (n)	['ʃɛk,bu:χ]
portefeuille (de)	**Geldtasche** (f)	['gɛlt,taʃə]
geldbeugel (de)	**Geldbeutel** (m)	['gɛlt,bɔɪtəl]
safe (de)	**Safe** (m)	[sɛɪf]
erfgenaam (de)	**Erbe** (m)	['ɛʁbə]
erfenis (de)	**Erbschaft** (f)	['ɛʁpʃaft]
fortuin (het)	**Vermögen** (n)	[fɛɐ'mø:gən]
huur (de)	**Pacht** (f)	[paχt]
huurprijs (de)	**Miete** (f)	['mi:tə]
huren (huis, kamer)	**mieten** (vt)	['mi:tən]
prijs (de)	**Preis** (m)	[pʀaɪs]
kostprijs (de)	**Kosten** (pl)	['kɔstən]
som (de)	**Summe** (f)	['zʊmə]
uitgeven (geld besteden)	**ausgeben** (vt)	['aʊs,ge:bən]
kosten (mv.)	**Ausgaben** (pl)	['aʊs,ga:bən]

bezuinigen (ww)	**sparen** (vt)	['ʃpa:ʀən]
zuinig (bn)	**sparsam**	['ʃpa:ɐza:m]
betalen (ww)	**zahlen** (vt)	['tsa:lən]
betaling (de)	**Lohn** (m)	[lo:n]
wisselgeld (het)	**Wechselgeld** (n)	['vɛksəl,gɛlt]
belasting (de)	**Steuer** (f)	['ʃtɔɪɐ]
boete (de)	**Geldstrafe** (f)	['gɛlt,ʃtʀa:fə]
beboeten (bekeuren)	**bestrafen** (vt)	[bə'ʃtʀa:fən]

81. Post. Postkantoor

postkantoor (het)	**Post** (f)	[pɔst]
post (de)	**Post** (f)	[pɔst]
postbode (de)	**Briefträger** (m)	['bʀi:f,tʀɛ:gɐ]
openingsuren (mv.)	**Öffnungszeiten** (pl)	['œfnʊŋs,tsaɪtən]
brief (de)	**Brief** (m)	[bʀi:f]
aangetekende brief (de)	**Einschreibebrief** (m)	['aɪnʃʀaɪbə,bʀi:f]
briefkaart (de)	**Postkarte** (f)	['pɔst,kaʁtə]
telegram (het)	**Telegramm** (n)	[tele'gʀam]
postpakket (het)	**Postpaket** (n)	['pɔst·pa'ke:t]
overschrijving (de)	**Geldanweisung** (f)	['gɛlt,anvaɪzʊŋ]
ontvangen (ww)	**bekommen** (vt)	[bə'kɔmən]
sturen (zenden)	**abschicken** (vt)	['ap,ʃɪkən]
verzending (de)	**Absendung** (f)	['ap,zɛndʊŋ]
adres (het)	**Postanschrift** (f)	['pɔst,anʃʀɪft]
postcode (de)	**Postleitzahl** (f)	['pɔstlaɪt,tsa:l]
verzender (de)	**Absender** (m)	['ap,zɛndɐ]
ontvanger (de)	**Empfänger** (m)	[ɛm'pfɛŋɐ]
naam (de)	**Vorname** (m)	['fo:ɐ,na:mə]
achternaam (de)	**Nachname** (m)	['na:χ,na:mə]
tarief (het)	**Tarif** (m)	[ta'ʀi:f]
standaard (bn)	**Standard-**	['standaʁt]
zuinig (bn)	**Spar-**	['ʃpa:ɐ]
gewicht (het)	**Gewicht** (n)	[gə'vɪçt]
afwegen (op de weegschaal)	**abwiegen** (vt)	['ap,vi:gən]
envelop (de)	**Briefumschlag** (m)	['bʀi:fʔʊm,ʃla:k]
postzegel (de)	**Briefmarke** (f)	['bʀi:f,maʁkə]
een postzegel plakken op	**Briefmarke aufkleben**	['bʀi:f,maʁkə 'aʊf,kle:bən]

Woning. Huis. Thuis

82. Huis. Woning

huis (het)	**Haus** (n)	[haʊs]
thuis (bw)	**zu Hause**	[tsu 'haʊzə]
cour (de)	**Hof** (m)	[ho:f]
omheining (de)	**Zaun** (m)	[tsaʊn]
baksteen (de)	**Ziegel** (m)	['tsi:gəl]
van bakstenen	**Ziegel-**	['tsi:gəl]
steen (de)	**Stein** (m)	[ʃtaɪn]
stenen (bn)	**Stein-**	[ʃtaɪn]
beton (het)	**Beton** (m)	[be'tɔŋ]
van beton	**Beton-**	[be'tɔŋ]
nieuw (bn)	**neu**	[nɔɪ]
oud (bn)	**alt**	[alt]
vervallen (bn)	**baufällig**	['baʊˌfɛlɪç]
modern (bn)	**modern**	[mo'dɛʁn]
met veel verdiepingen	**mehrstöckig**	['me:ɐˌʃtœkɪç]
hoog (bn)	**hoch**	[ho:χ]
verdieping (de)	**Stock** (m)	[ʃtɔk]
met een verdieping	**einstöckig**	['aɪnˌʃtœkɪç]
laagste verdieping (de)	**Erdgeschoß** (n)	['e:ɐt·gəˌʃo:s]
bovenverdieping (de)	**oberster Stock** (m)	['obɐstɐ ʃtɔk]
dak (het)	**Dach** (n)	[daχ]
schoorsteen (de)	**Schlot** (m)	[ʃlo:t]
dakpan (de)	**Dachziegel** (m)	['daχˌtsi:gəl]
pannen- (abn)	**Dachziegel-**	['daχˌtsi:gəl]
zolder (de)	**Dachboden** (m)	['daχˌbo:dən]
venster (het)	**Fenster** (n)	['fɛnstɐ]
glas (het)	**Glas** (n)	[gla:s]
vensterbank (de)	**Fensterbrett** (n)	['fɛnstɐˌbʀɛt]
luiken (mv.)	**Fensterläden** (pl)	['fɛnstɐˌlɛ:dən]
muur (de)	**Wand** (f)	[vant]
balkon (het)	**Balkon** (m)	[bal'ko:n]
regenpijp (de)	**Regenfallrohr** (n)	['ʀe:gənˌfalʀo:ɐ]
boven (bw)	**nach oben**	[na:χ 'o:bən]
naar boven gaan (ww)	**hinaufgehen** (vi)	[hɪ'naʊfˌge:ən]
afdalen (on.ww.)	**herabsteigen** (vi)	[hɛ'ʀapˌʃtaɪgən]
verhuizen (ww)	**umziehen** (vi)	['ʊmtsi:ən]

83. Huis. Ingang. Lift

ingang (de)	**Eingang** (m)	['aɪn,gaŋ]
trap (de)	**Treppe** (f)	['tʀɛpə]
treden (mv.)	**Stufen** (pl)	['ʃtu:fən]
trapleuning (de)	**Geländer** (n)	[gə'lɛndɐ]
hal (de)	**Halle** (f)	['halə]
postbus (de)	**Briefkasten** (m)	['bʀi:f,kastən]
vuilnisbak (de)	**Müllkasten** (m)	['mʏl,kastən]
vuilniskoker (de)	**Müllschlucker** (m)	['mʏl,ʃlʊkɐ]
lift (de)	**Aufzug** (m), **Fahrstuhl** (m)	['aʊf,tsu:k], ['fa:ɐ,ʃtu:l]
goederenlift (de)	**Lastenaufzug** (m)	['lastən·'aʊf,tsu:k]
liftcabine (de)	**Aufzugkabine** (f)	['aʊf,tsu:k·ka'bi:nə]
de lift nemen	**Aufzug nehmen**	['aʊf,tsu:k 'ne:mən]
appartement (het)	**Wohnung** (f)	['vo:nʊŋ]
bewoners (mv.)	**Mieter** (pl)	['mi:tɐ]
buurman (de)	**Nachbar** (m)	['naχ,ba:ɐ]
buurvrouw (de)	**Nachbarin** (f)	['naχba:ʀɪn]
buren (mv.)	**Nachbarn** (pl)	['naχba:ɐn]

84. Huis. Deuren. Sloten

deur (de)	**Tür** (f)	[ty:ɐ]
toegangspoort (de)	**Tor** (n)	[to:ɐ]
deurkruk (de)	**Griff** (m)	[gʀɪf]
ontsluiten (ontgrendelen)	**aufschließen** (vt)	['aʊf,ʃli:sən]
openen (ww)	**öffnen** (vt)	['œfnən]
sluiten (ww)	**schließen** (vt)	['ʃli:sən]
sleutel (de)	**Schlüssel** (m)	['ʃlʏsəl]
sleutelbos (de)	**Bündel** (n)	['bʏndəl]
knarsen (bijv. scharnier)	**knarren** (vi)	['knaʁən]
knarsgeluid (het)	**Knarren** (n)	['knaʁən]
scharnier (het)	**Türscharnier** (n)	['ty:ɐ,ʃaʁ'ni:ɐ]
deurmat (de)	**Fußmatte** (f)	['fu:s,matə]
slot (het)	**Schloss** (n)	[ʃlɔs]
sleutelgat (het)	**Schlüsselloch** (n)	['ʃlʏsəl,lɔχ]
grendel (de)	**Türriegel** (m)	['ty:ɐ,ʀi:gəl]
schuif (de)	**Riegel** (m)	['ʀi:gəl]
hangslot (het)	**Vorhängeschloss** (n)	['fo:ɐhɛŋə,ʃlɔs]
aanbellen (ww)	**klingeln** (vi)	['klɪŋəln]
bel (geluid)	**Klingel** (f)	['klɪŋəl]
deurbel (de)	**Türklingel** (f)	['ty:ɐ,klɪŋəl]
belknop (de)	**Knopf** (m)	[knɔpf]
geklop (het)	**Klopfen** (n)	['klɔpfən]
kloppen (ww)	**anklopfen** (vi)	['an,klɔpfən]

code (de)	**Code** (m)	[ko:t]
cijferslot (het)	**Zahlenschloss** (n)	['tsa:lən,ʃlɔs]
parlofoon (de)	**Sprechanlage** (f)	['ʃpʀɛçʔan,la:gə]
nummer (het)	**Nummer** (f)	['nʊmɐ]
naambordje (het)	**Türschild** (n)	['ty:ɐʃɪlt]
deurspion (de)	**Türspion** (m)	['ty:ɐ·ʃpi,o:n]

85. Huis op het platteland

dorp (het)	**Dorf** (n)	[dɔʁf]
moestuin (de)	**Gemüsegarten** (m)	[gə'my:zə,gaʁtən]
hek (het)	**Zaun** (m)	[tsaʊn]
houten hekwerk (het)	**Lattenzaun** (m)	['latən,tsaʊn]
tuinpoortje (het)	**Zauntür** (f)	['tsaʊŋ,ty:ɐ]
graanschuur (de)	**Speicher** (m)	['ʃpaɪçɐ]
wortelkelder (de)	**Keller** (m)	['kɛlɐ]
schuur (de)	**Schuppen** (m)	['ʃʊpən]
waterput (de)	**Brunnen** (m)	['bʀʊnən]
kachel (de)	**Ofen** (m)	['o:fən]
de kachel stoken	**heizen** (vt)	['haɪtsən]
brandhout (het)	**Holz** (n)	[hɔlts]
houtblok (het)	**Holzscheit** (n)	['hɔlts,ʃaɪt]
veranda (de)	**Veranda** (f)	[ve'ʀanda]
terras (het)	**Terrasse** (f)	[tɛ'ʀasə]
bordes (het)	**Außentreppe** (f)	['aʊsən,tʀɛpə]
schommel (de)	**Schaukel** (f)	['ʃaʊkəl]

86. Kasteel. Paleis

kasteel (het)	**Schloss** (n)	[ʃlɔs]
paleis (het)	**Palast** (m)	[pa'last]
vesting (de)	**Festung** (f)	['fɛstʊŋ]
ringmuur (de)	**Mauer** (f)	['maʊɐ]
toren (de)	**Turm** (m)	[tʊʁm]
donjon (de)	**Bergfried** (m)	['bɛʁk,fʀi:t]
valhek (het)	**Fallgatter** (n)	['fal,gatɐ]
onderaardse gang (de)	**Tunnel** (n)	['tʊnəl]
slotgracht (de)	**Graben** (m)	['gʀa:bən]
ketting (de)	**Kette** (f)	['kɛtə]
schietgat (het)	**Schießscharte** (f)	['ʃi:s,ʃaʁtə]
prachtig (bn)	**großartig, prächtig**	['gʀo:s,ʔa:ɐtɪç], ['pʀɛçtɪç]
majestueus (bn)	**majestätisch**	[majɛs'tɛ:tɪʃ]
onneembaar (bn)	**unnahbar**	[ʊn'na:ba:ɐ]
middeleeuws (bn)	**mittelalterlich**	['mɪtəl,ʔaltɐlɪç]

87. Appartement

appartement (het)	**Wohnung** (f)	['vo:nʊŋ]
kamer (de)	**Zimmer** (n)	['tsɪmɐ]
slaapkamer (de)	**Schlafzimmer** (n)	['ʃla:fˌtsɪmɐ]
eetkamer (de)	**Esszimmer** (n)	['ɛsˌtsɪmɐ]
salon (de)	**Wohnzimmer** (n)	['vo:nˌtsɪmɐ]
studeerkamer (de)	**Arbeitszimmer** (n)	['aʁbaɪtsˌtsɪmɐ]
gang (de)	**Vorzimmer** (n)	['fo:ɐˌtsɪmɐ]
badkamer (de)	**Badezimmer** (n)	['ba:dəˌtsɪmɐ]
toilet (het)	**Toilette** (f)	[toa'lɛtə]
plafond (het)	**Decke** (f)	['dɛkə]
vloer (de)	**Fußboden** (m)	['fu:sˌbo:dən]
hoek (de)	**Ecke** (f)	['ɛkə]

88. Appartement. Schoonmaken

schoonmaken (ww)	**aufräumen** (vt)	['aʊfˌʀɔɪmən]
opbergen (in de kast, enz.)	**weglegen** (vt)	['vɛkˌle:gən]
stof (het)	**Staub** (m)	[ʃtaʊp]
stoffig (bn)	**staubig**	['ʃtaʊbɪç]
stoffen (ww)	**Staub abwischen**	[ʃtaʊp 'apˌvɪʃən]
stofzuiger (de)	**Staubsauger** (m)	['ʃtaʊpˌzaʊgɐ]
stofzuigen (ww)	**Staub saugen**	[ʃtaʊp 'zaʊgən]
vegen (de vloer ~)	**kehren, fegen** (vt)	['ke:ʀən], ['fe:gən]
veegsel (het)	**Kehricht** (m, n)	['ke:ʀɪçt]
orde (de)	**Ordnung** (f)	['ɔʁdnʊŋ]
wanorde (de)	**Unordnung** (f)	['ʊnˌʔɔʁdnʊŋ]
zwabber (de)	**Schrubber** (m)	['ʃʀʊbɐ]
poetsdoek (de)	**Lappen** (m)	['lapən]
veger (de)	**Besen** (m)	['be:zən]
stofblik (het)	**Kehrichtschaufel** (f)	['ke:ʀɪçtˌʃaʊfəl]

89. Meubels. Interieur

meubels (mv.)	**Möbel** (n)	['mø:bəl]
tafel (de)	**Tisch** (m)	[tɪʃ]
stoel (de)	**Stuhl** (m)	[ʃtu:l]
bed (het)	**Bett** (n)	[bɛt]
bankstel (het)	**Sofa** (n)	['zo:fa]
fauteuil (de)	**Sessel** (m)	['zɛsəl]
boekenkast (de)	**Bücherschrank** (m)	['by:çɐʃʀaŋk]
boekenrek (het)	**Regal** (n)	[ʀe'ga:l]
kledingkast (de)	**Schrank** (m)	[ʃʀaŋk]
kapstok (de)	**Hakenleiste** (f)	['ha:kənˌlaɪstə]

staande kapstok (de)	**Kleiderständer** (m)	['klaɪdɐ͵ʃtɛndɐ]
commode (de)	**Kommode** (f)	[kɔ'mo:də]
salontafeltje (het)	**Couchtisch** (m)	['kaʊtʃ͵tɪʃ]
spiegel (de)	**Spiegel** (m)	['ʃpi:gəl]
tapijt (het)	**Teppich** (m)	['tɛpɪç]
tapijtje (het)	**Matte** (f)	['matə]
haard (de)	**Kamin** (m)	[ka'mi:n]
kaars (de)	**Kerze** (f)	['kɛʁtsə]
kandelaar (de)	**Kerzenleuchter** (m)	['kɛʁtsən͵lɔɪçtɐ]
gordijnen (mv.)	**Vorhänge** (pl)	['fo:ɐhɛŋə]
behang (het)	**Tapete** (f)	[ta'pe:tə]
jaloezie (de)	**Jalousie** (f)	[ʒalu'zi:]
bureaulamp (de)	**Tischlampe** (f)	['tɪʃ͵lampə]
wandlamp (de)	**Leuchte** (f)	['lɔɪçtə]
staande lamp (de)	**Stehlampe** (f)	['ʃte:͵lampə]
luchter (de)	**Kronleuchter** (m)	['kʀo:n͵lɔɪçtɐ]
poot (ov. een tafel, enz.)	**Bein** (n)	[baɪn]
armleuning (de)	**Armlehne** (f)	['aʁm͵le:nə]
rugleuning (de)	**Lehne** (f)	['le:nə]
la (de)	**Schublade** (f)	['ʃu:p͵la:də]

90. Beddengoed

beddengoed (het)	**Bettwäsche** (f)	['bɛt͵vɛʃə]
kussen (het)	**Kissen** (n)	['kɪsən]
kussenovertrek (de)	**Kissenbezug** (m)	['kɪsən·bə͵tsu:k]
deken (de)	**Bettdecke** (f)	['bɛt͵dɛkə]
laken (het)	**Laken** (n)	['la:kən]
sprei (de)	**Tagesdecke** (f)	['ta:gəs͵dɛkə]

91. Keuken

keuken (de)	**Küche** (f)	['kʏçə]
gas (het)	**Gas** (n)	[ga:s]
gasfornuis (het)	**Gasherd** (m)	['ga:s͵he:ɐt]
elektrisch fornuis (het)	**Elektroherd** (m)	[e'lɛktʀo͵he:ɐt]
oven (de)	**Backofen** (m)	['bak͵ʔo:fən]
magnetronoven (de)	**Mikrowellenherd** (m)	['mikʀovɛlən͵he:ɐt]
koelkast (de)	**Kühlschrank** (m)	['ky:l͵ʃʀaŋk]
diepvriezer (de)	**Tiefkühltruhe** (f)	['ti:fky:l͵tʀu:ə]
vaatwasmachine (de)	**Geschirrspülmaschine** (f)	[gə'ʃɪʁ·ʃpy:l·ma͵ʃi:nə]
vleesmolen (de)	**Fleischwolf** (m)	['flaɪ͵ʃvɔlf]
vruchtenpers (de)	**Saftpresse** (f)	['zaft͵pʀɛsə]
toaster (de)	**Toaster** (m)	['to:stɐ]
mixer (de)	**Mixer** (m)	['mɪksɐ]

koffiemachine (de)	**Kaffeemaschine** (f)	['kafe·maʃi:nə]
koffiepot (de)	**Kaffeekanne** (f)	['kafe,kanə]
koffiemolen (de)	**Kaffeemühle** (f)	['kafe,my:lə]
fluitketel (de)	**Wasserkessel** (m)	['vasɐ,kɛsəl]
theepot (de)	**Teekanne** (f)	['te:,kanə]
deksel (de/het)	**Deckel** (m)	['dɛkəl]
theezeefje (het)	**Teesieb** (n)	['te:,zi:p]
lepel (de)	**Löffel** (m)	['lœfəl]
theelepeltje (het)	**Teelöffel** (m)	['te:,lœfəl]
eetlepel (de)	**Esslöffel** (m)	['ɛs,lœfəl]
vork (de)	**Gabel** (f)	[ga:bəl]
mes (het)	**Messer** (n)	['mɛsɐ]
vaatwerk (het)	**Geschirr** (n)	[gə'ʃɪʁ]
bord (het)	**Teller** (m)	['tɛlɐ]
schoteltje (het)	**Untertasse** (f)	['ʊnte,tasə]
likeurglas (het)	**Schnapsglas** (n)	['ʃnaps,gla:s]
glas (het)	**Glas** (n)	[gla:s]
kopje (het)	**Tasse** (f)	['tasə]
suikerpot (de)	**Zuckerdose** (f)	['tsʊkɐ,do:zə]
zoutvat (het)	**Salzstreuer** (m)	['zalts,ʃtʀɔɪɐ]
pepervat (het)	**Pfefferstreuer** (m)	['pfɛfɐ,ʃtʀɔɪɐ]
boterschaaltje (het)	**Butterdose** (f)	['bʊtɐ,do:zə]
pan (de)	**Kochtopf** (m)	['kɔχ,tɔpf]
bakpan (de)	**Pfanne** (f)	['pfanə]
pollepel (de)	**Schöpflöffel** (m)	['ʃœpf,lœfəl]
vergiet (de/het)	**Durchschlag** (m)	['dʊʁç,ʃla:k]
dienblad (het)	**Tablett** (n)	[ta'blɛt]
fles (de)	**Flasche** (f)	['flaʃə]
glazen pot (de)	**Einmachglas** (n)	['aɪnmaχ,gla:s]
blik (conserven~)	**Dose** (f)	['do:zə]
flesopener (de)	**Flaschenöffner** (m)	['flaʃən,ʔœfnɐ]
blikopener (de)	**Dosenöffner** (m)	['do:zən,ʔœfnɐ]
kurkentrekker (de)	**Korkenzieher** (m)	['kɔʁkən,tsi:ɐ]
filter (de/het)	**Filter** (n)	['fɪltɐ]
filteren (ww)	**filtern** (vt)	['fɪltɐn]
huisvuil (het)	**Müll** (m)	[mʏl]
vuilnisemmer (de)	**Mülleimer** (m)	['mʏl,ʔaɪmɐ]

92. Badkamer

badkamer (de)	**Badezimmer** (n)	['ba:də,tsɪmɐ]
water (het)	**Wasser** (n)	['vasɐ]
kraan (de)	**Wasserhahn** (m)	['vasɐ,ha:n]
warm water (het)	**Warmwasser** (n)	['vaʁm,vasɐ]
koud water (het)	**Kaltwasser** (n)	['kalt,vasɐ]

tandpasta (de)	**Zahnpasta** (f)	['tsa:n,pasta]
tanden poetsen (ww)	**Zähne putzen**	['tsɛ:nə 'pʊtsən]
tandenborstel (de)	**Zahnbürste** (f)	['tsa:n,bʏʁstə]
zich scheren (ww)	**sich rasieren**	[zɪç ʀa'zi:ʀən]
scheercrème (de)	**Rasierschaum** (m)	[ʀa'zi:ɐ,ʃaʊm]
scheermes (het)	**Rasierer** (m)	[ʀa'zi:ʀɐ]
wassen (ww)	**waschen** (vt)	['vaʃən]
een bad nemen	**sich waschen**	[zɪç 'vaʃən]
douche (de)	**Dusche** (f)	['du:ʃə]
een douche nemen	**sich duschen**	[zɪç 'du:ʃən]
bad (het)	**Badewanne** (f)	['ba:də,vanə]
toiletpot (de)	**Klosettbecken** (n)	[klo'zɛt,bɛkən]
wastafel (de)	**Waschbecken** (n)	['vaʃ,bɛkən]
zeep (de)	**Seife** (f)	['zaɪfə]
zeepbakje (het)	**Seifenschale** (f)	['zaɪfən,ʃa:lə]
spons (de)	**Schwamm** (m)	[ʃvam]
shampoo (de)	**Shampoo** (n)	['ʃampu]
handdoek (de)	**Handtuch** (n)	['hant,tu:χ]
badjas (de)	**Bademantel** (m)	['ba:də,mantəl]
was (bijv. handwas)	**Wäsche** (f)	['vɛʃə]
wasmachine (de)	**Waschmaschine** (f)	['vaʃ·ma,ʃi:nə]
de was doen	**waschen** (vt)	['vaʃən]
waspoeder (de)	**Waschpulver** (n)	['vaʃ,pʊlvɐ]

93. Huishoudelijke apparaten

televisie (de)	**Fernseher** (m)	['fɛʁn,ze:ɐ]
cassettespeler (de)	**Tonbandgerät** (n)	['to:nbant·gə,ʀɛ:t]
videorecorder (de)	**Videorekorder** (m)	['video·ʀe,kɔʁdɐ]
radio (de)	**Empfänger** (m)	[ɛm'pfɛŋɐ]
speler (de)	**Player** (m)	['plɛɪɐ]
videoprojector (de)	**Videoprojektor** (m)	['vi:deo·pʀo,jɛkto:ɐ]
home theater systeem (het)	**Heimkino** (n)	['haɪmki:no]
DVD-speler (de)	**DVD-Player** (m)	[defaʊ'de:,plɛɪɐ]
versterker (de)	**Verstärker** (m)	[fɛɐ'ʃtɛʁkɐ]
spelconsole (de)	**Spielkonsole** (f)	['ʃpi:l·kɔn,zo:lə]
videocamera (de)	**Videokamera** (f)	['vi:deo,kaməʀa]
fotocamera (de)	**Kamera** (f)	['kaməʀa]
digitale camera (de)	**Digitalkamera** (f)	[digi'ta:l,kaməʀa]
stofzuiger (de)	**Staubsauger** (m)	['ʃtaʊp,zaʊgɐ]
strijkijzer (het)	**Bügeleisen** (n)	['by:gəl,ʔaɪzən]
strijkplank (de)	**Bügelbrett** (n)	['by:gəl,bʀɛt]
telefoon (de)	**Telefon** (n)	[tele'fo:n]
mobieltje (het)	**Mobiltelefon** (n)	[mo'bi:l·tele,fo:n]

schrijfmachine (de)	**Schreibmaschine** (f)	['ʃʀaɪp·maʃi:nə]
naaimachine (de)	**Nähmaschine** (f)	['nɛ:·maʃi:nə]
microfoon (de)	**Mikrophon** (n)	[mikʀo'fo:n]
koptelefoon (de)	**Kopfhörer** (m)	['kɔpfˌhø:ʀɐ]
afstandsbediening (de)	**Fernbedienung** (f)	['fɛʁnbəˌdi:nʊŋ]
CD (de)	**CD** (f)	[tse:'de:]
cassette (de)	**Kassette** (f)	[ka'sɛtə]
vinylplaat (de)	**Schallplatte** (f)	['ʃalˌplatə]

94. Reparaties. Renovatie

renovatie (de)	**Renovierung** (f)	[ʀeno'vi:ʀʊŋ]
renoveren (ww)	**renovieren** (vt)	[ʀeno'vi:ʀən]
repareren (ww)	**reparieren** (vt)	[ʀepa'ʀi:ʀən]
op orde brengen	**in Ordnung bringen**	[ɪn 'ɔʁdnʊŋ 'bʀɪŋən]
overdoen (ww)	**noch einmal machen**	[nɔχ 'aɪnma:l 'maχən]
verf (de)	**Farbe** (f)	['faʁbə]
verven (muur ~)	**streichen** (vt)	['ʃtʀaɪçən]
schilder (de)	**Anstreicher** (m)	['anʃtʀaɪçɐ]
kwast (de)	**Pinsel** (m)	['pɪnzəl]
kalk (de)	**Kalkfarbe** (f)	['kalkˌfaʁbə]
kalken (ww)	**weißen** (vt)	['vaɪsən]
behang (het)	**Tapete** (f)	[ta'pe:tə]
behangen (ww)	**tapezieren** (vt)	[tape'tsi:ʀən]
lak (de/het)	**Lack** (m)	['lak]
lakken (ww)	**lackieren** (vt)	[la'ki:ʀən]

95. Loodgieterswerk

water (het)	**Wasser** (n)	['vasɐ]
warm water (het)	**Warmwasser** (n)	['vaʁmˌvasɐ]
koud water (het)	**Kaltwasser** (n)	['kaltˌvasɐ]
kraan (de)	**Wasserhahn** (m)	['vasɐˌha:n]
druppel (de)	**Tropfen** (m)	['tʀɔpfən]
druppelen (ww)	**tropfen** (vi)	['tʀɔpfən]
lekken (een lek hebben)	**durchsickern** (vi)	['dʊʁçˌzɪkɐn]
lekkage (de)	**Leck** (n)	[lɛk]
plasje (het)	**Lache** (f)	['la:χə]
buis, leiding (de)	**Rohr** (n)	[ʀo:ɐ]
stopkraan (de)	**Ventil** (n)	[vɛn'ti:l]
verstopt raken (ww)	**sich verstopfen**	[zɪç fɛɐ'ʃtɔpfən]
gereedschap (het)	**Werkzeuge** (pl)	['vɛʁkˌtsɔɪgə]
Engelse sleutel (de)	**Engländer** (m)	['ɛŋlɛndɐ]
losschroeven (ww)	**abdrehen** (vt)	['apˌdʀe:ən]

aanschroeven (ww)	**zudrehen** (vt)	[tsu:'dʀe:ən]
ontstoppen (riool, enz.)	**reinigen** (vt)	['ʀaɪnɪgən]
loodgieter (de)	**Klempner** (m)	['klɛmpnɐ]
kelder (de)	**Keller** (m)	['kɛlɐ]
riolering (de)	**Kanalisation** (f)	[kanaliza'tsjo:n]

96. Brand. Vuurzee

brand (de)	**Feuer** (n)	['fɔɪɐ]
vlam (de)	**Flamme** (f)	['flamə]
vonk (de)	**Funke** (m)	['fʊŋkə]
rook (de)	**Rauch** (m)	[ʀaʊχ]
fakkel (de)	**Fackel** (f)	['fakəl]
kampvuur (het)	**Lagerfeuer** (n)	['la:gɐˌfɔɪɐ]
benzine (de)	**Benzin** (n)	[bɛn'tsi:n]
kerosine (de)	**Kerosin** (n)	[keʀo'zi:n]
brandbaar (bn)	**brennbar**	['bʀɛnba:ɐ]
ontplofbaar (bn)	**explosiv**	[ɛksplo'zi:f]
VERBODEN TE ROKEN!	**RAUCHEN VERBOTEN!**	['ʀaʊχən fɛɐ'bo:tən]
veiligheid (de)	**Sicherheit** (f)	['zɪçɐhaɪt]
gevaar (het)	**Gefahr** (f)	[gə'fa:ɐ]
gevaarlijk (bn)	**gefährlich**	[gə'fɛ:ɐlɪç]
in brand vliegen (ww)	**sich entflammen**	[zɪç ɛnt'flamən]
explosie (de)	**Explosion** (f)	[ɛksplo'zjo:n]
in brand steken (ww)	**in Brand stecken**	[ɪn bʀant 'ʃtɛkən]
brandstichter (de)	**Brandstifter** (m)	['bʀantˌʃtɪftɐ]
brandstichting (de)	**Brandstiftung** (f)	['bʀantˌʃtɪftʊŋ]
vlammen (ww)	**flammen** (vi)	['flamən]
branden (ww)	**brennen** (vi)	['bʀɛnən]
afbranden (ww)	**verbrennen** (vi)	[fɛɐ'bʀɛnən]
de brandweer bellen	**die Feuerwehr rufen**	[di 'fɔɪɐˌve:ɐ 'ʀu:fən]
brandweerman (de)	**Feuerwehrmann** (m)	['fɔɪɐve:ɐˌman]
brandweerwagen (de)	**Feuerwehrauto** (n)	['fɔɪɐve:ɐˌʔaʊto]
brandweer (de)	**Feuerwehr** (f)	['fɔɪɐˌve:ɐ]
uitschuifbare ladder (de)	**Drehleiter** (f)	['dʀe:ˌlaɪtɐ]
brandslang (de)	**Schlauch** (m)	[ʃlaʊχ]
brandblusser (de)	**Feuerlöscher** (m)	['fɔɪɐˌlœʃɐ]
helm (de)	**Helm** (m)	[hɛlm]
sirene (de)	**Sirene** (f)	[ˌzi'ʀe:nə]
roepen (ww)	**schreien** (vi)	['ʃʀaɪən]
hulp roepen	**um Hilfe rufen**	[ʊm 'hɪlfə 'ʀu:fən]
redder (de)	**Retter** (m)	['ʀɛtɐ]
redden (ww)	**retten** (vt)	['ʀɛtən]
aankomen (per auto, enz.)	**ankommen** (vi)	['anˌkɔmən]
blussen (ww)	**löschen** (vt)	['lœʃən]
water (het)	**Wasser** (n)	['vasɐ]

zand (het)	**Sand** (m)	[zant]
ruïnes (mv.)	**Trümmer** (pl)	['tʀʏmɐ]
instorten (gebouw, enz.)	**zusammenbrechen** (vi)	[tsu'zamən,bʀɛçən]
ineenstorten (ww)	**einfallen** (vi)	['aɪn,falən]
inzakken (ww)	**einstürzen** (vi)	['aɪn∫tyʁtsən]
brokstuk (het)	**Bruchstück** (n)	['bʀʊχ∫tʏk]
as (de)	**Asche** (f)	['a∫ə]
verstikken (ww)	**ersticken** (vi)	[ɛɐ'∫tɪkən]
omkomen (ww)	**ums Leben kommen**	[ʊms 'le:bən 'kɔmən]

MENSELIJKE ACTIVITEITEN

Baan. Business. Deel 1

97. Bankieren

bank (de)	**Bank** (f)	[baŋk]
bankfiliaal (het)	**Filiale** (f)	[fi'lɪa:lə]
bankbediende (de)	**Berater** (m)	[bə'ʀa:tɐ]
manager (de)	**Leiter** (m)	['laɪtɐ]
bankrekening (de)	**Konto** (n)	['kɔnto]
rekeningnummer (het)	**Kontonummer** (f)	['kɔnto,nʊmɐ]
lopende rekening (de)	**Kontokorrent** (n)	[kɔnto·kɔ'ʀɛnt]
spaarrekening (de)	**Sparkonto** (n)	['ʃpa:ɐ,kɔnto]
een rekening openen	**ein Konto eröffnen**	[aɪn 'kɔnto ɛɐ'ʔœfnən]
de rekening sluiten	**das Konto schließen**	[das 'kɔnto 'ʃli:sən]
op rekening storten	**auf ein Konto einzahlen**	[aʊf aɪn 'kɔnto 'aɪn,tsa:lən]
opnemen (ww)	**abheben** (vt)	['ap,he:bən]
storting (de)	**Einzahlung** (f)	['aɪn,tsa:lʊŋ]
een storting maken	**eine Einzahlung machen**	['aɪnə 'aɪn,tsa:lʊŋ 'maχən]
overschrijving (de)	**Überweisung** (f)	[,y:bɐ'vaɪzən]
een overschrijving maken	**überweisen** (vt)	[,y:bɐ'vaɪzən]
som (de)	**Summe** (f)	['zʊmə]
Hoeveel?	**Wie viel?**	['vi: fi:l]
handtekening (de)	**Unterschrift** (f)	['ʊntɐ,ʃʀɪft]
ondertekenen (ww)	**unterschreiben** (vt)	[,ʊntɐ'ʃʀaɪbən]
kredietkaart (de)	**Kreditkarte** (f)	[kʀe'di:t,kaʁtə]
code (de)	**Code** (m)	[ko:t]
kredietkaartnummer (het)	**Kreditkartennummer** (f)	[kʀe'di:t,kaʁtə'nʊmɐ]
geldautomaat (de)	**Geldautomat** (m)	['gɛltʔaʊto,ma:t]
cheque (de)	**Scheck** (m)	[ʃɛk]
een cheque uitschrijven	**einen Scheck schreiben**	['aɪnən ʃɛk 'ʃʀaɪbn]
chequeboekje (het)	**Scheckbuch** (n)	['ʃɛk,bu:χ]
lening, krediet (de)	**Darlehen** (m)	['daʁ,le:ən]
een lening aanvragen	**ein Darlehen beantragen**	[aɪn 'daʁ,le:ən bə'ʔantʀa:gən]
een lening nemen	**ein Darlehen aufnehmen**	[aɪn daʁ,le:ən 'aʊf,ne:mən]
een lening verlenen	**ein Darlehen geben**	[aɪn 'daʁ,le:ən 'ge:bən]
garantie (de)	**Sicherheit** (f)	['zɪçɐhaɪt]

98. Telefoon. Telefoongesprek

telefoon (de)	**Telefon** (n)	[tele'fo:n]
mobieltje (het)	**Mobiltelefon** (n)	[mo'bi:l·tele,fo:n]
antwoordapparaat (het)	**Anrufbeantworter** (m)	['anʀu:fbə·ant,vɔʁtɐ]
bellen (ww)	**anrufen** (vt)	['an,ʀu:fən]
belletje (telefoontje)	**Anruf** (m)	['an,ʀu:f]
een nummer draaien	**eine Nummer wählen**	['aɪnə 'nʊmɐ 'vɛ:lən]
Hallo!	**Hallo!**	[ha'lo:]
vragen (ww)	**fragen** (vt)	['fʀa:gən]
antwoorden (ww)	**antworten** (vi)	['ant,vɔʁtən]
horen (ww)	**hören** (vt)	['hø:ʀən]
goed (bw)	**gut**	[gu:t]
slecht (bw)	**schlecht**	[ʃlɛçt]
storingen (mv.)	**Störungen** (pl)	['ʃtø:ʀʊŋən]
hoorn (de)	**Hörer** (m)	['hø:ʀɐ]
opnemen (ww)	**den Hörer abnehmen**	[den 'hø:ʀɐ 'ap,ne:mən]
ophangen (ww)	**auflegen** (vt)	['aʊf,le:gən]
bezet (bn)	**besetzt**	[bə'zɛtst]
overgaan (ww)	**läuten** (vi)	['lɔɪtən]
telefoonboek (het)	**Telefonbuch** (n)	[tele'fo:n,bu:χ]
lokaal (bn)	**Orts-**	[ɔʁts]
lokaal gesprek (het)	**Ortsgespräch**	[ɔʁts·gə'ʃpʀɛ:ç]
interlokaal (bn)	**Fern-**	['fɛʁn]
interlokaal gesprek (het)	**Ferngespräch**	['fɛʁn·gə'ʃpʀɛ:ç]
buitenlands (bn)	**Auslands-**	['aʊslants]
buitenlands gesprek (het)	**Auslandsgespräch**	['aʊslants·gə'ʃpʀɛ:ç]

99. Mobiele telefoon

mobieltje (het)	**Mobiltelefon** (n)	[mo'bi:l·tele,fo:n]
scherm (het)	**Display** (n)	[dɪs'ple:]
toets, knop (de)	**Knopf** (m)	[knɔpf]
simkaart (de)	**SIM-Karte** (f)	['zɪm,kaʁtə]
batterij (de)	**Batterie** (f)	[batə'ʀi:]
leeg zijn (ww)	**leer sein**	[le:ɐ zaɪn]
acculader (de)	**Ladegerät** (n)	['la:də·gə'ʀɛ:t]
menu (het)	**Menü** (n)	[me'ny:]
instellingen (mv.)	**Einstellungen** (pl)	['aɪnʃtɛlʊŋən]
melodie (beltoon)	**Melodie** (f)	[melo'di:]
selecteren (ww)	**auswählen** (vt)	['aʊs,vɛ:lən]
rekenmachine (de)	**Rechner** (m)	['ʀɛçnɐ]
voicemail (de)	**Anrufbeantworter** (m)	['anʀu:fbə·ant,vɔʁtɐ]
wekker (de)	**Wecker** (m)	['vɛkɐ]

contacten (mv.)	**Kontakte** (pl)	[kɔn'taktə]
SMS-bericht (het)	**SMS-Nachricht** (f)	[ɛsʔɛm'ʔɛs 'na:χˌʀɪçt]
abonnee (de)	**Teilnehmer** (m)	['taɪlˌne:mɐ]

100. Schrijfbehoeften

balpen (de)	**Kugelschreiber** (m)	['ku:gəlˌʃʀaɪbɐ]
vulpen (de)	**Federhalter** (m)	['fe:dɐˌhaltɐ]
potlood (het)	**Bleistift** (m)	['blaɪˌʃtɪft]
marker (de)	**Faserschreiber** (m)	['fa:zɐˌʃʀaɪbɐ]
viltstift (de)	**Filzstift** (m)	['fɪltsˌʃtɪft]
notitieboekje (het)	**Notizblock** (m)	[no'ti:tsˌblɔk]
agenda (boekje)	**Terminkalender** (m)	[tɛʁ'mi:n·kaˌlɛndɐ]
liniaal (de/het)	**Lineal** (n)	[line'a:l]
rekenmachine (de)	**Rechner** (m)	['ʀɛçnɐ]
gom (de)	**Radiergummi** (m)	[ʀa'di:ɐˌgʊmi]
punaise (de)	**Reißzwecke** (f)	['ʀaɪs·tsvɛkə]
paperclip (de)	**Heftklammer** (f)	['hɛftˌklamɐ]
lijm (de)	**Klebstoff** (m)	['kle:pˌʃtɔf]
nietmachine (de)	**Hefter** (m)	['hɛftɐ]
perforator (de)	**Locher** (m)	['lɔχɐ]
potloodslijper (de)	**Bleistiftspitzer** (m)	['blaɪʃtɪftˌʃpɪtsɐ]

Baan. Business. Deel 2

101. Massamedia

krant (de)	**Zeitung** (f)	['tsaɪtʊŋ]
tijdschrift (het)	**Zeitschrift** (f)	['tsaɪtʃʀɪft]
pers (gedrukte media)	**Presse** (f)	['pʀɛsə]
radio (de)	**Rundfunk** (m)	['ʀʊntfʊŋk]
radiostation (het)	**Rundfunkstation** (f)	['ʀʊntfʊŋk·ʃta'tsjo:n]
televisie (de)	**Fernsehen** (n)	['fɛʁnˌze:ən]
presentator (de)	**Moderator** (m)	[mode'ʀa:to:ɐ]
nieuwslezer (de)	**Sprecher** (m)	['ʃpʀɛçɐ]
commentator (de)	**Kommentator** (m)	[kɔmən'tato:ɐ]
journalist (de)	**Journalist** (m)	[ʒʊʁna'lɪst]
correspondent (de)	**Korrespondent** (m)	[kɔʀɛspɔn'dɛnt]
fotocorrespondent (de)	**Bildberichterstatter** (m)	['bɪlt·bə'ʀɪçtʔɛɐˌʃtatɐ]
reporter (de)	**Reporter** (m)	[ʀe'pɔʁtɐ]
redacteur (de)	**Redakteur** (m)	[ʀedak'tø:ɐ]
chef-redacteur (de)	**Chefredakteur** (m)	['ʃɛf·ʀedakˌtø:ɐ]
zich abonneren op	**abonnieren** (vt)	[abɔ'ni:ʀən]
abonnement (het)	**Abonnement** (n)	[abɔnə'ma:ŋ]
abonnee (de)	**Abonnent** (m)	[abo'nɛnt]
lezen (ww)	**lesen** (vi, vt)	['le:zən]
lezer (de)	**Leser** (m)	['le:zɐ]
oplage (de)	**Auflage** (f)	['aʊfˌla:gə]
maand-, maandelijks (bn)	**monatlich**	['mo:natlɪç]
wekelijks (bn)	**wöchentlich**	['vœçəntlɪç]
nummer (het)	**Ausgabe** (f)	['aʊsˌga:bə]
vers (~ van de pers)	**neueste (~ Ausgabe)**	['nɔɪstə]
kop (de)	**Titel** (m)	['ti:təl]
korte artikel (het)	**Notiz** (f)	[no'ti:ts]
rubriek (de)	**Rubrik** (f)	[ʀu'bʀi:k]
artikel (het)	**Artikel** (m)	[ˌaʁ'ti:kl]
pagina (de)	**Seite** (f)	['zaɪtə]
reportage (de)	**Reportage** (f)	[ʀepɔʁ'ta:ʒə]
gebeurtenis (de)	**Ereignis** (n)	[ɛɐ'ʔaɪgnɪs]
sensatie (de)	**Sensation** (f)	[zɛnza'tsjo:n]
schandaal (het)	**Skandal** (m)	[skan'da:l]
schandalig (bn)	**skandalös**	[skanda'lø:s]
groot (~ schandaal, enz.)	**groß**	[gʀo:s]
programma (het)	**Sendung** (f)	['zɛndʊŋ]
interview (het)	**Interview** (n)	['ɪntɐvju:]

live uitzending (de)	**Live-Übertragung** (f)	['laɪfʔy:bɐˌtʀa:gʊŋ]
kanaal (het)	**Kanal** (m)	[ka'na:l]

102. Landbouw

landbouw (de)	**Landwirtschaft** (f)	['lantvɪʁtʃaft]
boer (de)	**Bauer** (m)	['baʊɐ]
boerin (de)	**Bäuerin** (f)	['bɔɪəʀɪn]
landbouwer (de)	**Farmer** (m)	['faʁmɐ]
tractor (de)	**Traktor** (m)	['tʀakto:ɐ]
maaidorser (de)	**Mähdrescher** (m)	['mɛ:ˌdʀɛʃɐ]
ploeg (de)	**Pflug** (m)	[pflu:k]
ploegen (ww)	**pflügen** (vt)	['pfly:gən]
akkerland (het)	**Acker** (m)	['akɐ]
voor (de)	**Furche** (f)	['fʊʁçə]
zaaien (ww)	**säen** (vt)	['zɛ:ən]
zaaimachine (de)	**Sämaschine** (f)	['zɛ:·ma'ʃi:nə]
zaaien (het)	**Saat** (f)	['za:t]
zeis (de)	**Sense** (f)	['zɛnzə]
maaien (ww)	**mähen** (vt)	['mɛ:ən]
schop (de)	**Schaufel** (f)	['ʃaʊfəl]
spitten (ww)	**graben** (vt)	['gʀa:bən]
schoffel (de)	**Hacke** (f)	['hakə]
wieden (ww)	**jäten** (vt)	['jɛ:tən]
onkruid (het)	**Unkraut** (n)	['ʊnˌkʀaʊt]
gieter (de)	**Gießkanne** (f)	['gi:sˌkanə]
begieten (water geven)	**gießen** (vt)	['gi:sən]
bewatering (de)	**Bewässerung** (f)	[bə'vɛsəʀʊŋ]
riek, hooivork (de)	**Heugabel** (f)	['hɔɪˌga:bəl]
hark (de)	**Rechen** (m)	[ʀɛçən]
kunstmest (de)	**Dünger** (m)	['dʏŋɐ]
bemesten (ww)	**düngen** (vt)	['dʏŋən]
mest (de)	**Mist** (m)	[mɪst]
veld (het)	**Feld** (n)	[fɛlt]
wei (de)	**Wiese** (f)	['vi:zə]
moestuin (de)	**Gemüsegarten** (m)	[gə'my:zəˌgaʁtən]
boomgaard (de)	**Obstgarten** (m)	['o:pstˌgaʁtən]
weiden (ww)	**weiden** (vt)	['vaɪdən]
herder (de)	**Hirt** (m)	[hɪʁt]
weiland (de)	**Weide** (f)	['vaɪdə]
veehouderij (de)	**Viehzucht** (f)	['fi:ˌtsʊχt]
schapenteelt (de)	**Schafzucht** (f)	['ʃa:fˌtsʊχt]

plantage (de)	**Plantage** (f)	[plan'ta:ʒə]
rijtje (het)	**Beet** (n)	['be:t]
broeikas (de)	**Treibhaus** (n)	['tʀaɪp,haʊs]
droogte (de)	**Dürre** (f)	['dʏʀə]
droog (bn)	**dürr, trocken**	[dʏʁ], 'tʀɔkən]
graan (het)	**Getreide** (n)	[gə'tʀaɪdə]
graangewassen (mv.)	**Getreidepflanzen** (pl)	[gə'tʀaɪdə,pflantsən]
oogsten (ww)	**ernten** (vt)	['ɛʁntən]
molenaar (de)	**Müller** (m)	['mʏlɐ]
molen (de)	**Mühle** (f)	['my:lə]
malen (graan ~)	**mahlen** (vt)	['ma:lən]
bloem (bijv. tarwebloem)	**Mehl** (n)	[me:l]
stro (het)	**Stroh** (n)	[ʃtʀo:]

103. Gebouw. Bouwproces

bouwplaats (de)	**Baustelle** (f)	['baʊ,ʃtɛlə]
bouwen (ww)	**bauen** (vt)	['baʊən]
bouwvakker (de)	**Bauarbeiter** (m)	['baʊʔaʁ,baɪtɐ]
project (het)	**Projekt** (n)	[pʀo'jɛkt]
architect (de)	**Architekt** (m)	[aʁçi'tɛkt]
arbeider (de)	**Arbeiter** (m)	['aʁbaɪtɐ]
fundering (de)	**Fundament** (n)	[fʊnda'mɛnt]
dak (het)	**Dach** (n)	[daχ]
heipaal (de)	**Pfahl** (m)	[pfa:l]
muur (de)	**Wand** (f)	[vant]
betonstaal (het)	**Bewehrungsstahl** (m)	[bə've:ʀʊŋs,ʃta:l]
steigers (mv.)	**Gerüst** (n)	[gə'ʀʏst]
beton (het)	**Beton** (m)	[be'tɔŋ]
graniet (het)	**Granit** (m)	[gʀa'ni:t]
steen (de)	**Stein** (m)	[ʃtaɪn]
baksteen (de)	**Ziegel** (m)	['tsi:gəl]
zand (het)	**Sand** (m)	[zant]
cement (de/het)	**Zement** (m, n)	[tse'mɛnt]
pleister (het)	**Putz** (m)	[pʊts]
pleisteren (ww)	**verputzen** (vt)	[fɛɐ'pʊtsən]
verf (de)	**Farbe** (f)	['faʁbə]
verven (muur ~)	**färben** (vt)	['fɛʁbən]
ton (de)	**Fass** (n), **Tonne** (f)	[fas], ['tɔnə]
kraan (de)	**Kran** (m)	[kʀa:n]
heffen, hijsen (ww)	**aufheben** (vt)	['aʊf,he:bən]
neerlaten (ww)	**herunterlassen** (vt)	[hɛ'ʀʊntɐ,lasən]
bulldozer (de)	**Planierraupe** (f)	[pla'ni:ɐ,ʀaʊpə]
graafmachine (de)	**Bagger** (m)	['bagɐ]

graafbak (de)	**Baggerschaufel** (f)	['bagɐˌʃaʊfəl]
graven (tunnel, enz.)	**graben** (vt)	['gʀa:bən]
helm (de)	**Schutzhelm** (m)	['ʃʊtsˌhɛlm]

Beroepen en ambachten

104. Zoeken naar werk. Ontslag

baan (de)	**Arbeit** (f), **Stelle** (f)	['aʁbaɪt], ['ʃtɛlə]
werknemers (mv.)	**Belegschaft** (f)	[bə'le:kʃaft]
personeel (het)	**Personal** (n)	[pɛʁzo'na:l]
carrière (de)	**Karriere** (f)	[ka'ʀie:ʀə]
vooruitzichten (mv.)	**Perspektive** (f)	[pɛʁspɛk'ti:və]
meesterschap (het)	**Können** (n)	['kœnən]
keuze (de)	**Auswahl** (f)	['aʊsva:l]
uitzendbureau (het)	**Personalagentur** (f)	[pɛʁzo'na:l·agɛn'tu:ɐ]
CV, curriculum vitae (het)	**Lebenslauf** (m)	['le:bəns,laʊf]
sollicitatiegesprek (het)	**Vorstellungsgespräch** (n)	['fo:ɐʃtɛlʊŋs·gə,ʃpʀɛ:ç]
vacature (de)	**Vakanz** (f)	[va'kants]
salaris (het)	**Gehalt** (n)	[gə'halt]
vaste salaris (het)	**festes Gehalt** (n)	['fɛstəs gə'halt]
loon (het)	**Arbeitslohn** (m)	['aʁbaɪts,lo:n]
betrekking (de)	**Stellung** (f)	['ʃtɛlʊŋ]
taak, plicht (de)	**Pflicht** (f), **Aufgabe** (f)	[pflɪçt], ['aʊf,ga:bə]
takenpakket (het)	**Aufgabenspektrum** (n)	['aʊf,ga:bən'ʃpɛktʀʊm]
bezig (~ zijn)	**beschäftigt**	[,bə'ʃɛftɪçt]
ontslagen (ww)	**kündigen** (vt)	['kʏndɪgən]
ontslag (het)	**Kündigung** (f)	['kʏndɪgʊŋ]
werkloosheid (de)	**Arbeitslosigkeit** (f)	['aʁbaɪts,lo:zɪçkaɪt]
werkloze (de)	**Arbeitslose** (m)	['aʁbaɪts,lo:zə]
pensioen (het)	**Rente** (f), **Ruhestand** (m)	['ʀɛntə], ['ʀu:ə,ʃtant]
met pensioen gaan	**in Rente gehen**	[ɪn 'ʀɛntə 'ge:ən]

105. Zakenmensen

directeur (de)	**Direktor** (m)	[di'ʀɛkto:ɐ]
beheerder (de)	**Leiter** (m)	['laɪtɐ]
hoofd (het)	**Boss** (m)	[bɔs]
baas (de)	**Vorgesetzte** (m)	['fo:ɐgə,zɛtstə]
superieuren (mv.)	**Vorgesetzten** (pl)	['fo:ɐgə,zɛtstən]
president (de)	**Präsident** (m)	[pʀɛzi'dɛnt]
voorzitter (de)	**Vorsitzende** (m)	['fo:ɐ,zɪtsəndə]
adjunct (de)	**Stellvertreter** (m)	['ʃtɛlfɛɐ,tʀe:tɐ]
assistent (de)	**Helfer** (m)	['hɛlfɐ]

secretaris (de)	**Sekretär** (m)	[zekʀe'tɛ:ɐ]
persoonlijke assistent (de)	**Privatsekretär** (m)	[pʀi'va:t·zekʀe'tɛ:ɐ]
zakenman (de)	**Geschäftsmann** (m)	[gə'ʃɛfts,man]
ondernemer (de)	**Unternehmer** (m)	[,ʊntɐ'ne:mɐ]
oprichter (de)	**Gründer** (m)	['gʀʏndɐ]
oprichten (een nieuw bedrijf ~)	**gründen** (vt)	['gʀʏndən]
stichter (de)	**Gründungsmitglied** (n)	['gʀʏndʊŋs,mɪtgli:t]
partner (de)	**Partner** (m)	['paʁtnɐ]
aandeelhouder (de)	**Aktionär** (m)	[aktsjo'nɛ:ɐ]
miljonair (de)	**Millionär** (m)	[mɪljɔ'nɛ:ɐ]
miljardair (de)	**Milliardär** (m)	[,mɪlɪaʁ'dɛ:ɐ]
eigenaar (de)	**Besitzer** (m)	[bə'zɪtsɐ]
landeigenaar (de)	**Landbesitzer** (m)	['lantbə,zɪtsɐ]
klant (de)	**Kunde** (m)	['kʊndə]
vaste klant (de)	**Stammkunde** (m)	['ʃtam,kʊndə]
koper (de)	**Käufer** (m)	['kɔɪfɐ]
bezoeker (de)	**Besucher** (m)	[bə'zu:χɐ]
professioneel (de)	**Fachmann** (m)	['faχ,man]
expert (de)	**Experte** (m)	[ɛks'pɛʁtə]
specialist (de)	**Spezialist** (m)	[ʃpetsɪa'lɪst]
bankier (de)	**Bankier** (m)	[baŋ'kɪe:]
makelaar (de)	**Makler** (m)	['ma:klɐ]
kassier (de)	**Kassierer** (m)	[ka'si:ʀɐ]
boekhouder (de)	**Buchhalter** (m)	['bu:χ,haltɐ]
bewaker (de)	**Wächter** (m)	['vɛçtɐ]
investeerder (de)	**Investor** (m)	[ɪn'vɛsto:ɐ]
schuldenaar (de)	**Schuldner** (m)	['ʃʊldnɐ]
crediteur (de)	**Gläubiger** (m)	['glɔɪbɪgɐ]
lener (de)	**Kreditnehmer** (m)	[kʀe'di:t,ne:mɐ]
importeur (de)	**Importeur** (m)	[ɪmpɔʁ'tø:ɐ]
exporteur (de)	**Exporteur** (m)	[ɛkspɔʁ'tø:ɐ]
producent (de)	**Hersteller** (m)	['he:ɐ,ʃtɛlɐ]
distributeur (de)	**Distributor** (m)	[dɪstʀi'bu:to:ɐ]
bemiddelaar (de)	**Vermittler** (m)	[fɛɐ'mɪtlɐ]
adviseur, consulent (de)	**Berater** (m)	[bə'ʀa:tɐ]
vertegenwoordiger (de)	**Vertreter** (m)	[fɛɐ'tʀe:tɐ]
agent (de)	**Agent** (m)	[agɛnt]
verzekeringsagent (de)	**Versicherungsagent** (m)	[fɛɐ'zɪçəʀʊŋs·a'gɛnt]

106. Dienstverlenende beroepen

kok (de)	**Koch** (m)	[kɔχ]
chef-kok (de)	**Chefkoch** (m)	['ʃɛf,kɔχ]

bakker (de)	**Bäcker** (m)	['bɛkɐ]
barman (de)	**Barmixer** (m)	['ba:ɐ,mɪksɐ]
kelner, ober (de)	**Kellner** (m)	['kɛlnɐ]
serveerster (de)	**Kellnerin** (f)	['kɛlnəʀɪn]
advocaat (de)	**Rechtsanwalt** (m)	['ʀɛçtsʔan,valt]
jurist (de)	**Jurist** (m)	[ju'ʀɪst]
notaris (de)	**Notar** (m)	[no'ta:ɐ]
elektricien (de)	**Elektriker** (m)	[,e'lɛktʀikɐ]
loodgieter (de)	**Klempner** (m)	['klɛmpnɐ]
timmerman (de)	**Zimmermann** (m)	['tsɪmɐ,man]
masseur (de)	**Masseur** (m)	[ma'sø:ɐ]
masseuse (de)	**Masseurin** (f)	[ma'sø:ʀɪn]
dokter, arts (de)	**Arzt** (m)	[aʁtst]
taxichauffeur (de)	**Taxifahrer** (m)	['taksi,fa:ʀɐ]
chauffeur (de)	**Fahrer** (m)	['fa:ʀɐ]
koerier (de)	**Ausfahrer** (m)	['aʊs,fa:ʀɐ]
kamermeisje (het)	**Zimmermädchen** (n)	['tsɪmɐ,mɛ:tçən]
bewaker (de)	**Wächter** (m)	['vɛçtɐ]
stewardess (de)	**Flugbegleiterin** (f)	['flu:k·bə,glaɪtəʀɪn]
meester (de)	**Lehrer** (m)	['le:ʀɐ]
bibliothecaris (de)	**Bibliothekar** (m)	[bibliote,ka:ɐ]
vertaler (de)	**Übersetzer** (m)	[,y:bɐ'zɛtsɐ]
tolk (de)	**Dolmetscher** (m)	['dɔlmɛtʃɐ]
gids (de)	**Fremdenführer** (m)	['fʀɛmdən,fy:ʀɐ]
kapper (de)	**Friseur** (m)	[fʀi'zø:ɐ]
postbode (de)	**Briefträger** (m)	['bʀi:f,tʀɛ:gɐ]
verkoper (de)	**Verkäufer** (m)	[fɛɐ'kɔɪfɐ]
tuinman (de)	**Gärtner** (m)	['gɛʁtnɐ]
huisbediende (de)	**Diener** (m)	['di:nɐ]
dienstmeisje (het)	**Magd** (f)	[ma:kt]
schoonmaakster (de)	**Putzfrau** (f)	['pʊts,fʀaʊ]

107. Militaire beroepen en rangen

soldaat (rang)	**einfacher Soldat** (m)	['aɪnfaχɐ zɔl'da:t]
sergeant (de)	**Feldwebel** (m)	['fɛlt,ve:bəl]
luitenant (de)	**Leutnant** (m)	['lɔɪtnant]
kapitein (de)	**Hauptmann** (m)	['haʊptman]
majoor (de)	**Major** (m)	[ma'jo:ɐ]
kolonel (de)	**Oberst** (m)	['o:bɐst]
generaal (de)	**General** (m)	[genə'ʀa:l]
maarschalk (de)	**Marschall** (m)	['maʁʃal]
admiraal (de)	**Admiral** (m)	[,atmi'ʀa:l]
militair (de)	**Militärperson** (f)	[mili'tɛ:ɐ,pɛʁ'zo:n]
soldaat (de)	**Soldat** (m)	[zɔl'da:t]

officier (de) | **Offizier** (m) | [ɔfi'tsi:ɐ]
commandant (de) | **Kommandeur** (m) | [kɔman'dø:ɐ]

grenswachter (de) | **Grenzsoldat** (m) | ['gʀɛnts·zɔl,da:t]
marconist (de) | **Funker** (m) | ['fʊŋkɐ]
verkenner (de) | **Aufklärer** (m) | ['aʊf,klɛ:ʀɐ]
sappeur (de) | **Pionier** (m) | [pɪo'ni:ɐ]
schutter (de) | **Schütze** (m) | ['ʃʏtsə]
stuurman (de) | **Steuermann** (m) | ['ʃtɔɪɐ,man]

108. Ambtenaren. Priesters

koning (de) | **König** (m) | ['kø:nɪç]
koningin (de) | **Königin** (f) | ['kø:nɪgɪn]

prins (de) | **Prinz** (m) | [pʀɪnts]
prinses (de) | **Prinzessin** (f) | [pʀɪn'tsɛsɪn]

tsaar (de) | **Zar** (m) | [tsa:ɐ]
tsarina (de) | **Zarin** (f) | ['tsa:ʀɪn]

president (de) | **Präsident** (m) | [pʀɛzi'dɛnt]
minister (de) | **Minister** (m) | [mi'nɪstɐ]
eerste minister (de) | **Ministerpräsident** (m) | [mi'nɪstɐ·pʀɛzi,dɛnt]
senator (de) | **Senator** (m) | [ze'na:to:ɐ]

diplomaat (de) | **Diplomat** (m) | [,diplo'ma:t]
consul (de) | **Konsul** (m) | ['kɔnzʊl]
ambassadeur (de) | **Botschafter** (m) | ['bo:t,ʃaftɐ]
adviseur (de) | **Ratgeber** (m) | ['ʀa:t,ge:bɐ]

ambtenaar (de) | **Beamte** (m) | [bə'ʔamtə]
prefect (de) | **Präfekt** (m) | [pʀɛ'fɛkt]
burgemeester (de) | **Bürgermeister** (m) | ['bʏʁgɐ,maɪstɐ]

rechter (de) | **Richter** (m) | ['ʀɪçtɐ]
aanklager (de) | **Staatsanwalt** (m) | ['ʃta:tsʔan,valt]

missionaris (de) | **Missionar** (m) | [,mɪsjɔ'na:ɐ]
monnik (de) | **Mönch** (m) | [mœnç]
abt (de) | **Abt** (m) | [apt]
rabbi, rabbijn (de) | **Rabbiner** (m) | [ʀa'bi:nɐ]

vizier (de) | **Wesir** (m) | [ve'zi:ɐ]
sjah (de) | **Schah** (n) | [ʃaχ]
sjeik (de) | **Scheich** (m) | [ʃaɪç]

109. Agrarische beroepen

imker (de) | **Bienenzüchter** (m) | ['bi:nən,tsʏçtɐ]
herder (de) | **Hirt** (m) | [hɪʁt]
landbouwkundige (de) | **Agronom** (m) | [agʀo'no:m]

veehouder (de)	**Viehzüchter** (m)	['fi:ˌtsʏçtɐ]
dierenarts (de)	**Tierarzt** (m)	['ti:ɐˌʔaʁtst]
landbouwer (de)	**Farmer** (m)	['faʁmɐ]
wijnmaker (de)	**Winzer** (m)	['vɪntsɐ]
zoöloog (de)	**Zoologe** (m)	[tsoo'lo:gə]
cowboy (de)	**Cowboy** (m)	['kaʊbɔɪ]

110. Kunst beroepen

acteur (de)	**Schauspieler** (m)	['ʃaʊʃpi:lɐ]
actrice (de)	**Schauspielerin** (f)	['ʃaʊʃpi:ləʀɪn]
zanger (de)	**Sänger** (m)	['zɛŋɐ]
zangeres (de)	**Sängerin** (f)	['zɛŋəʀɪn]
danser (de)	**Tänzer** (m)	['tɛntsɐ]
danseres (de)	**Tänzerin** (f)	['tɛntsəʀɪn]
artiest (mann.)	**Künstler** (m)	['kʏnstlɐ]
artiest (vrouw.)	**Künstlerin** (f)	['kʏnstləʀɪn]
muzikant (de)	**Musiker** (m)	['mu:zikɐ]
pianist (de)	**Pianist** (m)	[pɪa'nɪst]
gitarist (de)	**Gitarrist** (m)	[gita'ʀɪst]
orkestdirigent (de)	**Dirigent** (m)	[ˌdiʀi'gɛnt]
componist (de)	**Komponist** (m)	[ˌkɔmpo'nɪst]
impresario (de)	**Manager** (m)	['mɛnɪdʒɐ]
filmregisseur (de)	**Regisseur** (m)	[ʀeʒɪ'sø:ɐ]
filmproducent (de)	**Produzent** (m)	[pʀodu'tsɛnt]
scenarioschrijver (de)	**Drehbuchautor** (m)	['dʀe:bu:χˌʔaʊto:ɐ]
criticus (de)	**Kritiker** (m)	['kʀi:tɪkɐ]
schrijver (de)	**Schriftsteller** (m)	['ʃʀɪftˌʃtɛlɐ]
dichter (de)	**Dichter** (m)	['dɪçtɐ]
beeldhouwer (de)	**Bildhauer** (m)	['bɪltˌhaʊɐ]
kunstenaar (de)	**Maler** (m)	['ma:lɐ]
jongleur (de)	**Jongleur** (m)	[ʒɔŋ'glø:ɐ]
clown (de)	**Clown** (m)	[klaʊn]
acrobaat (de)	**Akrobat** (m)	[akʀo'ba:t]
goochelaar (de)	**Zauberkünstler** (m)	['tsaʊbɐˌkʏnstlɐ]

111. Verschillende beroepen

dokter, arts (de)	**Arzt** (m)	[aʁtst]
ziekenzuster (de)	**Krankenschwester** (f)	[kʀaŋkənˌʃvɛstɐ]
psychiater (de)	**Psychiater** (m)	[psy'çɪa:tɐ]
tandarts (de)	**Zahnarzt** (m)	['tsa:nˌʔaʁtst]
chirurg (de)	**Chirurg** (m)	[çi'ʀʊʁk]

astronaut (de)	**Astronaut** (m)	[astʀo'naʊt]
astronoom (de)	**Astronom** (m)	[astʀo'no:m]
piloot (de)	**Pilot** (m)	[pi'lo:t]
chauffeur (de)	**Fahrer** (m)	['fa:ʀɐ]
machinist (de)	**Lokführer** (m)	['lɔkˌfy:ʀɐ]
mecanicien (de)	**Mechaniker** (m)	[me'ça:nikɐ]
mijnwerker (de)	**Bergarbeiter** (m)	['bɛʁkʔaʁˌbaɪtɐ]
arbeider (de)	**Arbeiter** (m)	['aʁbaɪtɐ]
bankwerker (de)	**Schlosser** (m)	['ʃlɔsɐ]
houtbewerker (de)	**Tischler** (m)	['tɪʃlɐ]
draaier (de)	**Dreher** (m)	['dʀe:ɐ]
bouwvakker (de)	**Bauarbeiter** (m)	['baʊʔaʁˌbaɪtɐ]
lasser (de)	**Schweißer** (m)	['ʃvaɪsɐ]
professor (de)	**Professor** (m)	[pʀo'fɛso:ɐ]
architect (de)	**Architekt** (m)	[aʁçi'tɛkt]
historicus (de)	**Historiker** (m)	[hɪs'to:ʀikɐ]
wetenschapper (de)	**Wissenschaftler** (m)	['vɪsənˌʃaftlɐ]
fysicus (de)	**Physiker** (m)	['fy:zikɐ]
scheikundige (de)	**Chemiker** (m)	['çe:mikɐ]
archeoloog (de)	**Archäologe** (m)	[aʁçɛo'lo:gə]
geoloog (de)	**Geologe** (m)	[geo'lo:gə]
onderzoeker (de)	**Forscher** (m)	['fɔʁʃɐ]
babysitter (de)	**Kinderfrau** (f)	['kɪndɐˌfʀaʊ]
leraar, pedagoog (de)	**Lehrer** (m)	['le:ʀɐ]
redacteur (de)	**Redakteur** (m)	[ʀedak'tø:ɐ]
chef-redacteur (de)	**Chefredakteur** (m)	['ʃɛf·ʀedakˌtø:ɐ]
correspondent (de)	**Korrespondent** (m)	[kɔʀɛspɔn'dɛnt]
typiste (de)	**Schreibkraft** (f)	['ʃʀaɪpˌkʀaft]
designer (de)	**Designer** (m)	[di'zaɪnɐ]
computerexpert (de)	**Computerspezialist** (m)	[kɔm'pju:tɐ·ʃpetsɪa'lɪst]
programmeur (de)	**Programmierer** (m)	[pʀogʀa'mi:ʀɐ]
ingenieur (de)	**Ingenieur** (m)	[ɪnʒe'nɪø:ɐ]
matroos (de)	**Seemann** (m)	['ze:man]
zeeman (de)	**Matrose** (m)	[ma'tʀo:zə]
redder (de)	**Retter** (m)	['ʀɛtɐ]
brandweerman (de)	**Feuerwehrmann** (m)	['fɔɪɐve:ɐˌman]
politieagent (de)	**Polizist** (m)	[poli'tsɪst]
nachtwaker (de)	**Nachtwächter** (m)	['naχtˌvɛçtɐ]
detective (de)	**Detektiv** (m)	[detɛk'ti:f]
douanier (de)	**Zollbeamter** (m)	['tsɔl·bəˌʔamtɐ]
lijfwacht (de)	**Leibwächter** (m)	['laɪpˌvɛçtɐ]
gevangenisbewaker (de)	**Gefängniswärter** (m)	[gə'fɛŋnɪs·vɛʁtɐ]
inspecteur (de)	**Inspektor** (m)	[ɪn'spɛkto:ɐ]
sportman (de)	**Sportler** (m)	['ʃpɔʁtlɐ]
trainer (de)	**Trainer** (m)	['tʀɛ:nɐ]

slager, beenhouwer (de)	**Fleischer** (m)	['flaɪʃɐ]
schoenlapper (de)	**Schuster** (m)	['ʃu:stɐ]
handelaar (de)	**Geschäftsmann** (m)	[gə'ʃɛfts,man]
lader (de)	**Ladearbeiter** (m)	['la:də,aʁbaɪtɐ]
kledingstilist (de)	**Modedesigner** (m)	['mo:də·di'zaɪnɐ]
model (het)	**Modell** (n)	[mo'dɛl]

112. Beroepen. Sociale status

scholier (de)	**Schüler** (m)	['ʃy:lɐ]
student (de)	**Student** (m)	[ʃtu'dɛnt]
filosoof (de)	**Philosoph** (m)	[filo'zo:f]
econoom (de)	**Ökonom** (m)	[øko'no:m]
uitvinder (de)	**Erfinder** (m)	[ɛɐ'fɪndɐ]
werkloze (de)	**Arbeitslose** (m)	['aʁbaɪts,lo:zə]
gepensioneerde (de)	**Rentner** (m)	['ʀɛntnɐ]
spion (de)	**Spion** (m)	[ʃpi'o:n]
gedetineerde (de)	**Gefangene** (m)	[gə'faŋənə]
staker (de)	**Streikender** (m)	['ʃtʀaɪkəndɐ]
bureaucraat (de)	**Bürokrat** (m)	[,byʀo'kʀa:t]
reiziger (de)	**Reisende** (m)	['ʀaɪzəndə]
homoseksueel (de)	**Homosexuelle** (m)	[homozɛ'ksuɛlə]
hacker (computerkraker)	**Hacker** (m)	['hɛkɐ]
hippie (de)	**Hippie** (m)	['hɪpi]
bandiet (de)	**Bandit** (m)	[ban'di:t]
huurmoordenaar (de)	**Killer** (m)	['kɪlɐ]
drugsverslaafde (de)	**Drogenabhängiger** (m)	['dʀo:gən,ʔaphɛŋɪgɐ]
drugshandelaar (de)	**Drogenhändler** (m)	['dʀo:gən,hɛndlɐ]
prostituee (de)	**Prostituierte** (f)	[,pʀostitu'i:ɐtə]
pooier (de)	**Zuhälter** (m)	['tsu:,hɛltɐ]
tovenaar (de)	**Zauberer** (m)	['tsaʊbəʀɐ]
tovenares (de)	**Zauberin** (f)	['tsaʊbəʀɪn]
piraat (de)	**Seeräuber** (m)	['ze:,ʀɔɪbɐ]
slaaf (de)	**Sklave** (m)	['skla:və]
samoerai (de)	**Samurai** (m)	[zamu'ʀaɪ]
wilde (de)	**Wilde** (m)	['vɪldə]

Sport

113. Soorten sporten. Sporters

sportman (de)	**Sportler** (m)	['ʃpɔʁtlɐ]
soort sport (de/het)	**Sportart** (f)	['ʃpɔʁtʔa:ɐt]
basketbal (het)	**Basketball** (m)	['ba:skətbal]
basketbalspeler (de)	**Basketballspieler** (m)	['ba:skətbal͵ʃpi:lɐ]
baseball (het)	**Baseball** (m, n)	['bɛɪsbɔ:l]
baseballspeler (de)	**Baseballspieler** (m)	['beɪsbɔ:l͵ʃpi:lɐ]
voetbal (het)	**Fußball** (m)	['fu:sbal]
voetballer (de)	**Fußballspieler** (m)	['fu:sbal͵ʃpi:lɐ]
doelman (de)	**Torwart** (m)	['to:ɐ͵vaʁt]
hockey (het)	**Eishockey** (n)	['aɪs͵hɔki]
hockeyspeler (de)	**Eishockeyspieler** (m)	['aɪshɔki͵ʃpi:lɐ]
volleybal (het)	**Volleyball** (m)	['vɔli͵bal]
volleybalspeler (de)	**Volleyballspieler** (m)	['vɔlibal͵ʃpi:lɐ]
boksen (het)	**Boxen** (n)	['bɔksən]
bokser (de)	**Boxer** (m)	['bɔksɐ]
worstelen (het)	**Ringen** (n)	['ʀɪŋən]
worstelaar (de)	**Ringkämpfer** (m)	['ʀɪŋ͵kɛmpfɐ]
karate (de)	**Karate** (n)	[ka'ʀa:tə]
karateka (de)	**Karatekämpfer** (m)	[ka'ʀa:tə͵kɛmpfɐ]
judo (de)	**Judo** (n)	['ju:dɔ]
judoka (de)	**Judoka** (m)	[ju'do:ka]
tennis (het)	**Tennis** (n)	['tɛnɪs]
tennisspeler (de)	**Tennisspieler** (m)	['tɛnɪs͵ʃpi:lɐ]
zwemmen (het)	**Schwimmen** (n)	['ʃvɪmən]
zwemmer (de)	**Schwimmer** (m)	['ʃvɪmɐ]
schermen (het)	**Fechten** (n)	['fɛçtən]
schermer (de)	**Fechter** (m)	['fɛçtɐ]
schaak (het)	**Schach** (n)	[ʃaχ]
schaker (de)	**Schachspieler** (m)	['ʃaχ͵ʃpi:lɐ]
alpinisme (het)	**Bergsteigen** (n)	['bɛʁk͵ʃtaɪgən]
alpinist (de)	**Bergsteiger** (m)	['bɛʁk͵ʃtaɪgɐ]
hardlopen (het)	**Lauf** (m)	[laʊf]

renner (de)	**Läufer** (m)	['lɔɪfɐ]
atletiek (de)	**Leichtathletik** (f)	['laɪçtʔat,le:tik]
atleet (de)	**Athlet** (m)	[at'le:t]
paardensport (de)	**Pferdesport** (m)	['pfe:ɐdəʃpɔʁt]
ruiter (de)	**Reiter** (m)	['ʀaɪtɐ]
kunstschaatsen (het)	**Eiskunstlauf** (m)	['aɪskʊnst,laʊf]
kunstschaatser (de)	**Eiskunstläufer** (m)	['aɪskʊnst,lɔɪfɐ]
kunstschaatsster (de)	**Eiskunstläuferin** (f)	['aɪskʊnst,lɔɪfəʀɪn]
gewichtheffen (het)	**Gewichtheben** (n)	[gə'vɪçt,he:bən]
gewichtheffer (de)	**Gewichtheber** (m)	[gə'vɪçt,he:bɐ]
autoraces (mv.)	**Autorennen** (n)	['aʊtoʀɛnən]
coureur (de)	**Rennfahrer** (m)	['ʀɛn,fa:ʀɐ]
wielersport (de)	**Radfahren** (n)	['ʀa:t,fa:ʀən]
wielrenner (de)	**Radfahrer** (m)	['ʀa:t,fa:ʀɐ]
verspringen (het)	**Weitsprung** (m)	['vaɪtʃpʀʊŋ]
polsstokspringen (het)	**Stabhochsprung** (m)	['ʃta:pho:χ,ʃpʀʊŋ]
verspringer (de)	**Springer** (m)	['ʃpʀɪŋɐ]

114. Soorten sporten. Diversen

Amerikaans voetbal (het)	**American Football** (m)	[ɛ'mɛʀɪkən 'fʊtbo:l]
badminton (het)	**Federballspiel** (n)	['fe:dɐ,bal·ʃpi:l]
biatlon (de)	**Biathlon** (n)	['bi:atlɔn]
biljart (het)	**Billard** (n)	['bɪljaʁt]
bobsleeën (het)	**Bob** (m)	[bɔp]
bodybuilding (de)	**Bodybuilding** (n)	['bɔdi,bɪldɪŋ]
waterpolo (het)	**Wasserballspiel** (n)	['vasɐbalʃpi:l]
handbal (de)	**Handball** (m)	['hant,bal]
golf (het)	**Golf** (n)	[gɔlf]
roeisport (de)	**Rudern** (n)	['ʀu:dɐn]
duiken (het)	**Tauchen** (n)	['taʊχən]
langlaufen (het)	**Skilanglauf** (m)	['ʃi:,lantlɔɪf]
tafeltennis (het)	**Tischtennis** (n)	[tɪʃ,tɛnɪs]
zeilen (het)	**Segelsport** (m)	['ze:gəlʃpɔʁt]
rally (de)	**Rallye** (f, n)	['ʀali]
rugby (het)	**Rugby** (n)	['ʀakbi]
snowboarden (het)	**Snowboard** (n)	['sno:,bo:ɐt]
boogschieten (het)	**Bogenschießen** (n)	['bo:gənʃi:sən]

115. Fitnessruimte

lange halter (de)	**Hantel** (f)	['hantəl]
halters (mv.)	**Hanteln** (pl)	['hantəln]

training machine (de)	**Trainingsgerät** (n)	['tʀɛ:nɪŋs·gə'ʀɛ:t]
hometrainer (de)	**Fahrradtrainer** (m)	['fa:ɐʀa:ˌtʀɛ:nɐ]
loopband (de)	**Laufband** (n)	['laʊfˌbant]
rekstok (de)	**Reck** (n)	[ʀɛk]
brug (de) gelijke leggers	**Barren** (m)	['baʀən]
paardsprong (de)	**Sprungpferd** (n)	['ʃpʀɪŋˌpfe:ɐt]
mat (de)	**Matte** (f)	['matə]
springtouw (het)	**Sprungseil** (n)	['ʃpʀʊŋˌzaɪl]
aerobics (de)	**Aerobic** (n)	[ɛ'ʀo:bɪk]
yoga (de)	**Yoga** (m, n)	['jo:ga]

116. Sporten. Diversen

Olympische Spelen (mv.)	**Olympische Spiele** (pl)	[o'lʏmpɪʃə 'ʃpi:lə]
winnaar (de)	**Sieger** (m)	['zi:gɐ]
overwinnen (ww)	**siegen** (vi)	['zi:gən]
winnen (ww)	**gewinnen** (vt)	[gə'vɪnən]
leider (de)	**Tabellenführer** (m)	[ta'bɛlənˌfy:ʀɐ]
leiden (ww)	**führen** (vi)	['fy:ʀən]
eerste plaats (de)	**der erste Platz**	[de:ɐ 'ɛʁstə plats]
tweede plaats (de)	**der zweite Platz**	[de:ɐ 'tsvaɪtə plats]
derde plaats (de)	**der dritte Platz**	[de:ɐ 'dʀɪtə plats]
medaille (de)	**Medaille** (f)	[me'daljə]
trofee (de)	**Trophäe** (f)	[tʀo'fɛ:ə]
beker (de)	**Pokal** (m)	[pɔ'ka:l]
prijs (de)	**Preis** (m)	[pʀaɪs]
hoofdprijs (de)	**Hauptpreis** (m)	['haʊptˌpʀaɪs]
record (het)	**Rekord** (m)	[ʀe'kɔʁt]
een record breken	**einen Rekord aufstellen**	['aɪnən ʀe'kɔʁt 'aʊfˌʃtɛlən]
finale (de)	**Finale** (n)	[fi'na:lə]
finale (bn)	**Final-**	[fi'na:l]
kampioen (de)	**Meister** (m)	['maɪstɐ]
kampioenschap (het)	**Meisterschaft** (f)	['maɪstɐˌʃaft]
stadion (het)	**Stadion** (n)	['ʃta:djɔn]
tribune (de)	**Tribüne** (f)	[tʀi'by:nə]
fan, supporter (de)	**Fan** (m)	[fɛn]
tegenstander (de)	**Gegner** (m)	['ge:gnɐ]
start (de)	**Start** (m)	[ʃtaʁt]
finish (de)	**Ziel** (n), **Finish** (n)	[tsi:l], ['fɪnɪʃ]
nederlaag (de)	**Niederlage** (f)	['ni:dɐˌla:gə]
verliezen (ww)	**verlieren** (vt)	[fɛɐ'li:ʀən]
rechter (de)	**Schiedsrichter** (m)	['ʃi:tsˌʀɪçtɐ]
jury (de)	**Jury** (f)	['ʒy:ʀi]

stand (~ is 3-1)	**Ergebnis** (n)	[ɛɐ'ge:pnɪs]
gelijkspel (het)	**Unentschieden** (n)	['ʊnʔɛntʃi:dən]
in gelijk spel eindigen	**unentschieden spielen**	['ʊnʔɛntʃi:dən 'ʃpi:lən]
punt (het)	**Punkt** (m)	[pʊŋkt]
uitslag (de)	**Ergebnis** (n)	[ɛɐ'ge:pnɪs]
periode (de)	**Spielabschnitt** (m)	['ʃpi:lˌʔapʃnɪt]
pauze (de)	**Halbzeit** (f), **Pause** (f)	['halpˌtsaɪt], ['paʊzə]
doping (de)	**Doping** (n)	['do:pɪŋ]
straffen (ww)	**bestrafen** (vt)	[bə'ʃtʀa:fən]
diskwalificeren (ww)	**disqualifizieren** (vt)	[dɪskvalifi'tsi:ʀən]
toestel (het)	**Sportgerät** (n)	['ʃpɔʁt·gəˌʀɛ:t]
speer (de)	**Speer** (m)	[ʃpe:ɐ]
kogel (de)	**Kugel** (f)	['ku:gəl]
bal (de)	**Kugel** (f)	['ku:gəl]
doel (het)	**Ziel** (n)	[tsi:l]
schietkaart (de)	**Zielscheibe** (f)	['tsi:lʃaɪbə]
schieten (ww)	**schießen** (vi)	['ʃi:sən]
precies (bijv. precieze schot)	**genau**	[gə'naʊ]
trainer, coach (de)	**Trainer** (m)	['tʀɛ:nɐ]
trainen (ww)	**trainieren** (vt)	[tʀɛ'ni:ʀən]
zich trainen (ww)	**trainieren** (vi)	[tʀɛ'ni:ʀən]
training (de)	**Training** (n)	['tʀɛ:nɪŋ]
gymnastiekzaal (de)	**Turnhalle** (f)	['tʊʁnˌhalə]
oefening (de)	**Übung** (f)	['y:bʊŋ]
opwarming (de)	**Aufwärmen** (n)	['aʊfˌvɛʁmən]

Onderwijs

117. School

school (de)	**Schule** (f)	['ʃu:lə]
schooldirecteur (de)	**Schulleiter** (m)	['ʃu:lˌlaɪtɐ]
leerling (de)	**Schüler** (m)	['ʃy:lɐ]
leerlinge (de)	**Schülerin** (f)	['ʃy:ləʀɪn]
scholier (de)	**Schuljunge** (m)	['ʃu:lˌjʊŋə]
scholiere (de)	**Schulmädchen** (f)	['ʃu:lˌmɛ:tçən]
leren (lesgeven)	**lehren** (vt)	['le:ʀən]
studeren (bijv. een taal ~)	**lernen** (vt)	['lɛʁnən]
van buiten leren	**auswendig lernen**	['aʊsˌvɛndɪç 'lɛʁnən]
leren (bijv. ~ tellen)	**lernen** (vi)	['lɛʁnən]
in school zijn (schooljongen zijn)	**in der Schule sein**	[ɪn de:ɐ 'ʃu:lə zaɪn]
naar school gaan	**die Schule besuchen**	[di 'ʃu:lə bə'zu:χən]
alfabet (het)	**Alphabet** (n)	[alfa'be:t]
vak (schoolvak)	**Fach** (n)	[faχ]
klaslokaal (het)	**Klassenraum** (m)	['klasənˌʀaʊm]
les (de)	**Stunde** (f)	['ʃtʊndə]
pauze (de)	**Pause** (f)	['paʊzə]
bel (de)	**Schulglocke** (f)	['ʃu:lˌglɔkə]
schooltafel (de)	**Schulbank** (f)	['ʃu:lˌbaŋk]
schoolbord (het)	**Tafel** (f)	['ta:fəl]
cijfer (het)	**Note** (f)	['no:tə]
goed cijfer (het)	**gute Note** (f)	['gu:tə 'no:tə]
slecht cijfer (het)	**schlechte Note** (f)	['ʃlɛçtə 'no:tə]
een cijfer geven	**eine Note geben**	['aɪnə 'no:tə 'ge:bən]
fout (de)	**Fehler** (m)	['fe:lɐ]
fouten maken	**Fehler machen**	['fe:lɐ 'maχən]
corrigeren (fouten ~)	**korrigieren** (vt)	[kɔʀi'gi:ʀən]
spiekbriefje (het)	**Spickzettel** (m)	['ʃpɪkˌtsɛtəl]
huiswerk (het)	**Hausaufgabe** (f)	['haʊsʔaʊfˌga:bə]
oefening (de)	**Übung** (f)	['y:bʊŋ]
aanwezig zijn (ww)	**anwesend sein**	['anˌve:zənt zaɪn]
absent zijn (ww)	**fehlen** (vi)	['fe:lən]
school verzuimen	**versäumen** (vt)	[fɛɐ'zɔɪmən]
bestraffen (een stout kind ~)	**bestrafen** (vt)	[bə'ʃtʀa:fən]
bestraffing (de)	**Strafe** (f)	['ʃtʀa:fə]

gedrag (het)	**Benehmen** (n)	[bə'ne:mən]
cijferlijst (de)	**Zeugnis** (n)	['tsɔɪknɪs]
potlood (het)	**Bleistift** (m)	['blaɪˌʃtɪft]
gom (de)	**Radiergummi** (m)	[ʀa'di:ɐˌgʊmi]
krijt (het)	**Kreide** (f)	['kʀaɪdə]
pennendoos (de)	**Federkasten** (m)	['fe:dɐˌkastən]
boekentas (de)	**Schulranzen** (m)	['ʃu:lˌʀantsən]
pen (de)	**Kugelschreiber, Stift** (m)	['ku:gəlʃʀaɪbɐ], [ʃtɪft]
schrift (de)	**Heft** (n)	[hɛft]
leerboek (het)	**Lehrbuch** (n)	['le:ɐˌbu:χ]
passer (de)	**Zirkel** (m)	['tsɪʁkəl]
technisch tekenen (ww)	**zeichnen** (vt)	['tsaɪçnən]
technische tekening (de)	**Zeichnung** (f)	['tsaɪçnʊŋ]
gedicht (het)	**Gedicht** (n)	[gə'dɪçt]
van buiten (bw)	**auswendig**	['aʊsˌvɛndɪç]
van buiten leren	**auswendig lernen**	['aʊsˌvɛndɪç 'lɛʁnən]
vakantie (de)	**Ferien** (pl)	['fe:ʀɪən]
met vakantie zijn	**in den Ferien sein**	[ɪn den 'fe:ʀɪən zaɪn]
vakantie doorbrengen	**Ferien verbringen**	['fe:ʀɪən fɛɐ'bʀɪŋən]
toets (schriftelijke ~)	**Test** (m), **Prüfung** (f)	[tɛst], ['pʀy:fʊŋ]
opstel (het)	**Aufsatz** (m)	['aʊfˌzats]
dictee (het)	**Diktat** (n)	[dɪk'ta:t]
examen (het)	**Prüfung** (f)	['pʀy:fʊŋ]
examen afleggen	**Prüfungen ablegen**	['pʀy:fʊŋən 'apˌle:gən]
experiment (het)	**Experiment** (n)	[ɛkspeʀi'mɛnt]

118. Hogeschool. Universiteit

academie (de)	**Akademie** (f)	[akade'mi:]
universiteit (de)	**Universität** (f)	[univɛʁzi'tɛ:t]
faculteit (de)	**Fakultät** (f)	[fakʊl'tɛ:t]
student (de)	**Student** (m)	[ʃtu'dɛnt]
studente (de)	**Studentin** (f)	[ʃtu'dɛntɪn]
leraar (de)	**Lehrer** (m)	['le:ʀɐ]
collegezaal (de)	**Hörsaal** (m)	['hø:ɐˌza:l]
afgestudeerde (de)	**Hochschulabsolvent** (m)	['ho:χʃu:lʔapzɔlˌvɛnt]
diploma (het)	**Diplom** (n)	[di'plo:m]
dissertatie (de)	**Dissertation** (f)	[dɪsɛʁta'tsjo:n]
onderzoek (het)	**Forschung** (f)	['fɔʁʃʊŋ]
laboratorium (het)	**Labor** (n)	[la'bo:ɐ]
college (het)	**Vorlesung** (f)	['fo:ɐˌle:zʊŋ]
medestudent (de)	**Kommilitone** (m)	[ˌkɔmili'to:nə]
studiebeurs (de)	**Stipendium** (n)	[ʃti'pɛndɪʊm]
academische graad (de)	**akademischer Grad** (m)	[aka'de:mɪʃɐ gʀa:t]

119. Wetenschappen. Disciplines

wiskunde (de)	**Mathematik** (f)	[matema'ti:k]
algebra (de)	**Algebra** (f)	['algebʀa]
meetkunde (de)	**Geometrie** (f)	[ˌgeome'tʀi:]
astronomie (de)	**Astronomie** (f)	[astʀono'mi:]
biologie (de)	**Biologie** (f)	[ˌbiolo'gi:]
geografie (de)	**Erdkunde** (f)	['e:ɐtˌkʊndə]
geologie (de)	**Geologie** (f)	[ˌgeolo'gi:]
geschiedenis (de)	**Geschichte** (f)	[gə'ʃɪçtə]
geneeskunde (de)	**Medizin** (f)	[medi'tsi:n]
pedagogiek (de)	**Pädagogik** (f)	[pɛda'go:gɪk]
rechten (mv.)	**Recht** (n)	[ʀɛçt]
fysica, natuurkunde (de)	**Physik** (f)	[fy'zi:k]
scheikunde (de)	**Chemie** (f)	[çe'mi:]
filosofie (de)	**Philosophie** (f)	[filozo'fi:]
psychologie (de)	**Psychologie** (f)	[psyçolo'gi:]

120. Schrift. Spelling

grammatica (de)	**Grammatik** (f)	[gʀa'matɪk]
vocabulaire (het)	**Lexik** (f)	['lɛksɪk]
fonetiek (de)	**Phonetik** (f)	[fo:'ne:tɪk]
zelfstandig naamwoord (het)	**Substantiv** (n)	['zʊpstanti:f]
bijvoeglijk naamwoord (het)	**Adjektiv** (n)	['atjɛkti:f]
werkwoord (het)	**Verb** (n)	[vɛʁp]
bijwoord (het)	**Adverb** (n)	[at'vɛʁp]
voornaamwoord (het)	**Pronomen** (n)	[pʀo'no:mən]
tussenwerpsel (het)	**Interjektion** (f)	[ˌɪntejɛk'tsjo:n]
voorzetsel (het)	**Präposition** (f)	[pʀɛpozi'tsjo:n]
stam (de)	**Wurzel** (f)	['vʊʁtsəl]
achtervoegsel (het)	**Endung** (f)	['ɛndʊŋ]
voorvoegsel (het)	**Vorsilbe** (f)	['fo:ɐˌzɪlbə]
lettergreep (de)	**Silbe** (f)	['zɪlbə]
achtervoegsel (het)	**Suffix** (n), **Nachsilbe** (f)	['zʊfɪks], ['na:χˌzɪlbə]
nadruk (de)	**Betonung** (f)	[bə'to:nʊŋ]
afkappingsteken (het)	**Apostroph** (m)	[apo'stʀo:f]
punt (de)	**Punkt** (m)	[pʊŋkt]
komma (de/het)	**Komma** (n)	['kɔma]
puntkomma (de)	**Semikolon** (n)	[zemi'ko:lɔn]
dubbelpunt (de)	**Doppelpunkt** (m)	['dɔpəlˌpʊŋkt]
beletselteken (het)	**Auslassungspunkte** (pl)	['aʊslasʊŋsˌpʊŋktə]
vraagteken (het)	**Fragezeichen** (n)	['fʀa:gəˌtsaɪçən]
uitroepteken (het)	**Ausrufezeichen** (n)	['aʊsʀu:fəˌtsaɪçən]

aanhalingstekens (mv.)	**Anführungszeichen** (pl)	['anfy:ʀʊŋs,tsaɪçən]
tussen aanhalingstekens (bw)	**in Anführungszeichen**	[ɪn 'anfy:ʀʊŋs,tsaɪçən]
haakjes (mv.)	**runde Klammern** (pl)	['ʀʊndə 'klamɐn]
tussen haakjes (bw)	**in Klammern**	[ɪn 'klamɐn]
streepje (het)	**Bindestrich** (m)	['bɪndəʃtʀɪç]
gedachtestreepje (het)	**Gedankenstrich** (m)	[gə'daŋkənʃtʀɪç]
spatie (~ tussen twee woorden)	**Leerzeichen** (n)	['le:ɐ,tsaɪçən]
letter (de)	**Buchstabe** (m)	['bu:χʃta:bə]
hoofdletter (de)	**Großbuchstabe** (m)	['gʀo:sbu:χʃta:bə]
klinker (de)	**Vokal** (m)	[vo'ka:l]
medeklinker (de)	**Konsonant** (m)	[,kɔnzo'nant]
zin (de)	**Satz** (m)	[zats]
onderwerp (het)	**Subjekt** (n)	['zʊpjɛkt]
gezegde (het)	**Prädikat** (n)	[pʀɛdi'ka:t]
regel (in een tekst)	**Zeile** (f)	['tsaɪlə]
op een nieuwe regel (bw)	**in einer neuen Zeile**	[ɪn 'aɪnɐ 'nɔɪən 'tsaɪlə]
alinea (de)	**Absatz** (m)	['ap,zats]
woord (het)	**Wort** (n)	[vɔʁt]
woordgroep (de)	**Wortverbindung** (f)	['vɔʁtfɛɐ,bɪndʊŋ]
uitdrukking (de)	**Redensart** (f)	['ʀe:dəns,ʔa:ɐt]
synoniem (het)	**Synonym** (n)	[zyno'ny:m]
antoniem (het)	**Antonym** (n)	[anto'ny:m]
regel (de)	**Regel** (f)	['ʀe:gəl]
uitzondering (de)	**Ausnahme** (f)	['aʊs,na:mə]
correct (bijv. ~e spelling)	**richtig**	['ʀɪçtɪç]
vervoeging, conjugatie (de)	**Konjugation** (f)	[,kɔnjuga'tsjo:n]
verbuiging, declinatie (de)	**Deklination** (f)	[,deklina'tsjo:n]
naamval (de)	**Kasus** (m)	['ka:zʊs]
vraag (de)	**Frage** (f)	['fʀa:gə]
onderstrepen (ww)	**unterstreichen** (vt)	[,ʊntɐ'ʃtʀaɪçən]
stippellijn (de)	**punktierte Linie** (f)	[pʊŋk'ti:ɐtə 'li:nɪə]

121. Vreemde talen

taal (de)	**Sprache** (f)	['ʃpʀa:χə]
vreemd (bn)	**Fremd-**	['fʀɛmt]
vreemde taal (de)	**Fremdsprache** (f)	['fʀɛmtʃpʀa:χə]
leren (bijv. van buiten ~)	**studieren** (vt)	[ʃtu'di:ʀən]
studeren (Nederlands ~)	**lernen** (vt)	['lɛʁnən]
lezen (ww)	**lesen** (vi, vt)	['le:zən]
spreken (ww)	**sprechen** (vi, vt)	['ʃpʀɛçən]
begrijpen (ww)	**verstehen** (vt)	[fɛɐ'ʃte:ən]
schrijven (ww)	**schreiben** (vi, vt)	['ʃʀaɪbən]
snel (bw)	**schnell**	[ʃnɛl]

langzaam (bw)	**langsam**	['laŋza:m]
vloeiend (bw)	**fließend**	['fli:sənt]
regels (mv.)	**Regeln** (pl)	['ʀe:gəln]
grammatica (de)	**Grammatik** (f)	[gʀa'matɪk]
vocabulaire (het)	**Vokabular** (n)	[vokabu'la:ɐ]
fonetiek (de)	**Phonetik** (f)	[fo:'ne:tɪk]
leerboek (het)	**Lehrbuch** (n)	['le:ɐ,bu:χ]
woordenboek (het)	**Wörterbuch** (n)	['vœʁtɐ,bu:χ]
leerboek (het) voor zelfstudie	**Selbstlernbuch** (n)	['zɛlpst,lɛʁnbu:χ]
taalgids (de)	**Sprachführer** (m)	['ʃpʀa:χ,fy:ʀɐ]
cassette (de)	**Kassette** (f)	[ka'sɛtə]
videocassette (de)	**Videokassette** (f)	['vi:deo·ka'sɛtə]
CD (de)	**CD** (f)	[tse:'de:]
DVD (de)	**DVD** (f)	[defaʊ'de:]
alfabet (het)	**Alphabet** (n)	[alfa'be:t]
spellen (ww)	**buchstabieren** (vt)	[,bu:χʃta'bi:ʀən]
uitspraak (de)	**Aussprache** (f)	['aʊs,ʃpʀa:χə]
accent (het)	**Akzent** (m)	[ak'tsɛnt]
met een accent (bw)	**mit Akzent**	[mɪt ak'tsɛnt]
zonder accent (bw)	**ohne Akzent**	['o:nə ak'tsɛnt]
woord (het)	**Wort** (n)	[vɔʁt]
betekenis (de)	**Bedeutung** (f)	[bə'dɔɪtʊŋ]
cursus (de)	**Kurse** (pl)	['kʊʁzə]
zich inschrijven (ww)	**sich einschreiben**	[zɪç 'aɪn,ʃʀaɪbən]
leraar (de)	**Lehrer** (m)	['le:ʀɐ]
vertaling (een ~ maken)	**Übertragung** (f)	[,y:bɐ'tʀa:gʊŋ]
vertaling (tekst)	**Übersetzung** (f)	[,y:bɐ'zɛtsʊŋ]
vertaler (de)	**Übersetzer** (m)	[,y:bɐ'zɛtsɐ]
tolk (de)	**Dolmetscher** (m)	['dɔlmɛtʃɐ]
polyglot (de)	**Polyglott** (m, f)	[poly'glɔt]
geheugen (het)	**Gedächtnis** (n)	[gə'dɛçtnɪs]

122. Sprookjesfiguren

Sinterklaas (de)	**Weihnachtsmann** (m)	['vaɪnaχts,man]
Assepoester (de)	**Aschenputtel** (n)	['aʃənpʊtəl]
zeemeermin (de)	**Nixe** (f)	['nɪksə]
Neptunus (de)	**Neptun** (m)	[nɛp'tu:n]
magiër, tovenaar (de)	**Zauberer** (m)	['tsaʊbəʀɐ]
goede heks (de)	**Zauberin** (f)	['tsaʊbəʀɪn]
magisch (bn)	**magisch, Zauber-**	['ma:gɪʃ], ['tsaʊbɐ]
toverstokje (het)	**Zauberstab** (m)	['tsaʊbɐ,ʃta:p]
sprookje (het)	**Märchen** (n)	['mɛ:ɐçən]
wonder (het)	**Wunder** (n)	['vʊndɐ]

dwerg (de)	**Zwerg** (m)	[tsvɛʁk]
veranderen in ... (anders worden)	**sich verwandeln in ...**	[zɪç fɛɐ'vandəln ɪn]
geest (de)	**Geist** (m)	[gaɪst]
spook (het)	**Gespenst** (n)	[gə'ʃpɛnst]
monster (het)	**Ungeheuer** (n)	['ʊngə,hɔɪɐ]
draak (de)	**Drache** (m)	['dʀaχə]
reus (de)	**Riese** (m)	['ʀi:zə]

123. Dierenriem

Ram (de)	**Widder** (m)	['vɪdɐ]
Stier (de)	**Stier** (m)	[ʃti:ɐ]
Tweelingen (mv.)	**Zwillinge** (pl)	['tsvɪlɪŋə]
Kreeft (de)	**Krebs** (m)	[kʀe:ps]
Leeuw (de)	**Löwe** (m)	['lø:və]
Maagd (de)	**Jungfrau** (f)	['jʊŋfʀaʊ]
Weegschaal (de)	**Waage** (f)	['va:gə]
Schorpioen (de)	**Skorpion** (m)	[skɔʁ'pjo:n]
Boogschutter (de)	**Schütze** (m)	['ʃʏtsə]
Steenbok (de)	**Steinbock** (m)	['ʃtaɪn,bɔk]
Waterman (de)	**Wassermann** (m)	['vasɐ,man]
Vissen (mv.)	**Fische** (pl)	['fɪʃə]
karakter (het)	**Charakter** (m)	[ka'ʀaktɐ]
karaktertrekken (mv.)	**Charakterzüge** (pl)	[ka'ʀaktɐ,tsy:gə]
gedrag (het)	**Benehmen** (n)	[bə'ne:mən]
waarzeggen (ww)	**wahrsagen** (vt)	['va:ɐ,za:gən]
waarzegster (de)	**Wahrsagerin** (f)	['va:ɐ,za:gəʀɪn]
horoscoop (de)	**Horoskop** (n)	[hoʀo'sko:p]

Kunst

124. Theater

theater (het)	**Theater** (n)	[te'a:tɐ]
opera (de)	**Oper** (f)	['o:pɐ]
operette (de)	**Operette** (f)	[opə'ʀɛtə]
ballet (het)	**Ballett** (n)	[ba'lɛt]
affiche (de/het)	**Theaterplakat** (n)	[te'a:tɐ·pla'ka:t]
theatergezelschap (het)	**Truppe** (f)	['tʀʊpə]
tournee (de)	**Tournee** (f)	[tʊʁ'ne:]
op tournee zijn	**auf Tournee sein**	[aʊf tʊʁ'ne: zaɪn]
repeteren (ww)	**proben** (vt)	['pʀo:bən]
repetitie (de)	**Probe** (f)	['pʀo:bə]
repertoire (het)	**Spielplan** (m)	['ʃpi:l,pla:n]
voorstelling (de)	**Aufführung** (f)	['aʊffy:ʀʊŋ]
spektakel (het)	**Vorstellung** (f)	['fo:ɐ,ʃtɛlʊŋ]
toneelstuk (het)	**Theaterstück** (n)	[te'a:tɐ,ʃtʏk]
biljet (het)	**Karte** (f)	['kaʁtə]
kassa (de)	**Theaterkasse** (f)	[te'a:tɐ,'kasə]
foyer (de)	**Halle** (f)	['halə]
garderobe (de)	**Garderobe** (f)	[gaʁdə'ʀo:bə]
garderobe nummer (het)	**Garderobennummer** (f)	[gaʁdə'ʀobən,nʊmɐ]
verrekijker (de)	**Opernglas** (n)	['o:pen,gla:s]
plaatsaanwijzer (de)	**Platzanweiser** (m)	['plats?an,vaɪzɐ]
parterre (de)	**Parkett** (n)	[paʁ'kɛt]
balkon (het)	**Balkon** (m)	[bal'ko:n]
gouden rang (de)	**der erste Rang**	[de:ɐ 'ɛʁstə ʀaŋ]
loge (de)	**Loge** (f)	['lo:ʒə]
rij (de)	**Reihe** (f)	['ʀaɪə]
plaats (de)	**Platz** (m)	[plats]
publiek (het)	**Publikum** (n)	['pu:blikʊm]
kijker (de)	**Zuschauer** (m)	['tsu:,ʃaʊɐ]
klappen (ww)	**klatschen** (vi)	['klatʃən]
applaus (het)	**Applaus** (m)	[a'plaʊs]
ovatie (de)	**Ovation** (f)	[ova'tsjo:n]
toneel (op het ~ staan)	**Bühne** (f)	['by:nə]
gordijn, doek (het)	**Vorhang** (m)	['fo:ɐ,haŋ]
toneeldecor (het)	**Dekoration** (f)	[dekoʀa'tsjo:n]
backstage (de)	**Kulissen** (pl)	[ku'lɪsən]
scène (de)	**Szene** (f)	['stse:nə]
bedrijf (het)	**Akt** (m)	[akt]
pauze (de)	**Pause** (f)	['paʊzə]

125. Bioscoop

acteur (de)	**Schauspieler** (m)	['ʃaʊ̯ʃpi:lɐ]
actrice (de)	**Schauspielerin** (f)	['ʃaʊ̯ʃpi:ləʀɪn]
bioscoop (de)	**Kino** (n)	['ki:no]
speelfilm (de)	**Film** (m)	[fɪlm]
aflevering (de)	**Folge** (f)	['fɔlgə]
detectivefilm (de)	**Krimi** (m)	['kʀɪmi]
actiefilm (de)	**Actionfilm** (m)	['ɛkʃən·film]
avonturenfilm (de)	**Abenteuerfilm** (m)	['a:bəntɔɪɐˌfɪlm]
sciencefictionfilm (de)	**Science-Fiction-Film** (m)	[ˌsaɪəns'fɪkʃən·fɪlm]
griezelfilm (de)	**Horrorfilm** (m)	['hɔʀo:ɐˌfɪlm]
komedie (de)	**Komödie** (f)	[ko'mø:dɪə]
melodrama (het)	**Melodrama** (n)	[melo'dʀa:ma]
drama (het)	**Drama** (n)	['dʀa:ma]
speelfilm (de)	**Spielfilm** (m)	['ʃpi:l·fɪlm]
documentaire (de)	**Dokumentarfilm** (m)	[dokumɛn'ta:ɐ·fɪlm]
tekenfilm (de)	**Zeichentrickfilm** (m)	['tsaɪçənˌtʀɪk·fɪlm]
stomme film (de)	**Stummfilm** (m)	['ʃtʊm·fɪlm]
rol (de)	**Rolle** (f)	['ʀɔlə]
hoofdrol (de)	**Hauptrolle** (f)	['haʊptˌʀɔlə]
spelen (ww)	**spielen** (vi)	['ʃpi:lən]
filmster (de)	**Filmstar** (m)	['fɪlmˌʃta:ɐ]
bekend (bn)	**bekannt**	[bə'kant]
beroemd (bn)	**berühmt**	[bə'ʀy:mt]
populair (bn)	**populär**	[popu'lɛ:ɐ]
scenario (het)	**Drehbuch** (n)	['dʀe:ˌbu:χ]
scenarioschrijver (de)	**Drehbuchautor** (m)	['dʀe:bu:χˌʔaʊto:ɐ]
regisseur (de)	**Regisseur** (m)	[ʀeʒɪ'sø:ɐ]
filmproducent (de)	**Produzent** (m)	[pʀodu'tsɛnt]
assistent (de)	**Assistent** (m)	[asɪs'tɛnt]
cameraman (de)	**Kameramann** (m)	['kaməʀaˌman]
stuntman (de)	**Stuntman** (m)	['stantmɛn]
stuntdubbel (de)	**Double** (n)	['du:bəl]
een film maken	**einen Film drehen**	['aɪnən fɪlm 'dʀe:ən]
auditie (de)	**Probe** (f)	['pʀo:bə]
opnamen (mv.)	**Dreharbeiten** (pl)	['dʀe:ʔaʁˌbaɪtən]
filmploeg (de)	**Filmteam** (n)	['fɪlmˌti:m]
filmset (de)	**Filmset** (m)	['fɪlmsɛt]
filmcamera (de)	**Filmkamera** (f)	['fɪlmˌkaməʀa]
bioscoop (de)	**Kino** (n)	['ki:no]
scherm (het)	**Leinwand** (f)	['laɪnˌvant]
een film vertonen	**einen Film zeigen**	['aɪnən fɪlm 'tsaɪgən]
geluidsspoor (de)	**Tonspur** (f)	['to:nˌʃpu:ɐ]
speciale effecten (mv.)	**Spezialeffekte** (pl)	[ʃpe'tsɪa:l·ɛ'fɛktə]

ondertiteling (de) | **Untertitel** (pl) | ['ʊntɐ,ti:təl]
voortiteling, aftiteling (de) | **Abspann** (m) | ['ap,ʃpan]
vertaling (de) | **Übersetzung** (f) | [,y:bɐ'zɛtsʊŋ]

126. Schilderij

kunst (de) | **Kunst** (f) | [kʊnst]
schone kunsten (mv.) | **schönen Künste** (pl) | ['ʃø:nən 'kʏnstə]
kunstgalerie (de) | **Kunstgalerie** (f) | ['kʊnst,galə'ʀi:]
kunsttentoonstelling (de) | **Kunstausstellung** (f) | ['kʊnst·'aʊs,ʃtɛlʊŋ]

schilderkunst (de) | **Malerei** (f) | [,ma:lə'ʀaɪ]
grafiek (de) | **Graphik** (f) | ['gʀa:fɪk]
abstracte kunst (de) | **abstrakte Kunst** (f) | [ap'stʀaktə kʊnst]
impressionisme (het) | **Impressionismus** (m) | [ɪmpʀɛsjɔ'nɪsmʊs]

schilderij (het) | **Bild** (n) | [bɪlt]
tekening (de) | **Zeichnung** (f) | ['tsaɪçnʊŋ]
poster (de) | **Plakat** (n) | [pla'ka:t]

illustratie (de) | **Illustration** (f) | [ɪlustʀa'tsjo:n]
miniatuur (de) | **Miniatur** (f) | [minɪa'tu:ɐ]
kopie (de) | **Kopie** (f) | [ko'pi:]
reproductie (de) | **Reproduktion** (f) | [ʀepʀodʊk'tsjo:n]

mozaïek (het) | **Mosaik** (n) | [moza'i:k]
gebrandschilderd glas (het) | **Glasmalerei** (f) | [gla:s,ma:lə'ʀaɪ]
fresco (het) | **Fresko** (n) | ['fʀɛsko]
gravure (de) | **Gravüre** (f) | [gʀa'vy:ʀə]

buste (de) | **Büste** (f) | ['by:stə]
beeldhouwwerk (het) | **Skulptur** (f) | [skʊlp'tu:ɐ]
beeld (bronzen ~) | **Statue** (f) | ['ʃta:tuə]
gips (het) | **Gips** (m) | [gɪps]
gipsen (bn) | **aus Gips** | [,aʊs 'gɪps]

portret (het) | **Porträt** (n) | [pɔʁ'tʀɛ:]
zelfportret (het) | **Selbstporträt** (n) | ['zɛlpst·pɔʁ,tʀɛ:]
landschap (het) | **Landschaftsbild** (n) | ['lantʃafts,bɪlt]
stilleven (het) | **Stillleben** (n) | ['ʃtɪl,le:bən]
karikatuur (de) | **Karikatur** (f) | [kaʀika'tu:ɐ]
schets (de) | **Entwurf** (m) | [ɛnt'vʊʁf]

verf (de) | **Farbe** (f) | ['faʁbə]
aquarel (de) | **Aquarellfarbe** (f) | [akva'ʀɛl,faʁbə]
olieverf (de) | **Öl** (n) | [ø:l]
potlood (het) | **Bleistift** (m) | ['blaɪ,ʃtɪft]
Oost-Indische inkt (de) | **Tusche** (f) | ['tʊʃə]
houtskool (de) | **Kohle** (f) | ['ko:lə]

tekenen (met krijt) | **zeichnen** (vt) | ['tsaɪçnən]
schilderen (ww) | **malen** (vi, vt) | ['ma:lən]
poseren (ww) | **Modell stehen** | [mo'dɛl 'ʃte:ən]
naaktmodel (man) | **Modell** (n) | [mo'dɛl]

naaktmodel (vrouw)	**Modell** (n)	[mo'dɛl]
kunstenaar (de)	**Maler** (m)	['ma:lɐ]
kunstwerk (het)	**Kunstwerk** (n)	['kʊnstˌvɛʁk]
meesterwerk (het)	**Meisterwerk** (n)	['maɪstɐˌvɛʁk]
studio, werkruimte (de)	**Atelier** (n), **Werkstatt** (f)	[ate'lie:], ['vɛʁkʃtat]
schildersdoek (het)	**Leinwand** (f)	['laɪnˌvant]
schildersezel (de)	**Staffelei** (f)	[ʃtafə'laɪ]
palet (het)	**Palette** (f)	[pa'lɛtə]
lijst (een vergulde ~)	**Rahmen** (m)	['ʀa:mən]
restauratie (de)	**Restauration** (f)	[ʀestaʊʀa'tsjo:n]
restaureren (ww)	**restaurieren** (vt)	[ʀestaʊ'ʀi:ʀən]

127. Literatuur & Poëzie

literatuur (de)	**Literatur** (f)	[lɪtəʀa'tu:ɐ]
auteur (de)	**Autor** (m)	['aʊto:ɐ]
pseudoniem (het)	**Pseudonym** (n)	[psɔɪdo'ny:m]
boek (het)	**Buch** (n)	[bu:χ]
boekdeel (het)	**Band** (m)	[bant]
inhoudsopgave (de)	**Inhaltsverzeichnis** (n)	['ɪnhalts·fɛɐˌtsaɪçnɪs]
pagina (de)	**Seite** (f)	['zaɪtə]
hoofdpersoon (de)	**Hauptperson** (f)	['haʊptˌpɛʁ'zo:n]
handtekening (de)	**Autogramm** (n)	[aʊto'gʀam]
verhaal (het)	**Kurzgeschichte** (f)	['kʊʁts·gəˌʃɪçtə]
novelle (de)	**Erzählung** (f)	[ɛɐ'tsɛ:lʊŋ]
roman (de)	**Roman** (m)	[ʀo'ma:n]
werk (literatuur)	**Werk** (n)	[vɛʁk]
fabel (de)	**Fabel** (f)	['fa:bəl]
detectiveroman (de)	**Krimi** (m)	['kʀɪmi]
gedicht (het)	**Gedicht** (n)	[gə'dɪçt]
poëzie (de)	**Dichtung** (f), **Poesie** (f)	['dɪçtʊŋ], [ˌpoe'zi:]
epos (het)	**Gedicht** (n)	[gə'dɪçt]
dichter (de)	**Dichter** (m)	['dɪçtɐ]
fictie (de)	**schöne Literatur** (f)	['ʃø:nə lɪtəʀa'tu:ɐ]
sciencefiction (de)	**Science-Fiction** (f)	[ˌsaɪəns'fɪkʃən]
avonturenroman (de)	**Abenteuer** (n)	['a:bəntɔɪɐ]
opvoedkundige literatuur (de)	**Schülerliteratur** (pl)	['ʃy:lɐ·lɪtəʀaˌtu:ɐ]
kinderliteratuur (de)	**Kinderliteratur** (f)	['kɪndɐ·lɪtəʀaˌtu:ɐ]

128. Circus

circus (de/het)	**Zirkus** (m)	['tsɪʁkʊs]
chapiteau circus (de/het)	**Wanderzirkus** (m)	['vandɐˌtsɪʁkʊs]
programma (het)	**Programm** (n)	[pʀo'gʀam]
voorstelling (de)	**Vorstellung** (f)	['fo:ɐʃtɛlʊŋ]
nummer (circus ~)	**Nummer** (f)	['nʊmɐ]

arena (de)	**Manege** (f)	[ma'ne:ʒə]
pantomime (de)	**Pantomime** (f)	[ˌpanto'mi:mə]
clown (de)	**Clown** (m)	[klaʊn]
acrobaat (de)	**Akrobat** (m)	[akʀo'ba:t]
acrobatiek (de)	**Akrobatik** (f)	[akʀo'ba:tɪk]
gymnast (de)	**Turner** (m)	['tʊʁnɐ]
gymnastiek (de)	**Turnen** (n)	['tʊʁnən]
salto (de)	**Salto** (m)	['zalto]
sterke man (de)	**Kraftmensch** (m)	['kʀaftˌmɛnʃ]
temmer (de)	**Bändiger, Dompteur** (m)	['bɛndɪgɐ], [dɔmp'tø:ɐ]
ruiter (de)	**Reiter** (m)	['ʀaɪtɐ]
assistent (de)	**Assistent** (m)	[asɪs'tɛnt]
stunt (de)	**Trick** (m)	[tʀɪk]
goocheltruc (de)	**Zaubertrick** (m)	['tsaʊbɐˌtʀɪk]
goochelaar (de)	**Zauberkünstler** (m)	['tsaʊbɐˌkʏnstlɐ]
jongleur (de)	**Jongleur** (m)	[ʒɔŋ'glø:ɐ]
jongleren (ww)	**jonglieren** (vi)	[ʒɔŋ'gli:ʀən]
dierentrainer (de)	**Dresseur** (m)	[dʀɛ'sø:ɐ]
dressuur (de)	**Dressur** (f)	[dʀɛ'su:ɐ]
dresseren (ww)	**dressieren** (vt)	[dʀɛ'si:ʀən]

129. Muziek. Popmuziek

muziek (de)	**Musik** (f)	[mu'zi:k]
muzikant (de)	**Musiker** (m)	['mu:zikɐ]
muziekinstrument (het)	**Musikinstrument** (n)	[mu'zi:kʔɪnstʀuˌmɛnt]
spelen (bijv. gitaar ~)	**spielen** (vt)	['ʃpi:lən]
gitaar (de)	**Gitarre** (f)	[ˌgi'ʀafə]
viool (de)	**Geige** (f)	['gaɪgə]
cello (de)	**Cello** (n)	['tʃɛlo]
contrabas (de)	**Kontrabass** (m)	['kɔntʀaˌbas]
harp (de)	**Harfe** (f)	['haʁfə]
piano (de)	**Klavier** (n)	[kla'vi:ɐ]
vleugel (de)	**Flügel** (m)	['fly:gəl]
orgel (het)	**Orgel** (f)	['ɔʁgəl]
blaasinstrumenten (mv.)	**Blasinstrumente** (pl)	['bla:sʔɪnstʀuˌmɛntə]
hobo (de)	**Oboe** (f)	[o'bo:e]
saxofoon (de)	**Saxophon** (n)	[ˌzakso'fo:n]
klarinet (de)	**Klarinette** (f)	[klaʀi'nɛtə]
fluit (de)	**Flöte** (f)	['flø:tə]
trompet (de)	**Trompete** (f)	[tʀɔm'pe:tə]
accordeon (de/het)	**Akkordeon** (n)	[a'kɔʁdeˌɔn]
trommel (de)	**Trommel** (f)	['tʀɔməl]
duet (het)	**Duo** (n)	['du:o]
trio (het)	**Trio** (n)	['tʀi:o]

kwartet (het)	**Quartett** (n)	[kvaʁ'tɛt]
koor (het)	**Chor** (m)	[ko:ɐ]
orkest (het)	**Orchester** (n)	[ɔʁ'kɛstɐ]
popmuziek (de)	**Popmusik** (f)	['pɔp·mu͵zi:k]
rockmuziek (de)	**Rockmusik** (f)	['ʀɔk·mu͵zi:k]
rockgroep (de)	**Rockgruppe** (f)	['ʀɔk͵gʀʊpə]
jazz (de)	**Jazz** (m)	[dʒɛs]
idool (het)	**Idol** (n)	[i'do:l]
bewonderaar (de)	**Verehrer** (m)	[fɛɐ'ʔe:ʀɐ]
concert (het)	**Konzert** (n)	[kɔn'tsɛʁt]
symfonie (de)	**Sinfonie** (f)	[zɪnfo'ni:]
compositie (de)	**Komposition** (f)	[kɔmpozi'tsjo:n]
componeren (muziek ~)	**komponieren** (vt)	[kɔmpo'ni:ʀən]
zang (de)	**Gesang** (m)	[gə'zaŋ]
lied (het)	**Lied** (n)	[li:t]
melodie (de)	**Melodie** (f)	[melo'di:]
ritme (het)	**Rhythmus** (m)	['ʀʏtmʊs]
blues (de)	**Blues** (m)	[blu:s]
bladmuziek (de)	**Noten** (pl)	['no:tən]
dirigeerstok (baton)	**Taktstock** (m)	['takt͵ʃtɔk]
strijkstok (de)	**Bogen** (m)	['bo:gən]
snaar (de)	**Saite** (f)	['zaɪtə]
koffer (de)	**Koffer** (m)	['kɔfɐ]

Rusten. Entertainment. Reizen

130. Trip. Reizen

toerisme (het)	**Tourismus** (m)	[tu'ʀɪsmʊs]
toerist (de)	**Tourist** (m)	[tu'ʀɪst]
reis (de)	**Reise** (f)	['ʀaɪzə]
avontuur (het)	**Abenteuer** (n)	['a:bəntɔɪɐ]
tocht (de)	**Fahrt** (f)	[fa:ɐt]
vakantie (de)	**Urlaub** (m)	['u:ɐˌlaʊp]
met vakantie zijn	**auf Urlaub sein**	[aʊf 'u:ɐˌlaʊp zaɪn]
rust (de)	**Erholung** (f)	[ɛɐ'ho:lʊŋ]
trein (de)	**Zug** (m)	[tsu:k]
met de trein	**mit dem Zug**	[mɪt dem tsu:k]
vliegtuig (het)	**Flugzeug** (n)	['flu:kˌtsɔɪk]
met het vliegtuig	**mit dem Flugzeug**	[mɪt dem 'flu:kˌtsɔɪk]
met de auto	**mit dem Auto**	[mɪt dem 'aʊto]
per schip (bw)	**mit dem Schiff**	[mɪt dem ʃɪf]
bagage (de)	**Gepäck** (n)	[gə'pɛk]
valies (de)	**Koffer** (m)	['kɔfɐ]
bagagekarretje (het)	**Gepäckwagen** (m)	[gə'pɛkˌva:gən]
paspoort (het)	**Pass** (m)	[pas]
visum (het)	**Visum** (n)	['vi:zʊm]
kaartje (het)	**Fahrkarte** (f)	['fa:ɐˌkaʁtə]
vliegticket (het)	**Flugticket** (n)	['flu:kˌtɪkət]
reisgids (de)	**Reiseführer** (m)	['ʀaɪzəˌfy:ʀɐ]
kaart (de)	**Landkarte** (f)	['lantˌkaʁtə]
gebied (landelijk ~)	**Gegend** (f)	['ge:gənt]
plaats (de)	**Ort** (m)	[ɔʁt]
exotische bestemming (de)	**Exotika** (pl)	[ɛ'kso:tika]
exotisch (bn)	**exotisch**	[ɛ'kso:tɪʃ]
verwonderlijk (bn)	**erstaunlich**	[ɛɐ'ʃtaʊnlɪç]
groep (de)	**Gruppe** (f)	['gʀʊpə]
rondleiding (de)	**Ausflug** (m)	['aʊsˌflu:k]
gids (de)	**Reiseleiter** (m)	['ʀaɪzəˌlaɪtɐ]

131. Hotel

hotel (het)	**Hotel** (n)	[ho'tɛl]
motel (het)	**Motel** (n)	[mo'tɛl]
3-sterren	**drei Sterne**	[dʀaɪ 'ʃtɛʁnə]

5-sterren	**fünf Sterne**	[fʏnf 'ʃtɛʁnə]
overnachten (ww)	**absteigen** (vi)	['apʃtaɪgən]
kamer (de)	**Hotelzimmer** (n)	[ho'tɛlˌtsɪmɐ]
eenpersoonskamer (de)	**Einzelzimmer** (n)	['aɪntsəlˌtsɪmɐ]
tweepersoonskamer (de)	**Zweibettzimmer** (n)	['tsvaɪbɛtˌtsɪmɐ]
een kamer reserveren	**reservieren** (vt)	[ʀezɛʁ'vi:ʀən]
halfpension (het)	**Halbpension** (f)	['halp·panˌzjo:n]
volpension (het)	**Vollpension** (f)	['fɔl·panˌzjo:n]
met badkamer	**mit Bad**	[mɪt 'ba:t]
met douche	**mit Dusche**	[mɪt 'du:ʃə]
satelliet-tv (de)	**Satellitenfernsehen** (n)	[zatɛ'li:tənˌfɛʁnze:ən]
airconditioner (de)	**Klimaanlage** (f)	['kli:maˌʔanla:gə]
handdoek (de)	**Handtuch** (n)	['hantˌtu:χ]
sleutel (de)	**Schlüssel** (m)	['ʃlʏsəl]
administrateur (de)	**Verwalter** (m)	[fɛɐ'valtɐ]
kamermeisje (het)	**Zimmermädchen** (n)	['tsɪmɐˌmɛ:tçən]
piccolo (de)	**Träger** (m)	['tʀɛ:gɐ]
portier (de)	**Portier** (m)	[pɔʁ'tɪe:]
restaurant (het)	**Restaurant** (n)	[ʀɛsto'ʀaŋ]
bar (de)	**Bar** (f)	[ba:ɐ]
ontbijt (het)	**Frühstück** (n)	['fʀy:ʃtʏk]
avondeten (het)	**Abendessen** (n)	['a:bəntˌʔɛsən]
buffet (het)	**Buffet** (n)	[bʏ'fe:]
hal (de)	**Foyer** (n)	[foa'je:]
lift (de)	**Aufzug** (m), **Fahrstuhl** (m)	['aʊfˌtsu:k], ['fa:ɐˌʃtu:l]
NIET STOREN	**BITTE NICHT STÖREN!**	['bɪtə nɪçt 'ʃtø:ʀən]
VERBODEN TE ROKEN!	**RAUCHEN VERBOTEN!**	['ʀaʊχən fɛɐ'bo:tən]

132. Boeken. Lezen

boek (het)	**Buch** (n)	[bu:χ]
auteur (de)	**Autor** (m)	['aʊto:ɐ]
schrijver (de)	**Schriftsteller** (m)	['ʃʀɪftʃtɛlɐ]
schrijven (een boek)	**verfassen** (vt)	[fɛɐ'fasən]
lezer (de)	**Leser** (m)	['le:zɐ]
lezen (ww)	**lesen** (vi, vt)	['le:zən]
lezen (het)	**Lesen** (n)	['le:zən]
stil (~ lezen)	**still**	[ʃtɪl]
hardop (~ lezen)	**laut**	[laʊt]
uitgeven (boek ~)	**verlegen** (vt)	[fɛɐ'le:gən]
uitgeven (het)	**Ausgabe** (f)	['aʊsˌga:bə]
uitgever (de)	**Herausgeber** (m)	[hə'ʀaʊsˌge:bɐ]
uitgeverij (de)	**Verlag** (m)	[fɛɐ'la:k]
verschijnen (bijv. boek)	**erscheinen** (vi)	[ɛɐ'ʃaɪnən]

verschijnen (het)	**Erscheinen** (n)	[ɛɐ'ʃaɪnən]
oplage (de)	**Auflage** (f)	['aʊfˌla:gə]
boekhandel (de)	**Buchhandlung** (f)	['bu:χˌhandlʊŋ]
bibliotheek (de)	**Bibliothek** (f)	[biblio'te:k]
novelle (de)	**Erzählung** (f)	[ɛɐ'tsɛ:lʊŋ]
verhaal (het)	**Kurzgeschichte** (f)	['kʊʁts·gəˌʃɪçtə]
roman (de)	**Roman** (m)	[ʀo'ma:n]
detectiveroman (de)	**Krimi** (m)	['kʀɪmi]
memoires (mv.)	**Memoiren** (pl)	[me'moa:ʀən]
legende (de)	**Legende** (f)	[le'gɛndə]
mythe (de)	**Mythos** (m)	['my:tɔs]
gedichten (mv.)	**Gedichte** (pl)	[gə'dɪçtə]
autobiografie (de)	**Autobiographie** (f)	[aʊtobiogʀa'fi:]
bloemlezing (de)	**ausgewählte Werke** (pl)	['aʊsgəˌvɛ:ltə 'vɛʁkə]
sciencefiction (de)	**Science-Fiction** (f)	[ˌsaɪəns'fɪkʃən]
naam (de)	**Titel** (m)	['ti:təl]
inleiding (de)	**Einleitung** (f)	['aɪnlaɪtʊŋ]
voorblad (het)	**Titelseite** (f)	['ti:təlˌzaɪtə]
hoofdstuk (het)	**Kapitel** (n)	[ka'pɪtəl]
fragment (het)	**Auszug** (m)	['aʊstsu:k]
episode (de)	**Episode** (f)	[epi'zo:də]
intrige (de)	**Sujet** (n)	[zy'ʒe:]
inhoud (de)	**Inhalt** (m)	['ɪnˌhalt]
inhoudsopgave (de)	**Inhaltsverzeichnis** (n)	['ɪnhalts·fɛɐˌtsaɪçnɪs]
hoofdpersonage (het)	**Hauptperson** (f)	['haʊptˌpɛʁ'zo:n]
boekdeel (het)	**Band** (m)	[bant]
omslag (de/het)	**Buchdecke** (f)	['bu:χˌdɛkə]
boekband (de)	**Einband** (m)	['aɪnˌbant]
bladwijzer (de)	**Lesezeichen** (n)	['le:zəˌtsaɪçən]
pagina (de)	**Seite** (f)	['zaɪtə]
bladeren (ww)	**blättern** (vi)	['blɛtɐn]
marges (mv.)	**Ränder** (pl)	['ʀɛndɐ]
annotatie (de)	**Notiz** (f)	[no'ti:ts]
opmerking (de)	**Anmerkung** (f)	['anmɛʁkʊŋ]
tekst (de)	**Text** (m)	[tɛkst]
lettertype (het)	**Schrift** (f)	[ʃʀɪft]
drukfout (de)	**Druckfehler** (m)	['dʀʊkˌfe:lɐ]
vertaling (de)	**Übersetzung** (f)	[ˌy:bɐ'zɛtsʊŋ]
vertalen (ww)	**übersetzen** (vt)	[ˌy:bɐ'zɛtsən]
origineel (het)	**Original** (n)	[oʀigi'na:l]
beroemd (bn)	**berühmt**	[bə'ʀy:mt]
onbekend (bn)	**unbekannt**	['ʊnbəkant]
interessant (bn)	**interessant**	[ɪntəʀɛ'sant]
bestseller (de)	**Bestseller** (m)	['bɛstˌzɛlɐ]

woordenboek (het)	**Wörterbuch** (n)	['vœʁtɐ,bu:χ]
leerboek (het)	**Lehrbuch** (n)	['le:ɐ,bu:χ]
encyclopedie (de)	**Enzyklopädie** (f)	[,ɛntsyklopɛ'di:]

133. Jacht. Vissen

jacht (de)	**Jagd** (f)	[ja:kt]
jagen (ww)	**jagen** (vi)	['jagən]
jager (de)	**Jäger** (m)	['jɛ:gɐ]
schieten (ww)	**schießen** (vi)	['ʃi:sən]
geweer (het)	**Gewehr** (n)	[gə've:ɐ]
patroon (de)	**Patrone** (f)	[pa'tʀo:nə]
hagel (de)	**Schrot** (n)	[ʃʀo:t]
val (de)	**Falle** (f)	['falə]
valstrik (de)	**Schlinge** (f)	['ʃlɪŋə]
in de val trappen	**in die Falle gehen**	[ɪn di 'fale 'ge:ən]
een val zetten	**eine Falle stellen**	['aɪnə 'falə 'ʃtɛlən]
stroper (de)	**Wilddieb** (m)	['vɪlt,di:p]
wild (het)	**Wild** (n)	[vɪlt]
jachthond (de)	**Jagdhund** (m)	['ja:kt,hʊnt]
safari (de)	**Safari** (f)	[za'fa:ʀi]
opgezet dier (het)	**ausgestopftes Tier** (n)	['aʊs,gə'ʃtɔpftəs 'ti:ɐ]
visser (de)	**Fischer** (m)	['fɪʃɐ]
visvangst (de)	**Fischen** (n)	['fɪʃən]
vissen (ww)	**angeln, fischen** (vt)	['aŋəln], ['fɪʃən]
hengel (de)	**Angel** (f)	['aŋl]
vislijn (de)	**Angelschnur** (f)	['aŋl,ʃnu:ɐ]
haak (de)	**Haken** (m)	['ha:kən]
dobber (de)	**Schwimmer** (m)	['ʃvɪmɐ]
aas (het)	**Köder** (m)	['kø:dɐ]
de hengel uitwerpen	**die Angel auswerfen**	[di 'aŋl 'aʊs,vɛʁfən]
bijten (ov. de vissen)	**anbeißen** (vi)	['anbaɪsən]
vangst (de)	**Fang** (m)	[faŋ]
wak (het)	**Eisloch** (n)	['aɪs,lɔχ]
net (het)	**Netz** (n)	[nɛts]
boot (de)	**Boot** (n)	['bo:t]
vissen met netten	**mit dem Netz fangen**	[mɪt dem 'nɛts 'faŋən]
het net uitwerpen	**das Netz hineinwerfen**	[das nɛts hɪ'naɪn,vɛʁfən]
het net binnenhalen	**das Netz einholen**	[das nɛts 'aɪn,ho:lən]
in het net vallen	**ins Netz gehen**	[ɪns nɛts 'ge:ən]
walvisvangst (de)	**Walfänger** (m)	['va:l,fɛŋɐ]
walvisvaarder (de)	**Walfangschiff** (n)	['va:lfaŋ,ʃɪf]
harpoen (de)	**Harpune** (f)	[haʁ'pu:nə]

134. Spellen. Biljart

biljart (het)	**Billard** (n)	['bɪljaʁt]
biljartzaal (de)	**Billardzimmer** (n)	['bɪljaʁt,tsɪmɐ]
biljartbal (de)	**Billardkugel** (f)	['bɪljaʁt,ku:gəl]
een bal in het gat jagen	**eine Kugel einlochen**	['aɪnə 'ku:gəl 'aɪnlɔχən]
keu (de)	**Queue** (n)	[kø:]
gat (het)	**Tasche** (f), **Loch** (n)	['taʃə], [lɔχ]

135. Spellen. Speelkaarten

ruiten (mv.)	**Karo** (n)	['ka:ʀo]
schoppen (mv.)	**Pik** (n)	[pi:k]
klaveren (mv.)	**Herz** (n)	[hɛʁts]
harten (mv.)	**Kreuz** (n)	[kʀɔɪts]
aas (de)	**As** (n)	[as]
koning (de)	**König** (m)	['kø:nɪç]
dame (de)	**Dame** (f)	['da:mə]
boer (de)	**Bube** (m)	['bu:bə]
speelkaart (de)	**Spielkarte** (f)	['ʃpi:l,kaʁtə]
kaarten (mv.)	**Karten** (pl)	['kaʁtən]
troef (de)	**Trumpf** (m)	[tʀʊmpf]
pak (het) kaarten	**Kartenspiel** (n)	['kaʁtən,ʃpi:l]
punt (bijv. vijftig ~en)	**Punkt** (m)	[pʊŋkt]
uitdelen (kaarten ~)	**ausgeben** (vt)	['aʊs,ge:bən]
schudden (de kaarten ~)	**mischen** (vt)	['mɪʃən]
beurt (de)	**Zug** (m)	[tsu:k]
valsspeler (de)	**Falschspieler** (m)	['falʃ,ʃpi:lɐ]

136. Rusten. Spellen. Diversen

wandelen (on.ww.)	**spazieren gehen** (vi)	[ʃpa'tsi:ʀən 'ge:ən]
wandeling (de)	**Spaziergang** (m)	[ʃpa'tsi:ɐ,gaŋ]
trip (per auto)	**Fahrt** (f)	[fa:ɐt]
avontuur (het)	**Abenteuer** (n)	['a:bəntɔɪɐ]
picknick (de)	**Picknick** (n)	['pɪk,nɪk]
spel (het)	**Spiel** (n)	[ʃpi:l]
speler (de)	**Spieler** (m)	['ʃpi:lɐ]
partij (de)	**Partie** (f)	[paʁ'ti:]
collectioneur (de)	**Sammler** (m)	['zamlɐ]
collectioneren (ww)	**sammeln** (vt)	['zaməln]
collectie (de)	**Sammlung** (f)	['zamlʊŋ]
kruiswoordraadsel (het)	**Kreuzworträtsel** (n)	['kʀɔɪtsvɔʁt,ʀɛ:tsəl]
hippodroom (de)	**Rennbahn** (f)	['ʀɛn,ba:n]

discotheek (de)	**Diskothek** (f)	[dɪsko'te:k]
sauna (de)	**Sauna** (f)	['zaʊna]
loterij (de)	**Lotterie** (f)	[lɔtə'ʀi:]
trektocht (kampeertocht)	**Wanderung** (f)	['vandəʀʊŋ]
kamp (het)	**Lager** (n)	['la:gɐ]
tent (de)	**Zelt** (n)	[tsɛlt]
kompas (het)	**Kompass** (m)	['kɔmpas]
rugzaktoerist (de)	**Tourist** (m)	[tu'ʀɪst]
bekijken (een film ~)	**fernsehen** (vi)	['fɛʁn,ze:ən]
kijker (televisie~)	**Fernsehzuschauer** (m)	['fɛʁnze:,tsu:ʃaʊɐ]
televisie-uitzending (de)	**Fernsehsendung** (f)	['fɛʁnze:,zɛndʊŋ]

137. Fotografie

fotocamera (de)	**Kamera** (f)	['kaməʀa]
foto (de)	**Foto** (n)	['fo:to]
fotograaf (de)	**Fotograf** (m)	[foto'gʀa:f]
fotostudio (de)	**Fotostudio** (n)	['foto,ʃtu:dɪo]
fotoalbum (het)	**Fotoalbum** (n)	['foto,ʔalbʊm]
lens (de), objectief (het)	**Objektiv** (n)	[ɔpjɛk'ti:f]
telelens (de)	**Teleobjektiv** (n)	['teleʔɔpjɛk,ti:f]
filter (de/het)	**Filter** (n)	['fɪltɐ]
lens (de)	**Linse** (f)	['lɪnzə]
optiek (de)	**Optik** (f)	['ɔptɪk]
diafragma (het)	**Blende** (f)	['blɛndə]
belichtingstijd (de)	**Belichtungszeit** (f)	[bə'lɪçtʊŋs,tsaɪt]
zoeker (de)	**Sucher** (m)	['zu:χɐ]
digitale camera (de)	**Digitalkamera** (f)	[digi'ta:l,kaməʀa]
statief (het)	**Stativ** (n)	[ʃta'ti:f]
flits (de)	**Blitzgerät** (n)	['blɪts·gə,ʀɛ:t]
fotograferen (ww)	**fotografieren** (vt)	[fotogʀa'fi:ʀən]
foto's maken	**aufnehmen** (vt)	['aʊf,ne:mən]
zich laten fotograferen	**sich fotografieren lassen**	[zɪç fotogʀa'fi:ʀən 'lasən]
focus (de)	**Fokus** (m)	['fo:kʊs]
scherpstellen (ww)	**den Fokus einstellen**	[den 'fo:kʊs 'aɪn,ʃtɛlən]
scherp (bn)	**scharf**	[ʃaʁf]
scherpte (de)	**Schärfe** (f)	['ʃɛʁfə]
contrast (het)	**Kontrast** (m)	[kɔn'tʀast]
contrastrijk (bn)	**kontrastreich**	[kɔn'tʀast,ʀaɪç]
kiekje (het)	**Aufnahme** (f)	['aʊf,na:mə]
negatief (het)	**Negativ** (n)	['ne:gati:f]
filmpje (het)	**Film** (m)	[fɪlm]
beeld (frame)	**Einzelbild** (n)	['aintsəl·bilt]
afdrukken (foto's ~)	**drucken** (vt)	['dʀʊkən]

138. Strand. Zwemmen

strand (het)	**Strand** (m)	[ʃtʀant]
zand (het)	**Sand** (m)	[zant]
leeg (~ strand)	**menschenleer**	['mɛnʃənˌle:ɐ]
bruine kleur (de)	**Bräune** (f)	['bʀɔɪnə]
zonnebaden (ww)	**sich bräunen**	[zɪç 'bʀɔɪnən]
gebruind (bn)	**gebräunt**	[gə'bʀɔɪnt]
zonnecrème (de)	**Sonnencreme** (f)	['zɔnənˌkʀɛ:m]
bikini (de)	**Bikini** (m)	[bi'ki:ni]
badpak (het)	**Badeanzug** (m)	['ba:dəˌʔantsu:k]
zwembroek (de)	**Badehose** (f)	['ba:dəˌho:zə]
zwembad (het)	**Schwimmbad** (n)	['ʃvɪmba:t]
zwemmen (ww)	**schwimmen** (vi)	['ʃvɪmən]
douche (de)	**Dusche** (f)	['du:ʃə]
zich omkleden (ww)	**sich umkleiden**	[zɪç 'ʊmklaɪdən]
handdoek (de)	**Handtuch** (n)	['hantˌtu:χ]
boot (de)	**Boot** (n)	['bo:t]
motorboot (de)	**Motorboot** (n)	['mo:to:ɐˌbo:t]
waterski's (mv.)	**Wasserski** (m)	['vasɐˌʃi:]
waterfiets (de)	**Tretboot** (n)	['tʀe:tˌbo:t]
surfen (het)	**Surfen** (n)	['sœ:ɐfən]
surfer (de)	**Surfer** (m)	['sœʁfɐ]
scuba, aqualong (de)	**Tauchgerät** (n)	['taʊχ·gə'ʀɛ:t]
zwemvliezen (mv.)	**Schwimmflossen** (pl)	['ʃvɪmˌflɔsən]
duikmasker (het)	**Maske** (f)	['maskə]
duiker (de)	**Taucher** (m)	['taʊχɐ]
duiken (ww)	**tauchen** (vi)	['taʊχən]
onder water (bw)	**unter Wasser**	['ʊntɐ 'vasɐ]
parasol (de)	**Sonnenschirm** (m)	['zɔnənˌʃɪʁm]
ligstoel (de)	**Liege** (f)	['li:gə]
zonnebril (de)	**Sonnenbrille** (f)	['zɔnənˌbʀɪlə]
luchtmatras (de/het)	**Schwimmmatratze** (f)	['ʃvɪm·ma'tʀatsə]
spelen (ww)	**spielen** (vi, vt)	['ʃpi:lən]
gaan zwemmen (ww)	**schwimmen gehen**	['ʃvɪmən 'ge:ən]
bal (de)	**Ball** (m)	[bal]
opblazen (oppompen)	**aufblasen** (vt)	['aʊfˌbla:zən]
lucht-, opblaasbare (bn)	**aufblasbar**	['aʊfˌblasba:ɐ]
golf (hoge ~)	**Welle** (f)	['vɛlə]
boei (de)	**Boje** (f)	['bo:jə]
verdrinken (ww)	**ertrinken** (vi)	[ɛɐ'tʀɪŋkən]
redden (ww)	**retten** (vt)	['ʀɛtən]
reddingsvest (de)	**Schwimmweste** (f)	['ʃvɪmˌvɛstə]
waarnemen (ww)	**beobachten** (vt)	[bə'ʔo:baχtən]
redder (de)	**Bademeister** (m)	['ba:dəˌmaɪstɐ]

TECHNISCHE APPARATUUR. VERVOER

Technische apparatuur

139. Computer

computer (de)	**Computer** (m)	[kɔm'pju:tɐ]
laptop (de)	**Laptop** (m), **Notebook** (n)	['lɛptɔp], ['nɔutbʊk]
aanzetten (ww)	**einschalten** (vt)	['aɪn͵ʃaltən]
uitzetten (ww)	**abstellen** (vt)	['apʃtɛlən]
toetsenbord (het)	**Tastatur** (f)	[tasta'tu:ɐ]
toets (enter~)	**Taste** (f)	['tastə]
muis (de)	**Maus** (f)	[maʊs]
muismat (de)	**Mousepad** (n)	['maʊspɛt]
knopje (het)	**Knopf** (m)	[knɔpf]
cursor (de)	**Cursor** (m)	['kø:ezɐ]
monitor (de)	**Monitor** (m)	['mo:nito:ɐ]
scherm (het)	**Schirm** (m)	[ʃɪʁm]
harde schijf (de)	**Festplatte** (f)	['fɛstplatə]
volume (het) van de harde schijf	**Festplattengröße** (f)	['fɛstplatən͵gʀø:sə]
geheugen (het)	**Speicher** (m)	['ʃpaɪçɐ]
RAM-geheugen (het)	**Arbeitsspeicher** (m)	['aʁbaɪts͵ʃpaɪçɐ]
bestand (het)	**Datei** (f)	[da'taɪ]
folder (de)	**Ordner** (m)	['ɔʁdnɐ]
openen (ww)	**öffnen** (vt)	['œfnən]
sluiten (ww)	**schließen** (vt)	['ʃli:sən]
opslaan (ww)	**speichern** (vt)	['ʃpaɪçɐn]
verwijderen (wissen)	**löschen** (vt)	['lœʃən]
kopiëren (ww)	**kopieren** (vt)	[ko'pi:ʀən]
sorteren (ww)	**sortieren** (vt)	[zɔʁ'ti:ʀən]
overplaatsen (ww)	**transferieren** (vt)	[tʀansfə'ʀi:ʀən]
programma (het)	**Programm** (n)	[pʀo'gʀam]
software (de)	**Software** (f)	['sɔftwɛ:ɐ]
programmeur (de)	**Programmierer** (m)	[pʀogʀa'mi:ʀɐ]
programmeren (ww)	**programmieren** (vt)	[pʀogʀa'mi:ʀən]
hacker (computerkraker)	**Hacker** (m)	['hɛkɐ]
wachtwoord (het)	**Kennwort** (n)	['kɛn͵vɔʁt]
virus (het)	**Virus** (m, n)	['vi:ʀʊs]
ontdekken (virus ~)	**entdecken** (vt)	[ɛnt'dɛkən]

byte (de)	**Byte** (n)	[baɪt]
megabyte (de)	**Megabyte** (n)	['me:ga,baɪt]
data (de)	**Daten** (pl)	['da:tən]
databank (de)	**Datenbank** (f)	['da:tən,baŋk]
kabel (USB-~, enz.)	**Kabel** (n)	['ka:bəl]
afsluiten (ww)	**trennen** (vt)	['tʀɛnən]
aansluiten op (ww)	**anschließen** (vt)	['an,ʃli:sən]

140. Internet. E-mail

internet (het)	**Internet** (n)	['ɪntɐnɛt]
browser (de)	**Browser** (m)	['bʀaʊzɐ]
zoekmachine (de)	**Suchmaschine** (f)	['zu:χ·ma,ʃi:nə]
internetprovider (de)	**Provider** (m)	[,pʀo'vaɪdɐ]
webmaster (de)	**Webmaster** (m)	['vɛp,ma:stɐ]
website (de)	**Website** (f)	['vɛp,saɪt]
webpagina (de)	**Webseite** (f)	['vɛp,zaɪtə]
adres (het)	**Adresse** (f)	[a'dʀɛsə]
adresboek (het)	**Adressbuch** (n)	[a'dʀɛs,bu:χ]
postvak (het)	**Mailbox** (f)	['mɛjl,bɔks]
post (de)	**Post** (f)	[pɔst]
vol (~ postvak)	**überfüllt**	[y:bɐ'fʏlt]
bericht (het)	**Mitteilung** (f)	['mɪt,taɪlʊŋ]
binnenkomende berichten (mv.)	**eingehenden Nachrichten**	['aɪn,ge:əndən 'na:χʀɪçtən]
uitgaande berichten (mv.)	**ausgehenden Nachrichten**	['aʊs,ge:əndən 'na:χʀɪçtən]
verzender (de)	**Absender** (m)	['ap,zɛndɐ]
verzenden (ww)	**senden** (vt)	['zɛndən]
verzending (de)	**Absendung** (f)	['ap,zɛndʊŋ]
ontvanger (de)	**Empfänger** (m)	[ɛm'pfɛŋɐ]
ontvangen (ww)	**empfangen** (vt)	[ɛm'pfaŋən]
correspondentie (de)	**Briefwechsel** (m)	['bʀi:f,vɛksəl]
corresponderen (met ...)	**im Briefwechsel stehen**	[ɪm 'bʀi:f,vɛksəl 'ʃte:ən]
bestand (het)	**Datei** (f)	[da'taɪ]
downloaden (ww)	**herunterladen** (vt)	[hɛ'ʀʊntɐ,la:dən]
creëren (ww)	**schaffen** (vt)	['ʃafən]
verwijderen (een bestand ~)	**löschen** (vt)	['lœʃən]
verwijderd (bn)	**gelöscht**	[gə'lœʃt]
verbinding (de)	**Verbindung** (f)	[fɛɐ'bɪndʊŋ]
snelheid (de)	**Geschwindigkeit** (f)	[gə'ʃvɪndɪç·kaɪt]
modem (de)	**Modem** (m, n)	['mo:dɛm]
toegang (de)	**Zugang** (m)	['tsu:gaŋ]

poort (de)	**Port** (m)	[pɔʁt]
aansluiting (de)	**Anschluss** (m)	['anʃlʊs]
zich aansluiten (ww)	**sich anschließen**	[zɪç 'anˌʃli:sən]
selecteren (ww)	**auswählen** (vt)	['aʊsˌvɛ:lən]
zoeken (ww)	**suchen** (vt)	['zu:χən]

Vervoer

141. Vliegtuig

vliegtuig (het)	**Flugzeug** (n)	['flu:k,tsɔɪk]
vliegticket (het)	**Flugticket** (n)	['flu:k,tɪkət]
luchtvaartmaatschappij (de)	**Fluggesellschaft** (f)	['flu:kgə,zɛlʃaft]
luchthaven (de)	**Flughafen** (m)	['flu:k,ha:fən]
supersonisch (bn)	**Überschall-**	['y:bɐ,ʃal]
gezagvoerder (de)	**Flugkapitän** (m)	['flu:k·kapi,tɛ:n]
bemanning (de)	**Besatzung** (f)	[bə'zatsʊŋ]
piloot (de)	**Pilot** (m)	[pi'lo:t]
stewardess (de)	**Flugbegleiterin** (f)	['flu:k·bə,glaɪtəʀɪn]
stuurman (de)	**Steuermann** (m)	['ʃtɔɪɐ,man]
vleugels (mv.)	**Flügel** (pl)	['fly:gəl]
staart (de)	**Schwanz** (m)	[ʃvants]
cabine (de)	**Kabine** (f)	[ka'bi:nə]
motor (de)	**Motor** (m)	['mo:to:ɐ]
landingsgestel (het)	**Fahrgestell** (n)	['fa:ɐ·gə,ʃtɛl]
turbine (de)	**Turbine** (f)	[tʊʁ'bi:nə]
propeller (de)	**Propeller** (m)	[pʀo'pɛlɐ]
zwarte doos (de)	**Flugschreiber** (m)	['flu:k,ʃʀaɪbɐ]
stuur (het)	**Steuerrad** (n)	['ʃtɔɪɐ,ʀa:t]
brandstof (de)	**Treibstoff** (m)	['tʀaɪp,ʃtɔf]
veiligheidskaart (de)	**Sicherheitskarte** (f)	['zɪçɐhaɪts,kaʁtə]
zuurstofmasker (het)	**Sauerstoffmaske** (f)	['zaʊɐʃtɔf,maskə]
uniform (het)	**Uniform** (f)	['ʊni,fɔʁm]
reddingsvest (de)	**Rettungsweste** (f)	['ʀɛtʊŋs,vɛstə]
parachute (de)	**Fallschirm** (m)	['fal,ʃɪʁm]
opstijgen (het)	**Abflug, Start** (m)	['ap,flu:k], [ʃtaʁt]
opstijgen (ww)	**starten** (vi)	['ʃtaʁtən]
startbaan (de)	**Startbahn** (f)	['ʃtaʁtba:n]
zicht (het)	**Sicht** (f)	[zɪçt]
vlucht (de)	**Flug** (m)	[flu:k]
hoogte (de)	**Höhe** (f)	['hø:ə]
luchtzak (de)	**Luftloch** (n)	['lʊft,lɔχ]
plaats (de)	**Platz** (m)	[plats]
koptelefoon (de)	**Kopfhörer** (m)	['kɔpf,hø:ʀɐ]
tafeltje (het)	**Klapptisch** (m)	['klap,tɪʃ]
venster (het)	**Bullauge** (n)	['bʊl,ʔaʊgə]
gangpad (het)	**Durchgang** (m)	['dʊʁç,gaŋ]

142. Trein

trein (de)	**Zug** (m)	[tsu:k]
elektrische trein (de)	**elektrischer Zug** (m)	[e'lɛktʀɪʃɐ tsu:k]
sneltrein (de)	**Schnellzug** (m)	['ʃnɛl,tsu:k]
diesellocomotief (de)	**Diesellok** (f)	['di:zəl,lɔk]
stoomlocomotief (de)	**Dampflok** (f)	['dampf,lɔk]
rijtuig (het)	**Personenwagen** (m)	[pɛʁ'zo:nən,va:gən]
restauratierijtuig (het)	**Speisewagen** (m)	['ʃpaɪzə,va:gən]
rails (mv.)	**Schienen** (pl)	['ʃi:nən]
spoorweg (de)	**Eisenbahn** (f)	['aɪzən·ba:n]
dwarsligger (de)	**Bahnschwelle** (f)	['ba:n,ʃvɛlə]
perron (het)	**Bahnsteig** (m)	['ba:n,ʃtaɪk]
spoor (het)	**Gleis** (n)	['glaɪs]
semafoor (de)	**Eisenbahnsignal** (n)	['aɪzənba:n·zɪ'gna:l]
halte (bijv. kleine treinhalte)	**Station** (f)	[ʃta'tsjo:n]
machinist (de)	**Lokführer** (m)	['lɔk,fy:ʀɐ]
kruier (de)	**Träger** (m)	['tʀɛ:gɐ]
conducteur (de)	**Schaffner** (m)	['ʃafnɐ]
passagier (de)	**Fahrgast** (m)	['fa:ɐ,gast]
controleur (de)	**Kontrolleur** (m)	[kɔntʀɔ'lø:ɐ]
gang (in een trein)	**Flur** (m)	[flu:ɐ]
noodrem (de)	**Notbremse** (f)	['no:t,bʀɛmzə]
coupé (de)	**Abteil** (n)	[ap'taɪl]
bed (slaapplaats)	**Liegeplatz** (m), **Schlafkoje** (f)	['li:gə,plats], ['ʃla:f,ko:jə]
bovenste bed (het)	**oberer Liegeplatz** (m)	['o:bəʀɐ 'li:gə,plats]
onderste bed (het)	**unterer Liegeplatz** (m)	['ʊntəʀɐ 'li:gə,plats]
beddengoed (het)	**Bettwäsche** (f)	['bɛt,vɛʃə]
kaartje (het)	**Fahrkarte** (f)	['fa:ɐ,kaʁtə]
dienstregeling (de)	**Fahrplan** (m)	['fa:ɐ,pla:n]
informatiebord (het)	**Anzeigetafel** (f)	['antsaɪgə,ta:fəl]
vertrekken (De trein vertrekt ...)	**abfahren** (vi)	['ap,fa:ʀən]
vertrek (ov. een trein)	**Abfahrt** (f)	['ap,fa:ɐt]
aankomen (ov. de treinen)	**ankommen** (vi)	['an,kɔmən]
aankomst (de)	**Ankunft** (f)	['ankʊnft]
aankomen per trein	**mit dem Zug kommen**	[mɪt dem tsu:k 'kɔmən]
in de trein stappen	**in den Zug einsteigen**	[ɪn den tsu:k 'aɪn,ʃtaɪgən]
uit de trein stappen	**aus dem Zug aussteigen**	['aʊs dem tsu:k 'aʊs,ʃtaɪgən]
treinwrak (het)	**Zugunglück** (n)	['tsu:kʔʊn,glʏk]
ontspoord zijn	**entgleisen** (vi)	[ɛnt'glaɪzən]
stoomlocomotief (de)	**Dampflok** (f)	['dampf,lɔk]
stoker (de)	**Heizer** (m)	['haɪtsɐ]
stookplaats (de)	**Feuerbuchse** (f)	['fɔɪɐ,bʊksə]
steenkool (de)	**Kohle** (f)	['ko:lə]

143. Schip

schip (het)	**Schiff** (n)	[ʃɪf]
vaartuig (het)	**Fahrzeug** (n)	['fa:ɐˌtsɔɪk]
stoomboot (de)	**Dampfer** (m)	['dampfɐ]
motorschip (het)	**Motorschiff** (n)	['mo:to:ɐʃɪf]
lijnschip (het)	**Kreuzfahrtschiff** (n)	['kʀɔɪtsfa:ɐtʃɪf]
kruiser (de)	**Kreuzer** (m)	['kʀɔɪtsɐ]
jacht (het)	**Jacht** (f)	[jaχt]
sleepboot (de)	**Schlepper** (m)	['ʃlɛpɐ]
duwbak (de)	**Lastkahn** (m)	[lastˌka:n]
ferryboot (de)	**Fähre** (f)	['fɛ:ʀə]
zeilboot (de)	**Segelschiff** (n)	['ze:gəlʃɪf]
brigantijn (de)	**Brigantine** (f)	[bʀigan'ti:nə]
ijsbreker (de)	**Eisbrecher** (m)	['aɪsˌbʀɛçɐ]
duikboot (de)	**U-Boot** (n)	['u:bo:t]
boot (de)	**Boot** (n)	['bo:t]
sloep (de)	**Dingi** (n)	['dɪŋgi]
reddingssloep (de)	**Rettungsboot** (n)	['ʀɛtʊŋsˌbo:t]
motorboot (de)	**Motorboot** (n)	['mo:to:ɐˌbo:t]
kapitein (de)	**Kapitän** (m)	[kapi'tɛn]
zeeman (de)	**Matrose** (m)	[ma'tʀo:zə]
matroos (de)	**Seemann** (m)	['ze:man]
bemanning (de)	**Besatzung** (f)	[bə'zatsʊŋ]
bootsman (de)	**Bootsmann** (m)	['bo:tsman]
scheepsjongen (de)	**Schiffsjunge** (m)	['ʃɪfsjʊŋə]
kok (de)	**Schiffskoch** (m)	['ʃɪfsˌkɔχ]
scheepsarts (de)	**Schiffsarzt** (m)	['ʃɪfsˌʔaʁtst]
dek (het)	**Deck** (n)	[dɛk]
mast (de)	**Mast** (m)	[mast]
zeil (het)	**Segel** (n)	[ze:gəl]
ruim (het)	**Schiffsraum** (m)	['ʃɪfsˌʀaʊm]
voorsteven (de)	**Bug** (m)	[bu:k]
achtersteven (de)	**Heck** (n)	[hɛk]
roeispaan (de)	**Ruder** (n)	['ʀu:dɐ]
schroef (de)	**Schraube** (f)	['ʃʀaʊbə]
kajuit (de)	**Kajüte** (f)	[ka'jy:tə]
officierskamer (de)	**Messe** (f)	['mɛsə]
machinekamer (de)	**Maschinenraum** (m)	[ma'ʃi:nənˌʀaʊm]
brug (de)	**Brücke** (f)	['bʀʏkə]
radiokamer (de)	**Funkraum** (m)	['fʊŋkˌʀaʊm]
radiogolf (de)	**Radiowelle** (f)	['ʀa:dɪoˌvɛlə]
logboek (het)	**Schiffstagebuch** (n)	['ʃɪfs·ˌta:gəbu:χ]
verrekijker (de)	**Fernrohr** (n)	['fɛʁnˌʀo:ɐ]
klok (de)	**Glocke** (f)	['glɔkə]

vlag (de)	**Fahne** (f)	['fa:nə]
kabel (de)	**Seil** (n)	[zaɪl]
knoop (de)	**Knoten** (m)	['kno:tən]
leuning (de)	**Geländer** (n)	[gə'lɛndɐ]
trap (de)	**Treppe** (f)	['tʀɛpə]
anker (het)	**Anker** (m)	['aŋkɐ]
het anker lichten	**den Anker lichten**	[den 'aŋkɐ 'lɪçtən]
het anker neerlaten	**Anker werfen**	['aŋkɐ ˌvɛʁfən]
ankerketting (de)	**Ankerkette** (f)	['ankɐˌkɛtə]
haven (bijv. containerhaven)	**Hafen** (m)	['ha:fən]
kaai (de)	**Anlegestelle** (f)	['anle:gəˌʃtɛlə]
aanleggen (ww)	**anlegen** (vi)	['anˌle:gən]
wegvaren (ww)	**abstoßen** (vt)	['apˌʃto:sən]
reis (de)	**Reise** (f)	['ʀaɪzə]
cruise (de)	**Kreuzfahrt** (f)	['kʀɔɪtsˌfa:ɐt]
koers (de)	**Kurs** (m)	[kʊʁs]
route (de)	**Reiseroute** (f)	['ʀaɪzəˌʀu:tə]
vaarwater (het)	**Fahrwasser** (n)	['fa:ɐˌvasɐ]
zandbank (de)	**Untiefe** (f)	['ʊnˌti:fə]
stranden (ww)	**stranden** (vi)	['ʃtʀandən]
storm (de)	**Sturm** (m)	[ʃtʊʁm]
signaal (het)	**Signal** (n)	[zɪ'gna:l]
zinken (ov. een boot)	**untergehen** (vi)	['ʊntɐˌge:ən]
Man overboord!	**Mann über Bord!**	[man 'y:bɐ bɔʁt]
SOS (noodsignaal)	**SOS**	[ɛso:'ʔɛs]
reddingsboei (de)	**Rettungsring** (m)	['ʀɛtʊŋsˌʀɪŋ]

144. Vliegveld

luchthaven (de)	**Flughafen** (m)	['flu:kˌha:fən]
vliegtuig (het)	**Flugzeug** (n)	['flu:kˌtsɔɪk]
luchtvaartmaatschappij (de)	**Fluggesellschaft** (f)	['flu:kgəˌzɛlʃaft]
luchtverkeersleider (de)	**Fluglotse** (m)	['flu:kˌlo:tsə]
vertrek (het)	**Abflug** (m)	['apˌflu:k]
aankomst (de)	**Ankunft** (f)	['ankʊnft]
aankomen (per vliegtuig)	**anfliegen** (vi)	['anˌfli:gən]
vertrektijd (de)	**Abflugzeit** (f)	['apflu:kˌtsaɪt]
aankomstuur (het)	**Ankunftszeit** (f)	['ankʊnftsˌtsaɪt]
vertraagd zijn (ww)	**sich verspäten**	[zɪç fɛɐ'ʃpɛ:tən]
vluchtvertraging (de)	**Abflugverspätung** (f)	['apflu:k·fɛɐ'ʃpɛ:tʊŋ]
informatiebord (het)	**Anzeigetafel** (f)	['antsaɪgəˌta:fəl]
informatie (de)	**Information** (f)	[ɪnfɔʁma'tsjo:n]
aankondigen (ww)	**ankündigen** (vt)	['ankʏndɪgən]
vlucht (bijv. KLM ~)	**Flug** (m)	[flu:k]

douane (de)	**Zollamt** (n)	['tsɔl,ʔamt]
douanier (de)	**Zollbeamter** (m)	['tsɔl·bə,ʔamtɐ]
douaneaangifte (de)	**Zolldeklaration** (f)	['tsɔl·deklaʀa'tsjo:n]
invullen (douaneaangifte ~)	**ausfüllen** (vt)	['aʊs,fʏlən]
een douaneaangifte invullen	**die Zollerklärung ausfüllen**	[di 'tsɔl·ɛɐ'klɛ:ʀʊŋ 'aʊs,fʏlən]
paspoortcontrole (de)	**Passkontrolle** (f)	['pas·kɔn,tʀɔlə]
bagage (de)	**Gepäck** (n)	[gə'pɛk]
handbagage (de)	**Handgepäck** (n)	['hant·gə,pɛk]
bagagekarretje (het)	**Kofferkuli** (m)	['kɔfɐ,ku:li]
landing (de)	**Landung** (f)	['landʊŋ]
landingsbaan (de)	**Landebahn** (f)	['landə,ba:n]
landen (ww)	**landen** (vi)	['landən]
vliegtuigtrap (de)	**Fluggasttreppe** (f)	['flu:kgast,tʀɛpə]
inchecken (het)	**Check-in** (n)	[tʃɛkʔin]
incheckbalie (de)	**Check-in-Schalter** (m)	[tʃɛkʔin 'ʃaltɐ]
inchecken (ww)	**sich registrieren lassen**	[zɪç ʀegɪs'tʀi:ʀən 'lasən]
instapkaart (de)	**Bordkarte** (f)	['bɔʁt,kaʁtə]
gate (de)	**Abfluggate** (n)	['apflu:k,geɪt]
transit (de)	**Transit** (m)	[tʀan'zi:t]
wachten (ww)	**warten** (vi)	['vaʁtən]
wachtzaal (de)	**Wartesaal** (m)	['vaʁtə,za:l]
begeleiden (uitwuiven)	**begleiten** (vt)	[bə'glaɪtən]
afscheid nemen (ww)	**sich verabschieden**	[zɪç fɛɐ'ap,ʃi:dən]

145. Fiets. Motorfiets

fiets (de)	**Fahrrad** (n)	['fa:ɐ,ʀa:t]
bromfiets (de)	**Motorroller** (m)	['mo:to:ɐ,ʀɔlɐ]
motorfiets (de)	**Motorrad** (n)	['mo:to:ɐ,ʀa:t]
met de fiets rijden	**Rad fahren**	[ʀa:t 'fa:ʀən]
stuur (het)	**Lenkstange** (f)	['lɛŋk,ʃtaŋə]
pedaal (de/het)	**Pedal** (n)	[pe'da:l]
remmen (mv.)	**Bremsen** (pl)	['bʀɛmzən]
fietszadel (de/het)	**Sattel** (m)	['zatəl]
pomp (de)	**Pumpe** (f)	['pʊmpə]
bagagedrager (de)	**Gepäckträger** (m)	[gə'pɛk,tʀɛ:gɐ]
fietslicht (het)	**Scheinwerfer** (m)	['ʃaɪn,vɛʁfɐ]
helm (de)	**Helm** (m)	[hɛlm]
wiel (het)	**Rad** (n)	[ʀa:t]
spatbord (het)	**Schutzblech** (n)	['ʃʊts,blɛç]
velg (de)	**Felge** (f)	['fɛlgə]
spaak (de)	**Speiche** (f)	['ʃpaɪçə]

Auto's

146. Soorten auto's

auto (de)	**Auto** (n)	['aʊto]
sportauto (de)	**Sportwagen** (m)	['ʃpɔʁt͵va:gən]
limousine (de)	**Limousine** (f)	[limu'zi:nə]
terreinwagen (de)	**Geländewagen** (m)	[gə'lɛndə͵va:gən]
cabriolet (de)	**Kabriolett** (n)	[kabʀio'lɛt]
minibus (de)	**Kleinbus** (m)	['klaɪn͵bʊs]
ambulance (de)	**Krankenwagen** (m)	['kʀaŋkən͵va:gən]
sneeuwruimer (de)	**Schneepflug** (m)	['ʃne:͵pflu:k]
vrachtwagen (de)	**Lastkraftwagen** (m)	['lastkʀaft͵va:gən]
tankwagen (de)	**Tankwagen** (m)	['taŋk͵va:gən]
bestelwagen (de)	**Kastenwagen** (m)	['kastən͵va:gən]
trekker (de)	**Sattelzug** (m)	['zatəl͵tsu:k]
aanhangwagen (de)	**Anhänger** (m)	['an͵hɛŋɐ]
comfortabel (bn)	**komfortabel**	[kɔmfɔʁ'ta:bəl]
tweedehands (bn)	**gebraucht**	[gə'bʀaʊχt]

147. Auto's. Carrosserie

motorkap (de)	**Motorhaube** (f)	['mo:to:ɐ͵haʊbə]
spatbord (het)	**Kotflügel** (m)	['ko:tfly:gəl]
dak (het)	**Dach** (n)	[daχ]
voorruit (de)	**Windschutzscheibe** (f)	['vɪntʃʊts͵ʃaɪbə]
achterruit (de)	**Rückspiegel** (m)	['ʀʏk͵ʃpi:gəl]
ruitensproeier (de)	**Scheibenwaschanlage** (f)	['ʃaɪbən·'vaʃʔan͵la:gə]
wisserbladen (mv.)	**Scheibenwischer** (m)	['ʃaɪbən͵vɪʃɐ]
zijruit (de)	**Seitenscheibe** (f)	['zaɪtən͵ʃaɪbə]
raamlift (de)	**Fensterheber** (m)	['fɛnstɐ͵he:bɐ]
antenne (de)	**Antenne** (f)	[an'tɛnə]
zonnedak (het)	**Schiebedach** (n)	['ʃi:bə͵daχ]
bumper (de)	**Stoßstange** (f)	['ʃto:s͵ʃtaŋə]
koffer (de)	**Kofferraum** (m)	['kɔfɐ͵ʀaʊm]
imperiaal (de/het)	**Dachgepäckträger** (m)	['daχ·gəpɛk͵tʀɛ:gɐ]
portier (het)	**Wagenschlag** (m)	['va:gən͵ʃla:k]
handvat (het)	**Türgriff** (m)	['ty:ɐ͵gʀɪf]
slot (het)	**Türschloss** (n)	['ty:ɐ͵ʃlɔs]
nummerplaat (de)	**Nummernschild** (n)	['nʊmɐn͵ʃɪlt]
knalpot (de)	**Auspufftopf** (m)	['aʊspʊf͵tɔpf]

benzinetank (de)	**Benzintank** (m)	[bɛn'tsi:n,taŋk]
uitlaatpijp (de)	**Auspuffrohr** (n)	['aʊspʊf,ʀo:ɐ]
gas (het)	**Gas** (n)	[ga:s]
pedaal (de/het)	**Pedal** (n)	[pe'da:l]
gaspedaal (de/het)	**Gaspedal** (n)	['gas·pe'da:l]
rem (de)	**Bremse** (f)	['bʀɛmzə]
rempedaal (de/het)	**Bremspedal** (n)	['bʀɛmz·pe'da:l]
remmen (ww)	**bremsen** (vi)	['bʀɛmzən]
handrem (de)	**Handbremse** (f)	['hant,bʀɛmzə]
koppeling (de)	**Kupplung** (f)	['kʊplʊŋ]
koppelingspedaal (de/het)	**Kupplungspedal** (n)	['kʊplʊŋs·pe'da:l]
koppelingsschijf (de)	**Kupplungsscheibe** (f)	['kʊplʊŋs,ʃaɪbə]
schokdemper (de)	**Stoßdämpfer** (m)	['ʃto:s·dɛmpfɐ]
wiel (het)	**Rad** (n)	[ʀa:t]
reservewiel (het)	**Reserverad** (n)	[ʀe'zɛʁvə,ʀa:t]
band (de)	**Reifen** (m)	['ʀaɪfən]
wieldop (de)	**Radkappe** (f)	['ʀa:t,kapə]
aandrijfwielen (mv.)	**Triebräder** (pl)	['tʀi:p,ʀɛ:dɐ]
met voorwielaandrijving	**mit Vorderantrieb**	[mɪt 'fo:ɐde:ɐ,ʔantʀi:p]
met achterwielaandrijving	**mit Hinterradantrieb**	[mɪt 'hɪntɐʀa:t,ʔantʀi:p]
met vierwielaandrijving	**mit Allradantrieb**	[mɪt 'alʀa:t,ʔantʀi:p]
versnellingsbak (de)	**Getriebe** (n)	[gə'tʀi:bə]
automatisch (bn)	**Automatik-**	[aʊto'ma:tɪk]
mechanisch (bn)	**Schalt-**	['ʃalt]
versnellingspook (de)	**Schalthebel** (m)	['ʃalt,he:bəl]
voorlicht (het)	**Scheinwerfer** (m)	['ʃaɪn,vɛʁfɐ]
voorlichten (mv.)	**Scheinwerfer** (pl)	['ʃaɪn,vɛʁfɐ]
dimlicht (het)	**Abblendlicht** (n)	['apblɛnt,lɪçt]
grootlicht (het)	**Fernlicht** (n)	['fɛʁn,lɪçt]
stoplicht (het)	**Stopplicht** (n)	['ʃtɔp,lɪçt]
standlichten (mv.)	**Standlicht** (n)	['ʃtant,lɪçt]
noodverlichting (de)	**Warnblinker** (m)	['vaʁn,blɪŋkɐ]
mistlichten (mv.)	**Nebelscheinwerfer** (pl)	['ne:bəl,ʃaɪnvɛʁfɐ]
pinker (de)	**Blinker** (m)	['blɪŋkɐ]
achteruitrijdlicht (het)	**Rückfahrscheinwerfer** (m)	['ʀʏkfa:ɐ,ʃaɪnvɛʁfɐ]

148. Auto's. Passagiersruimte

interieur (het)	**Wageninnere** (n)	['va:gən,ʔɪnəʀə]
leren (van leer gemaak)	**Leder-**	['le:dɐ]
fluwelen (abn)	**aus Velours**	[aʊs və'lu:ɐ]
bekleding (de)	**Polster** (n)	['pɔlstɐ]
toestel (het)	**Instrument** (n)	[,ɪnstʀu'mɛnt]
instrumentenbord (het)	**Armaturenbrett** (n)	[aʁma'tu:ʁən,bʀɛt]

snelheidsmeter (de)	**Tachometer** (m)	[taxo'me:tɐ]
pijltje (het)	**Nadel** (f)	['na:dəl]
kilometerteller (de)	**Kilometerzähler** (m)	[kilo'me:tɐˌtsɛ:lɐ]
sensor (de)	**Anzeige** (f)	['anˌtsaɪgə]
niveau (het)	**Pegel** (m)	['pe:gəl]
controlelampje (het)	**Kontrollleuchte** (f)	[kɔn'tʀɔlˌlɔɪçtə]
stuur (het)	**Steuerrad** (n)	['ʃtɔɪɐˌʀa:t]
toeter (de)	**Hupe** (f)	['hu:pə]
knopje (het)	**Knopf** (m)	[knɔpf]
schakelaar (de)	**Umschalter** (m)	['ʊmˌʃaltɐ]
stoel (bestuurders~)	**Sitz** (m)	[zɪts]
rugleuning (de)	**Rückenlehne** (f)	['ʀʏkənˌle:nə]
hoofdsteun (de)	**Kopfstütze** (f)	['kɔpfˌʃtʏtsə]
veiligheidsgordel (de)	**Sicherheitsgurt** (m)	['zɪçɐhaɪtsˌgʊʁt]
de gordel aandoen	**sich anschnallen**	[zɪç 'anˌʃnalən]
regeling (de)	**Einstellung** (f)	['aɪnˌʃtɛlʊŋ]
airbag (de)	**Airbag** (m)	['ɛ:ɐ·bak]
airconditioner (de)	**Klimaanlage** (f)	['kli:maˌʔanla:gə]
radio (de)	**Radio** (n)	['ʀa:dɪo]
CD-speler (de)	**CD-Spieler** (m)	[tse:'de: 'ʃpi:lɐ]
aanzetten (bijv. radio ~)	**einschalten** (vt)	['aɪnˌʃaltən]
antenne (de)	**Antenne** (f)	[an'tɛnə]
handschoenenkastje (het)	**Handschuhfach** (n)	['hantʃu:ˌfaχ]
asbak (de)	**Aschenbecher** (m)	['aʃən·bɛçɐ]

149. Auto's. Motor

diesel- (abn)	**Diesel-**	['di:zəl]
benzine- (~motor)	**Benzin-**	[bɛn'tsi:n]
motorinhoud (de)	**Hubraum** (m)	['hu:pˌʀaʊm]
vermogen (het)	**Leistung** (f)	['laɪstʊŋ]
paardenkracht (de)	**Pferdestärke** (f)	['pfe:ɐdəˌʃtɛʁkə]
zuiger (de)	**Kolben** (m)	[kɔlbən]
cilinder (de)	**Zylinder** (m)	[tsy'lɪndɐ]
klep (de)	**Ventil** (n)	[vɛn'ti:l]
injectie (de)	**Injektor** (m)	[ɪn'jɛktɔ:ɐ]
generator (de)	**Generator** (m)	[genə'ʀa:to:ɐ]
carburator (de)	**Vergaser** (m)	[fɛɐ'ga:zɐ]
motorolie (de)	**Motoröl** (n)	['mo:to:ɐˌʔø:l]
radiator (de)	**Kühler** (m)	['ky:lɐ]
koelvloeistof (de)	**Kühlflüssigkeit** (f)	[ky:l'flʏsɪçˌkaɪt]
ventilator (de)	**Ventilator** (m)	[vɛnti'la:to:ɐ]
accu (de)	**Autobatterie** (f)	['aʊtobatəˌʀi:]
starter (de)	**Anlasser** (m)	['anˌlasɐ]
contact (ontsteking)	**Zündung** (f)	['tsʏndʊŋ]

bougie (de)	**Zündkerze** (f)	['tsʏnt,kɛʁtsə]
pool (de)	**Klemme** (f)	['klɛmə]
positieve pool (de)	**Pluspol** (m)	['plʊs,po:l]
negatieve pool (de)	**Minuspol** (m)	['mi:nʊs,po:l]
zekering (de)	**Sicherung** (f)	['zɪçəʀʊŋ]
luchtfilter (de)	**Luftfilter** (m, n)	['lʊft,fɪltɐ]
oliefilter (de)	**Ölfilter** (m)	['ø:l,fɪltɐ]
benzinefilter (de)	**Treibstofffilter** (m)	['tʀaɪpʃtɔf,fɪltɐ]

150. Auto's. Botsing. Reparatie

auto-ongeval (het)	**Unfall** (m)	['ʊnfal]
verkeersongeluk (het)	**Verkehrsunfall** (m)	[fɛɐ'ke:ɐsʔʊn,fal]
aanrijden (tegen een boom, enz.)	**fahren gegen ...**	['fa:ʀən 'ge:gən]
verongelukken (ww)	**verunglücken** (vi)	[fɛɐ'ʔʊnglʏkən]
beschadiging (de)	**Schaden** (m)	['ʃa:dən]
heelhuids (bn)	**heil**	['haɪl]
pech (de)	**Panne** (f)	['panə]
kapot gaan (zijn gebroken)	**kaputtgehen** (vi)	[ka'pʊt,ge:ən]
sleeptouw (het)	**Abschleppseil** (n)	['apʃlɛp,zaɪl]
lek (het)	**Reifenpanne** (f)	['ʀaɪfən,panə]
lekke krijgen (band)	**platt sein**	[plat zaɪn]
oppompen (ww)	**pumpen** (vt)	['pʊmpən]
druk (de)	**Druck** (m)	[dʀʊk]
checken (ww)	**prüfen** (vt)	['pʀy:fən]
reparatie (de)	**Reparatur** (f)	[ʀepaʀa'tu:ɐ]
garage (de)	**Reparaturwerkstatt** (f)	[ʀepaʀa,tu:ɐ'vɛʁk,ʃtat]
wisselstuk (het)	**Ersatzteil** (m, n)	[ɛɐ'zats,taɪl]
onderdeel (het)	**Einzelteil** (m, n)	['aɪntsəl,taɪl]
bout (de)	**Bolzen** (m)	['bɔltsən]
schroef (de)	**Schraube** (f)	['ʃʀaʊbə]
moer (de)	**Mutter** (f)	['mʊtɐ]
sluitring (de)	**Scheibe** (f)	['ʃaɪbə]
kogellager (de/het)	**Lager** (n)	['la:gɐ]
pijp (de)	**Rohr** (n)	[ʀo:ɐ]
pakking (de)	**Dichtung** (f)	['dɪçtʊŋ]
kabel (de)	**Draht** (m)	[dʀa:t]
dommekracht (de)	**Wagenheber** (m)	['va:gən,he:bɐ]
moersleutel (de)	**Schraubenschlüssel** (m)	['ʃʀaʊbən,ʃlʏsəl]
hamer (de)	**Hammer** (m)	['hamɐ]
pomp (de)	**Pumpe** (f)	['pʊmpə]
schroevendraaier (de)	**Schraubenzieher** (m)	['ʃʀaʊbəntsi:ɐ]
brandblusser (de)	**Feuerlöscher** (m)	['fɔɪɐ,lœʃɐ]
gevarendriehoek (de)	**Warndreieck** (n)	['vaʁn,dʀaɪɛk]
afslaan (ophouden te werken)	**abwürgen** (vi)	['ap,vʏʁgən]

uitvallen (het)	**Anhalten** (n)	['anhaltən]
zijn gebroken	**kaputt sein**	[ka'pʊt zaɪn]
oververhitten (ww)	**überhitzt werden**	[y:bɐ'hɪtst 've:ɐdən]
verstopt raken (ww)	**verstopft sein**	[fɛɐ'ʃtɔpft zaɪn]
bevriezen (autodeur, enz.)	**einfrieren** (vi)	['aɪn,fʀi:ʀən]
barsten (leidingen, enz.)	**zerplatzen** (vi)	[tsɛɐ'platsən]
druk (de)	**Druck** (m)	[dʀʊk]
niveau (bijv. olieniveau)	**Pegel** (m)	['pe:gəl]
slap (de drijfriem is ~)	**schlaff**	[ʃlaf]
deuk (de)	**Delle** (f)	['dɛlə]
geklop (vreemde geluiden)	**Klopfen** (n)	['klɔpfən]
barst (de)	**Riß** (m)	[ʀɪs]
kras (de)	**Kratzer** (m)	['kʀatsɐ]

151. Auto's. Weg

weg (de)	**Fahrbahn** (f)	['fa:ɐ,ba:n]
snelweg (de)	**Schnellstraße** (f)	['ʃnɛl,ʃtʀa:sə]
autoweg (de)	**Autobahn** (f)	['aʊto,ba:n]
richting (de)	**Richtung** (f)	['ʀɪçtʊŋ]
afstand (de)	**Entfernung** (f)	[ɛnt'fɛʁnʊŋ]
brug (de)	**Brücke** (f)	['bʀʏkə]
parking (de)	**Parkplatz** (m)	['paʁk,plats]
plein (het)	**Platz** (m)	[plats]
verkeersknooppunt (het)	**Autobahnkreuz** (n)	['aʊtoba:n,kʀɔɪts]
tunnel (de)	**Tunnel** (m)	['tʊnəl]
benzinestation (het)	**Tankstelle** (f)	['taŋk,ʃtɛlə]
parking (de)	**Parkplatz** (m)	['paʁk,plats]
benzinepomp (de)	**Zapfsäule** (f)	['tsapf,zɔɪlə]
garage (de)	**Reparaturwerkstatt** (f)	[ʀepaʀa,tu:ɐ'vɛʁk,ʃtat]
tanken (ww)	**tanken** (vt)	['taŋkən]
brandstof (de)	**Treibstoff** (m)	['tʀaɪp,ʃtɔf]
jerrycan (de)	**Kanister** (m)	[ka'nɪstɐ]
asfalt (het)	**Asphalt** (m)	[as'falt]
markering (de)	**Markierung** (f)	[maʁ'ki:ʀʊŋ]
trottoirband (de)	**Bordstein** (m)	['bɔʁt,ʃtaɪn]
geleiderail (de)	**Leitplanke** (f)	['laɪt,plaŋkə]
greppel (de)	**Graben** (m)	['gʀa:bən]
vluchtstrook (de)	**Straßenrand** (m)	['ʃtʀa:sən,ʀant]
lichtmast (de)	**Straßenlaterne** (f)	['ʃtʀa:sən·la,tɛʁnə]
besturen (een auto ~)	**fahren** (vt)	['fa:ʁən]
afslaan (naar rechts ~)	**abbiegen** (vi)	['ap,bi:gən]
U-bocht maken (ww)	**umkehren** (vi)	['ʊm,ke:ʀən]
achteruit (de)	**Rückwärtsgang** (m)	['ʀʏkvɛʁts,gaŋ]
toeteren (ww)	**hupen** (vi)	['hu:pən]
toeter (de)	**Hupe** (f)	['hu:pə]

vastzitten (in modder)	**stecken** (vi)	['ʃtɛkən]
spinnen (wielen gaan ~)	**durchdrehen** (vi)	['dʊʁç,dʀe:ən]
uitzetten (ww)	**abstellen** (vt)	['apʃtɛlən]
snelheid (de)	**Geschwindigkeit** (f)	[gə'ʃvɪndɪç·kaɪt]
een snelheidsovertreding maken	**Geschwindigkeit überschreiten**	[gə'ʃvɪndɪç·kaɪt ,y:bɐ'ʃʀaɪtən]
bekeuren (ww)	**bestrafen** (vt)	[bə'ʃtʀa:fən]
verkeerslicht (het)	**Ampel** (f)	['ampəl]
rijbewijs (het)	**Führerschein** (m)	['fy:ʀɐ,ʃaɪn]
overgang (de)	**Bahnübergang** (m)	['ba:nʔy:bɐ,gaŋ]
kruispunt (het)	**Straßenkreuzung** (f)	['ʃtʀa:sən,kʀɔɪtsʊŋ]
zebrapad (oversteekplaats)	**Fußgängerüberweg** (m)	['fu:s,gɛŋɐ·y:bɐ've:k]
bocht (de)	**Kehre** (f)	['ke:ʀə]
voetgangerszone (de)	**Fußgängerzone** (f)	['fu:sgɛŋɐ,tso:nə]

MENSEN. GEBEURTENISSEN IN HET LEVEN

Gebeurtenissen in het leven

152. Vakanties. Evenement

feest (het)	**Fest** (n)	[fɛst]
nationale feestdag (de)	**Nationalfeiertag** (m)	[natsjo'na:lˌfaɪɐta:k]
feestdag (de)	**Feiertag** (m)	['faɪɐˌta:k]
herdenken (ww)	**feiern** (vt)	['faɪɐn]
gebeurtenis (de)	**Ereignis** (n)	[ɛɐ'ʔaɪgnɪs]
evenement (het)	**Veranstaltung** (f)	[fɛɐ'ʔanʃtaltʊŋ]
banket (het)	**Bankett** (n)	[baŋ'kɛt]
receptie (de)	**Empfang** (m)	[ɛm'pfaŋ]
feestmaal (het)	**Festmahl** (n)	['fɛstˌma:l]
verjaardag (de)	**Jahrestag** (m)	['ja:ʀəsˌta:k]
jubileum (het)	**Jubiläumsfeier** (f)	[jubi'lɛ:ʊmsˌfaɪɐ]
vieren (ww)	**begehen** (vt)	[bə'ge:ən]
Nieuwjaar (het)	**Neujahr** (n)	['nɔɪja:ɐ]
Gelukkig Nieuwjaar!	**Frohes Neues Jahr!**	[ˌfʀo:əs 'nɔɪəs ja:ɐ]
Kerstfeest (het)	**Weihnachten** (n)	['vaɪnaχtən]
Vrolijk kerstfeest!	**Frohe Weihnachten!**	[ˌfʀo:ə 'vaɪnaχtən]
kerstboom (de)	**Tannenbaum** (m)	['tanənˌbaʊm]
vuurwerk (het)	**Feuerwerk** (n)	['fɔɪɐˌvɛʁk]
bruiloft (de)	**Hochzeit** (f)	['hɔχˌtsaɪt]
bruidegom (de)	**Bräutigam** (m)	['bʀɔɪtɪgam]
bruid (de)	**Braut** (f)	[bʀaʊt]
uitnodigen (ww)	**einladen** (vt)	['aɪnˌla:dən]
uitnodigingskaart (de)	**Einladung** (f)	['aɪnˌla:dʊŋ]
gast (de)	**Gast** (m)	[gast]
op bezoek gaan	**besuchen** (vt)	[bə'zu:χən]
gasten verwelkomen	**Gäste empfangen**	['gɛstə ɛm'pfaŋən]
geschenk, cadeau (het)	**Geschenk** (n)	[gə'ʃɛŋk]
geven (iets cadeau ~)	**schenken** (vt)	['ʃɛŋkən]
geschenken ontvangen	**Geschenke bekommen**	[gə'ʃɛŋkə bə'kɔmən]
boeket (het)	**Blumenstrauß** (m)	['blu:mənˌʃtʀaʊs]
felicitaties (mv.)	**Glückwunsch** (m)	['glʏkˌvʊnʃ]
feliciteren (ww)	**gratulieren** (vi)	[gʀatu'li:ʀən]
wenskaart (de)	**Glückwunschkarte** (f)	['glʏkvʊnʃˌkaʁtə]
een kaartje versturen	**eine Karte abschicken**	['aɪnə 'kaʁtə 'apˌʃɪkən]

een kaartje ontvangen	**eine Karte erhalten**	['aɪnə 'kaʁtə ɛɐ'haltən]
toast (de)	**Trinkspruch** (m)	['tʀɪŋkʃpʀʊχ]
aanbieden (een drankje ~)	**anbieten** (vt)	['anbi:tən]
champagne (de)	**Champagner** (m)	[ʃam'panjɐ]
plezier hebben (ww)	**sich amüsieren**	[zɪç amy'zi:ʀən]
plezier (het)	**Fröhlichkeit** (f)	['fʀø:lɪç,kaɪt]
vreugde (de)	**Freude** (f)	['fʀɔɪdə]
dans (de)	**Tanz** (m)	[tants]
dansen (ww)	**tanzen** (vi, vt)	['tantsən]
wals (de)	**Walzer** (m)	['valtsɐ]
tango (de)	**Tango** (m)	['taŋgo]

153. Begrafenissen. Begrafenis

kerkhof (het)	**Friedhof** (m)	['fʀi:t,ho:f]
graf (het)	**Grab** (n)	[gʀa:p]
kruis (het)	**Kreuz** (n)	[kʀɔɪts]
grafsteen (de)	**Grabstein** (m)	['gʀa:p,ʃtaɪn]
omheining (de)	**Zaun** (m)	[tsaʊn]
kapel (de)	**Kapelle** (f)	[ka'pɛlə]
dood (de)	**Tod** (m)	[to:t]
sterven (ww)	**sterben** (vi)	['ʃtɛʁbən]
overledene (de)	**Verstorbene** (m)	[fɛɐ'ʃtɔʁbənɐ]
rouw (de)	**Trauer** (f)	['tʀaʊɐ]
begraven (ww)	**begraben** (vt)	[bə'gʀa:bən]
begrafenisonderneming (de)	**Bestattungsinstitut** (n)	[bə'ʃtatʊŋs?ɪnsti,tu:t]
begrafenis (de)	**Begräbnis** (n)	[bə'gʀɛ:pnɪs]
krans (de)	**Kranz** (m)	[kʀants]
doodskist (de)	**Sarg** (m)	[zaʁk]
lijkwagen (de)	**Katafalk** (m)	[kata'falk]
lijkkleed (de)	**Totenhemd** (n)	['to:tən,hɛmt]
begrafenisstoet (de)	**Trauerzug** (m)	['tʀaʊɐ,tsu:k]
urn (de)	**Urne** (f)	['ʊʁnə]
crematorium (het)	**Krematorium** (n)	[kʀema'to:ʀiʊm]
overlijdensbericht (het)	**Nachruf** (m)	['na:χʀu:f]
huilen (wenen)	**weinen** (vi)	['vaɪnən]
snikken (huilen)	**schluchzen** (vi)	['ʃlʊχtsən]

154. Oorlog. Soldaten

peloton (het)	**Zug** (m)	[tsu:k]
compagnie (de)	**Kompanie** (f)	[kɔmpa'ni:]
regiment (het)	**Regiment** (n)	[ʀegi'mɛnt]
leger (armee)	**Armee** (f)	[aʁ'me:]

divisie (de) **Division** (f) [divi'zjo:n]
sectie (de) **Abteilung** (f) [ap'taɪlʊŋ]
troep (de) **Heer** (n) [he:ɐ]

soldaat (militair) **Soldat** (m) [zɔl'da:t]
officier (de) **Offizier** (m) [ɔfi'tsi:ɐ]

soldaat (rang) **Soldat** (m) [zɔl'da:t]
sergeant (de) **Feldwebel** (m) ['fɛltˌve:bəl]
luitenant (de) **Leutnant** (m) ['lɔɪtnant]
kapitein (de) **Hauptmann** (m) ['haʊptman]
majoor (de) **Major** (m) [ma'jo:ɐ]

kolonel (de) **Oberst** (m) ['o:bɐst]
generaal (de) **General** (m) [genə'ʀa:l]

matroos (de) **Matrose** (m) [ma'tʀo:zə]
kapitein (de) **Kapitän** (m) [kapi'tɛn]
bootsman (de) **Bootsmann** (m) ['bo:tsman]

artillerist (de) **Artillerist** (m) ['aʁtɪləʀɪst]
valschermjager (de) **Fallschirmjäger** (m) ['falʃɪʁmˌjɛ:gɐ]
piloot (de) **Pilot** (m) [pi'lo:t]

stuurman (de) **Steuermann** (m) ['ʃtɔɪɐˌman]
mecanicien (de) **Mechaniker** (m) [me'ça:nikɐ]

sappeur (de) **Pionier** (m) [pɪo'ni:ɐ]
parachutist (de) **Fallschirmspringer** (m) ['falʃɪʁmˌʃpʀɪŋɐ]

verkenner (de) **Aufklärer** (m) ['aʊfˌklɛ:ʀɐ]
scherpschutter (de) **Scharfschütze** (m) ['ʃaʁfˌʃʏtsə]

patrouille (de) **Patrouille** (f) [pa'tʀʊljə]
patrouilleren (ww) **patrouillieren** (vi) [patʀʊl'ji:ʀən]
wacht (de) **Wache** (f) ['vaχə]

krijger (de) **Krieger** (m) ['kʀi:gɐ]
patriot (de) **Patriot** (m) [patʀi'o:t]

held (de) **Held** (m) [hɛlt]
heldin (de) **Heldin** (f) ['hɛldɪn]

verrader (de) **Verräter** (m) [fɛɐ'ʀɛ:tɐ]
verraden (ww) **verraten** (vt) [fɛɐ'ʀa:tən]

deserteur (de) **Deserteur** (m) [dezɛʁ'tø:ɐ]
deserteren (ww) **desertieren** (vi) [dezɛʁ'ti:ʀən]

huurling (de) **Söldner** (m) ['zœldnɐ]
rekruut (de) **Rekrut** (m) [ʀe'kʀu:t]
vrijwilliger (de) **Freiwillige** (m) [ˌfʀaɪvɪlɪgə]

gedode (de) **Getoetete** (m) [gə'tø:tətə]
gewonde (de) **Verwundete** (m) [fɛɐ'vʊndətə]
krijgsgevangene (de) **Kriegsgefangene** (m) ['kʀi:ks·gəˌfaŋənə]

155. Oorlog. Militaire acties. Deel 1

oorlog (de)	**Krieg** (m)	[kʀi:k]
oorlog voeren (ww)	**Krieg führen**	[kʀi:k 'fy:ʀən]
burgeroorlog (de)	**Bürgerkrieg** (m)	['bʏʁgɐˌkʀi:k]
achterbaks (bw)	**heimtückisch**	['haɪmˌtʏkɪʃ]
oorlogsverklaring (de)	**Kriegserklärung** (f)	['kʀi:ksʔɛɐˌklɛ:ʀʊŋ]
verklaren (de oorlog ~)	**erklären** (vt)	[ɛɐ'klɛ:ʀən]
agressie (de)	**Aggression** (f)	[agʀɛ'sjo:n]
aanvallen (binnenvallen)	**einfallen** (vt)	['aɪnˌfalən]
binnenvallen (ww)	**einfallen** (vi)	['aɪnˌfalən]
invaller (de)	**Invasoren** (pl)	[ɪnva'zo:ʀən]
veroveraar (de)	**Eroberer** (m)	[ɛɐ'ʔo:bəʀɐ]
verdediging (de)	**Verteidigung** (f)	[fɛɐ'taɪdɪgʊŋ]
verdedigen (je land ~)	**verteidigen** (vt)	[fɛɐ'taɪdɪgən]
zich verdedigen (ww)	**sich verteidigen**	[zɪç fɛɐ'taɪdɪgən]
vijand (de)	**Feind** (m)	[faɪnt]
tegenstander (de)	**Gegner** (m)	['ge:gnɐ]
vijandelijk (bn)	**Feind-**	[faɪnt]
strategie (de)	**Strategie** (f)	[ʃtʀate'gi:]
tactiek (de)	**Taktik** (f)	['taktɪk]
order (de)	**Befehl** (m)	[bə'fe:l]
bevel (het)	**Anordnung** (f)	['anˌʔɔʁdnʊŋ]
bevelen (ww)	**befehlen** (vt)	[ˌbə'fe:lən]
opdracht (de)	**Auftrag** (m)	['aʊfˌtʀa:k]
geheim (bn)	**geheim**	[gə'haɪm]
slag (de)	**Gefecht** (n)	[gə'fɛçt]
strijd (de)	**Kampf** (m)	[kampf]
aanval (de)	**Angriff** (m)	['anˌgʀɪf]
bestorming (de)	**Sturm** (m)	[ʃtʊʁm]
bestormen (ww)	**stürmen** (vt)	['ʃtʏʁmən]
bezetting (de)	**Belagerung** (f)	[bə'la:gəʀʊŋ]
aanval (de)	**Angriff** (m)	['anˌgʀɪf]
in het offensief te gaan	**angreifen** (vt)	['anˌgʀaɪfən]
terugtrekking (de)	**Rückzug** (m)	['ʀʏkˌtsu:k]
zich terugtrekken (ww)	**sich zurückziehen**	[zɪç tsu'ʀʏkˌtsi:ən]
omsingeling (de)	**Einkesselung** (f)	['aɪnˌkɛsəlʊŋ]
omsingelen (ww)	**einkesseln** (vt)	['aɪnˌkɛsəln]
bombardement (het)	**Bombenangriff** (m)	['bɔmbənˌʔangʀɪf]
een bom gooien	**eine Bombe abwerfen**	['aɪnə 'bɔmbə 'apˌvɛʁfən]
bombarderen (ww)	**bombardieren** (vt)	[bɔmbaʁ'di:ʀən]
ontploffing (de)	**Explosion** (f)	[ɛksplo'zjo:n]
schot (het)	**Schuss** (m)	[ʃʊs]

een schot lossen	**schießen** (vt)	['ʃi:sən]
schieten (het)	**Schießerei** (f)	[ʃi:sə'ʀaɪ]
mikken op (ww)	**zielen auf ...**	['tsi:lən aʊf]
aanleggen (een wapen ~)	**richten** (vt)	['ʀɪçtən]
treffen (doelwit ~)	**treffen** (vt)	['tʀɛfən]
zinken (tot zinken brengen)	**versenken** (vt)	[fɛɐ'zɛŋkən]
kogelgat (het)	**Loch** (n)	[lɔχ]
zinken (gezonken zijn)	**versinken** (vi)	[fɛɐ'zɪŋkən]
front (het)	**Front** (f)	[fʀɔnt]
evacuatie (de)	**Evakuierung** (f)	[evaku'i:ʀʊŋ]
evacueren (ww)	**evakuieren** (vt)	[evaku'i:ʀən]
loopgraaf (de)	**Schützengraben** (m)	['ʃʏtsən,gʀa:bən]
prikkeldraad (de)	**Stacheldraht** (m)	['ʃtaχəl,dʀa:t]
verdedigingsobstakel (het)	**Sperre** (f)	['ʃpɛʀə]
wachttoren (de)	**Wachtturm** (m)	['vaχt,tʊʁm]
hospitaal (het)	**Lazarett** (n)	[latsa'ʀɛt]
verwonden (ww)	**verwunden** (vt)	[fɛɐ'vʊndən]
wond (de)	**Wunde** (f)	['vʊndə]
gewonde (de)	**Verwundete** (m)	[fɛɐ'vʊndətə]
gewond raken (ww)	**verletzt sein**	[fɛɐ'lɛtst zaɪn]
ernstig (~e wond)	**schwer**	[ʃve:ɐ]

156. Wapens

wapens (mv.)	**Waffe** (f)	['vafə]
vuurwapens (mv.)	**Schusswaffe** (f)	['ʃʊs,vafə]
koude wapens (mv.)	**blanke Waffe** (f)	['blaŋkə 'vafə]
chemische wapens (mv.)	**chemischen Waffen** (pl)	[çe:miʃən 'vafən]
kern-, nucleair (bn)	**Kern-, Atom-**	[kɛʁn], [a'to:m]
kernwapens (mv.)	**Kernwaffe** (f)	['kɛʁn,vafə]
bom (de)	**Bombe** (f)	['bɔmbə]
atoombom (de)	**Atombombe** (f)	[a'to:m,bɔmbə]
pistool (het)	**Pistole** (f)	[pɪs'to:lə]
geweer (het)	**Gewehr** (n)	[gə've:ɐ]
machinepistool (het)	**Maschinenpistole** (f)	[ma'ʃi:nən·pɪs,to:lə]
machinegeweer (het)	**Maschinengewehr** (n)	[ma'ʃi:nən·gə,ve:ɐ]
loop (schietbuis)	**Mündung** (f)	['mʏndʊŋ]
loop (bijv. geweer met kortere ~)	**Lauf** (m)	[laʊf]
kaliber (het)	**Kaliber** (n)	[,ka'li:bɐ]
trekker (de)	**Abzug** (m)	['ap,tsu:k]
korrel (de)	**Visier** (n)	[vi'zi:ɐ]
magazijn (het)	**Magazin** (n)	[maga'tsi:n]
geweerkolf (de)	**Kolben** (m)	[kɔlbən]

granaat (handgranaat)	**Handgranate** (f)	['hant·gʀa,na:tə]
explosieven (mv.)	**Sprengstoff** (m)	['ʃpʀɛŋ,ʃtɔf]
kogel (de)	**Kugel** (f)	['ku:gəl]
patroon (de)	**Patrone** (f)	[pa'tʀo:nə]
lading (de)	**Ladung** (f)	['la:dʊŋ]
ammunitie (de)	**Munition** (f)	[muni'tsjo:n]
bommenwerper (de)	**Bomber** (m)	['bɔmbɐ]
straaljager (de)	**Kampfflugzeug** (n)	['kampfflu:k,tsɔɪk]
helikopter (de)	**Hubschrauber** (m)	['hu:p,ʃʀaʊbɐ]
afweergeschut (het)	**Flugabwehrkanone** (f)	[flu:k'ʔapve:ɐka,no:nə]
tank (de)	**Panzer** (m)	['pantsɐ]
kanon (tank met een ~ van 76 mm)	**Panzerkanone** (f)	['pantsɐ,ka'no:nə]
artillerie (de)	**Artillerie** (f)	['aʁtɪləʀi:]
kanon (het)	**Haubitze** (f), **Kanone** (f)	[haʊ'bɪtsə], [ka'no:nə]
aanleggen (een wapen ~)	**richten** (vt)	['ʀɪçtən]
projectiel (het)	**Geschoß** (n)	[gə'ʃo:s]
mortiergranaat (de)	**Wurfgranate** (f)	['vʊʁf·gʀa'na:tə]
mortier (de)	**Granatwerfer** (m)	[gʀa'na:t,vɛʁfɐ]
granaatscherf (de)	**Splitter** (m)	['ʃplɪtɐ]
duikboot (de)	**U-Boot** (n)	['u:bo:t]
torpedo (de)	**Torpedo** (m)	[tɔʁ'pe:do]
raket (de)	**Rakete** (f)	[ʀa'ke:tə]
laden (geweer, kanon)	**laden** (vt)	['la:dən]
schieten (ww)	**schießen** (vi)	['ʃi:sən]
richten op (mikken)	**zielen auf ...**	['tsi:lən aʊf]
bajonet (de)	**Bajonett** (n)	[,bajo'nɛt]
degen (de)	**Degen** (m)	['de:gən]
sabel (de)	**Säbel** (m)	['zɛ:bəl]
speer (de)	**Speer** (m)	[ʃpe:ɐ]
boog (de)	**Bogen** (m)	['bo:gən]
pijl (de)	**Pfeil** (m)	[pfaɪl]
musket (de)	**Muskete** (f)	[mʊs'ke:tə]
kruisboog (de)	**Armbrust** (f)	['aʁm,bʀʊst]

157. Oude mensen

primitief (bn)	**vorzeitlich**	['fo:ɐ,tsaɪtlɪç]
voorhistorisch (bn)	**prähistorisch**	[,pʀɛhɪs'to:ʀɪʃ]
eeuwenoude (~ beschaving)	**alt**	[alt]
Steentijd (de)	**Steinzeit** (f)	['ʃtaɪn,tsaɪt]
Bronstijd (de)	**Bronzezeit** (f)	['bʀɔŋsə,tsaɪt]
IJstijd (de)	**Eiszeit** (f)	['aɪs,tsaɪt]
stam (de)	**Stamm** (m)	[ʃtam]
menseneter (de)	**Kannibale** (m)	[kani'ba:lə]

jager (de)	**Jäger** (m)	['jɛ:gɐ]
jagen (ww)	**jagen** (vi)	['jagən]
mammoet (de)	**Mammut** (n)	['mamʊt]
grot (de)	**Höhle** (f)	['hø:lə]
vuur (het)	**Feuer** (n)	['fɔɪɐ]
kampvuur (het)	**Lagerfeuer** (n)	['la:gɐˌfɔɪɐ]
rotstekening (de)	**Höhlenmalerei** (f)	['hø:lən·ma:ləˌʀaɪ]
werkinstrument (het)	**Werkzeug** (n)	['vɛʁkˌtsɔɪk]
speer (de)	**Speer** (m)	[ʃpe:ɐ]
stenen bijl (de)	**Steinbeil** (n), **Steinaxt** (f)	['ʃtaɪnˌbaɪl], ['ʃtaɪnˌakst]
oorlog voeren (ww)	**Krieg führen**	[kʀi:k 'fy:ʀən]
temmen (bijv. wolf ~)	**domestizieren** (vt)	[domɛsti'tsi:ʀən]
idool (het)	**Idol** (n)	[i'do:l]
aanbidden (ww)	**anbeten** (vt)	['anˌbe:tən]
bijgeloof (het)	**Aberglaube** (m)	['a:bɐˌglaʊbə]
ritueel (het)	**Ritus** (m), **Ritual** (n)	['ʀi:tʊs], [ʀi'tua:l]
evolutie (de)	**Evolution** (f)	[evolu'tsjo:n]
ontwikkeling (de)	**Entwicklung** (f)	[ɛnt'vɪklʊŋ]
verdwijning (de)	**Verschwinden** (n)	[fɛɐ'ʃvɪndən]
zich aanpassen (ww)	**sich anpassen**	[zɪç 'anˌpasən]
archeologie (de)	**Archäologie** (f)	[aʁçɛolo'gi:]
archeoloog (de)	**Archäologe** (m)	[aʁçɛo'lo:gə]
archeologisch (bn)	**archäologisch**	[aʁçɛo'lo:gɪʃ]
opgravingsplaats (de)	**Ausgrabungsstätte** (f)	['aʊsgʀa:bʊŋsʃtɛtə]
opgravingen (mv.)	**Ausgrabungen** (pl)	['aʊsgʀa:bʊŋən]
vondst (de)	**Fund** (m)	[fʊnt]
fragment (het)	**Fragment** (n)	[fʀa'gmɛnt]

158. Middeleeuwen

volk (het)	**Volk** (n)	[fɔlk]
volkeren (mv.)	**Völker** (pl)	['fœlkɐ]
stam (de)	**Stamm** (m)	[ʃtam]
stammen (mv.)	**Stämme** (pl)	['ʃtɛmə]
barbaren (mv.)	**Barbaren** (pl)	[baʁ'ba:ʀən]
Galliërs (mv.)	**Gallier** (pl)	['galɪɐ]
Goten (mv.)	**Goten** (pl)	['go:tən]
Slaven (mv.)	**Slawen** (pl)	['sla:vən]
Vikings (mv.)	**Wikinger** (pl)	['vi:kɪŋɐ]
Romeinen (mv.)	**Römer** (pl)	['ʀø:mɐ]
Romeins (bn)	**römisch**	['ʀø:mɪʃ]
Byzantijnen (mv.)	**Byzantiner** (pl)	[bytsan'ti:nɐ]
Byzantium (het)	**Byzanz** (n)	[by'tsants]
Byzantijns (bn)	**byzantinisch**	[bytsan'ti:nɪʃ]
keizer (bijv. Romeinse ~)	**Kaiser** (m)	['kaɪzɐ]

opperhoofd (het)	**Häuptling** (m)	['hɔɪptlɪŋ]
machtig (bn)	**mächtig**	['mɛçtɪç]
koning (de)	**König** (m)	['kø:nɪç]
heerser (de)	**Herrscher** (m)	['hɛʁʃɐ]
ridder (de)	**Ritter** (m)	['ʀɪtɐ]
feodaal (de)	**Feudalherr** (m)	[fɔɪ'da:lˌhɛʁ]
feodaal (bn)	**feudal, Feudal-**	[fɔɪ'da:l]
vazal (de)	**Vasall** (m)	[va'zal]
hertog (de)	**Herzog** (m)	['hɛʁtso:k]
graaf (de)	**Graf** (m)	[gʀa:f]
baron (de)	**Baron** (m)	[ba'ʀo:n]
bisschop (de)	**Bischof** (m)	['bɪʃɔf]
harnas (het)	**Rüstung** (f)	['ʀʏstʊŋ]
schild (het)	**Schild** (m)	[ʃɪlt]
zwaard (het)	**Schwert** (n)	[ʃve:ɐt]
vizier (het)	**Visier** (n)	[vi'zi:ɐ]
maliënkolder (de)	**Panzerhemd** (n)	['pantsɐˌhɛmt]
kruistocht (de)	**Kreuzzug** (m)	['kʀɔɪtsˌtsu:k]
kruisvaarder (de)	**Kreuzritter** (m)	['kʀɔɪtsˌʀɪtɐ]
gebied (bijv. bezette ~en)	**Territorium** (n)	[tɛʀi'to:ʀiʊm]
aanvallen (binnenvallen)	**einfallen** (vt)	['aɪnˌfalən]
veroveren (ww)	**erobern** (vt)	[ɛɐ'ʔo:bɐn]
innemen (binnenvallen)	**besetzen** (vt)	[bə'zɛtsən]
bezetting (de)	**Belagerung** (f)	[bə'la:gəʀʊŋ]
belegerd (bn)	**belagert**	[bə'la:gɐt]
belegeren (ww)	**belagern** (vt)	[bə'la:gɐn]
inquisitie (de)	**Inquisition** (f)	[ɪnkvizi'tsjo:n]
inquisiteur (de)	**Inquisitor** (m)	[ɪnkvi'zi:to:ɐ]
foltering (de)	**Folter** (f)	['fɔltɐ]
wreed (bn)	**grausam**	['gʀaʊˌza:m]
ketter (de)	**Häretiker** (m)	[hɛ'ʀetikɐ]
ketterij (de)	**Häresie** (f)	[hɛʀe'zi:]
zeevaart (de)	**Seefahrt** (f)	['ze:ˌfa:ɐt]
piraat (de)	**Seeräuber** (m)	['ze:ˌʀɔɪbɐ]
piraterij (de)	**Seeräuberei** (f)	['ze:ˌʀɔɪbəʀaɪ]
enteren (het)	**Enterung** (f)	['ɛntəʀʊŋ]
buit (de)	**Beute** (f)	['bɔɪtə]
schatten (mv.)	**Schätze** (pl)	['ʃɛtsə]
ontdekking (de)	**Entdeckung** (f)	[ɛnt'dɛkʊŋ]
ontdekken (bijv. nieuw land)	**entdecken** (vt)	[ɛnt'dɛkən]
expeditie (de)	**Expedition** (f)	[ɛkspedi'tsjo:n]
musketier (de)	**Musketier** (m)	[mʊske'ti:ɐ]
kardinaal (de)	**Kardinal** (m)	[ˌkaʁdi'na:l]
heraldiek (de)	**Heraldik** (f)	[he'ʀaldɪk]
heraldisch (bn)	**heraldisch**	[he'ʀaldɪʃ]

159. Leider. Baas. Autoriteiten

koning (de)	**König** (m)	['kø:nɪç]
koningin (de)	**Königin** (f)	['kø:nɪgɪn]
koninklijk (bn)	**königlich**	['kø:nɪklɪç]
koninkrijk (het)	**Königreich** (n)	['kø:nɪkˌʀaɪç]
prins (de)	**Prinz** (m)	[pʀɪnts]
prinses (de)	**Prinzessin** (f)	[pʀɪn'tsɛsɪn]
president (de)	**Präsident** (m)	[pʀɛzi'dɛnt]
vicepresident (de)	**Vizepräsident** (m)	['fi:tsə·pʀɛziˌdɛnt]
senator (de)	**Senator** (m)	[ze'na:to:ɐ]
monarch (de)	**Monarch** (m)	[mo'naʁç]
heerser (de)	**Herrscher** (m)	['hɛʁʃɐ]
dictator (de)	**Diktator** (m)	[dɪk'ta:to:ɐ]
tiran (de)	**Tyrann** (m)	[ty'ʀan]
magnaat (de)	**Magnat** (m)	[ma'gna:t]
directeur (de)	**Direktor** (m)	[di'ʀɛkto:ɐ]
chef (de)	**Chef** (m)	[ʃɛf]
beheerder (de)	**Leiter** (m)	['laɪtɐ]
baas (de)	**Boss** (m)	[bɔs]
eigenaar (de)	**Eigentümer** (m)	['aɪgənty:mɐ]
hoofd (bijv. ~ van de delegatie)	**Leiter** (m)	['laɪtɐ]
autoriteiten (mv.)	**Behörden** (pl)	[bə'hø:ɐdən]
superieuren (mv.)	**Vorgesetzten** (pl)	['fo:ɐgəˌzɛtstən]
gouverneur (de)	**Gouverneur** (m)	[guvɛʁ'nø:ɐ]
consul (de)	**Konsul** (m)	['kɔnzʊl]
diplomaat (de)	**Diplomat** (m)	[ˌdiplo'ma:t]
burgemeester (de)	**Bürgermeister** (m)	['bʏʁgɐˌmaɪstɐ]
sheriff (de)	**Sheriff** (m)	['ʃɛʀɪf]
keizer (bijv. Romeinse ~)	**Kaiser** (m)	['kaɪzɐ]
tsaar (de)	**Zar** (m)	[tsa:ɐ]
farao (de)	**Pharao** (m)	['fa:ʀao]
kan (de)	**Khan** (m)	[ka:n]

160. De wet overtreden. Criminelen. Deel 1

bandiet (de)	**Bandit** (m)	[ban'di:t]
misdaad (de)	**Verbrechen** (n)	[fɛɐ'bʀɛçən]
misdadiger (de)	**Verbrecher** (m)	[fɛɐ'bʀɛçɐ]
dief (de)	**Dieb** (m)	[di:p]
stelen (ww)	**stehlen** (vt)	['ʃte:lən]
stelen (de)	**Diebstahl** (m)	['di:pˌʃta:l]
diefstal (de)	**Stehlen** (n)	['ʃte:lən]
kidnappen (ww)	**kidnappen** (vt)	['kɪtˌnɛpən]

kidnapping (de)	**Kidnapping** (n)	['kɪt,nɛpɪŋ]
kidnapper (de)	**Kidnapper** (m)	['kɪt,nɛpɐ]
losgeld (het)	**Lösegeld** (n)	['lø:zə,gɛlt]
eisen losgeld (ww)	**Lösegeld verlangen**	['lø:zə,gɛlt fɛɐ'laŋən]
overvallen (ww)	**rauben** (vt)	['ʀaʊbən]
overval (de)	**Raub** (m)	['ʀaʊp]
overvaller (de)	**Räuber** (m)	['ʀɔɪbɐ]
afpersen (ww)	**erpressen** (vt)	[ɛɐ'pʀɛsən]
afperser (de)	**Erpresser** (m)	[ɛɐ'pʀɛsɐ]
afpersing (de)	**Erpressung** (f)	[ɛɐ'pʀɛsʊŋ]
vermoorden (ww)	**morden** (vt)	['mɔʁdən]
moord (de)	**Mord** (m)	[mɔʁt]
moordenaar (de)	**Mörder** (m)	['mœʁdɐ]
schot (het)	**Schuss** (m)	[ʃʊs]
een schot lossen	**schießen** (vt)	['ʃi:sən]
neerschieten (ww)	**erschießen** (vt)	[ɛɐ'ʃi:sən]
schieten (ww)	**feuern** (vi)	['fɔɪɐn]
schieten (het)	**Schießerei** (f)	[ʃi:sə'ʀaɪ]
ongeluk (gevecht, enz.)	**Vorfall** (m)	['fo:ɐfal]
gevecht (het)	**Schlägerei** (f)	[ʃlɛ:gə'ʀaɪ]
Help!	**Hilfe!**	['hɪlfə]
slachtoffer (het)	**Opfer** (n)	['ɔpfɐ]
beschadigen (ww)	**beschädigen** (vt)	[bə'ʃɛ:dɪgən]
schade (de)	**Schaden** (m)	['ʃa:dən]
lijk (het)	**Leiche** (f)	['laɪçə]
zwaar (~ misdrijf)	**schwer**	[ʃve:ɐ]
aanvallen (ww)	**angreifen** (vt)	['an,gʀaɪfən]
slaan (iemand ~)	**schlagen** (vt)	['ʃla:gən]
in elkaar slaan (toetakelen)	**verprügeln** (vt)	[fɛɐ'pʀy:gəln]
ontnemen (beroven)	**wegnehmen** (vt)	['vɛk,ne:mən]
steken (met een mes)	**erstechen** (vt)	[ɛɐ'ʃtɛçən]
verminken (ww)	**verstümmeln** (vt)	[fɛɐ'ʃtʏməln]
verwonden (ww)	**verwunden** (vt)	[fɛɐ'vʊndən]
chantage (de)	**Erpressung** (f)	[ɛɐ'pʀɛsʊŋ]
chanteren (ww)	**erpressen** (vt)	[ɛɐ'pʀɛsən]
chanteur (de)	**Erpresser** (m)	[ɛɐ'pʀɛsɐ]
afpersing (de)	**Schutzgelderpressung** (f)	['ʃʊtsgɛltʔɛʁ,pʀɛsʊŋ]
afperser (de)	**Erpresser** (m)	[ɛɐ'pʀɛsɐ]
gangster (de)	**Gangster** (m)	['gɛŋstɐ]
maffia (de)	**Mafia** (f)	['mafɪa]
kruimeldief (de)	**Taschendieb** (m)	['taʃən,di:p]
inbreker (de)	**Einbrecher** (m)	['aɪn,bʀɛçɐ]
smokkelen (het)	**Schmuggel** (m)	['ʃmʊgəl]
smokkelaar (de)	**Schmuggler** (m)	['ʃmʊglɐ]
namaak (de)	**Fälschung** (f)	['fɛlʃʊŋ]

namaken (ww)	**fälschen** (vt)	['fɛlʃən]
namaak-, vals (bn)	**gefälscht**	[gə'fɛlʃt]

161. De wet overtreden. Criminelen. Deel 2

verkrachting (de)	**Vergewaltigung** (f)	[fɛɐgə'valtɪgʊŋ]
verkrachten (ww)	**vergewaltigen** (vt)	[fɛɐgə'valtɪgən]
verkrachter (de)	**Gewalttäter** (m)	[gə'valt,tɛ:tɐ]
maniak (de)	**Besessene** (m)	[bə'zɛsənə]
prostituee (de)	**Prostituierte** (f)	[,pʀostitu'i:ɐtə]
prostitutie (de)	**Prostitution** (f)	[pʀostitu'tsjo:n]
pooier (de)	**Zuhälter** (m)	['tsu:,hɛltɐ]
drugsverslaafde (de)	**Drogenabhängiger** (m)	['dʀo:gən,ʔaphɛŋɪgɐ]
drugshandelaar (de)	**Drogenhändler** (m)	['dʀo:gən,hɛndlɐ]
opblazen (ww)	**sprengen** (vt)	['ʃpʀɛŋən]
explosie (de)	**Explosion** (f)	[ɛksplo'zjo:n]
in brand steken (ww)	**in Brand stecken**	[ɪn bʀant 'ʃtɛkən]
brandstichter (de)	**Brandstifter** (m)	['bʀant,ʃtɪftɐ]
terrorisme (het)	**Terrorismus** (m)	[tɛʀo'ʀɪsmʊs]
terrorist (de)	**Terrorist** (m)	[tɛʀo'ʀɪst]
gijzelaar (de)	**Geisel** (m, f)	['gaɪzəl]
bedriegen (ww)	**betrügen** (vt)	[bə'tʀy:gən]
bedrog (het)	**Betrug** (m)	[bə'tʀu:k]
oplichter (de)	**Betrüger** (m)	[bə'tʀy:gɐ]
omkopen (ww)	**bestechen** (vt)	[bə'ʃtɛçən]
omkoperij (de)	**Bestechlichkeit** (f)	[bə'ʃtɛçlɪçkaɪt]
smeergeld (het)	**Bestechungsgeld** (n)	[bə'ʃtɛçʊŋs,gɛlt]
vergif (het)	**Gift** (n)	[gɪft]
vergiftigen (ww)	**vergiften** (vt)	[fɛɐ'gɪftən]
vergif innemen (ww)	**sich vergiften**	[zɪç fɛɐ'gɪftən]
zelfmoord (de)	**Selbstmord** (m)	['zɛlpst,mɔʁt]
zelfmoordenaar (de)	**Selbstmörder** (m)	['zɛlpst,mœʁdɐ]
bedreigen (bijv. met een pistool)	**drohen** (vi)	['dʀo:ən]
bedreiging (de)	**Drohung** (f)	['dʀo:ʊŋ]
een aanslag plegen	**versuchen** (vt)	[fɛɐ'zu:χən]
aanslag (de)	**Attentat** (n)	['atənta:t]
stelen (een auto)	**stehlen** (vt)	['ʃte:lən]
kapen (een vliegtuig)	**entführen** (vt)	[ɛnt'fy:ʀən]
wraak (de)	**Rache** (f)	['ʀaχə]
wreken (ww)	**sich rächen**	[zɪç 'ʀɛçən]
martelen (gevangenen)	**foltern** (vt)	['fɔltɐn]
foltering (de)	**Folter** (f)	['fɔltɐ]

folteren (ww)	**quälen** (vt)	['kvɛ:lən]
piraat (de)	**Seeräuber** (m)	['ze:ˌʀɔɪbɐ]
straatschender (de)	**Rowdy** (m)	['ʀaʊdi]
gewapend (bn)	**bewaffnet**	[bə'vafnət]
geweld (het)	**Gewalt** (f)	[gə'valt]
onwettig (strafbaar)	**ungesetzlich**	['ʊngəˌzɛtslɪç]
spionage (de)	**Spionage** (f)	[ʃpio'na:ʒə]
spioneren (ww)	**spionieren** (vi)	[ʃpɪo'ni:ʀən]

162. Politie. Wet. Deel 1

justitie (de)	**Justiz** (f)	[jʊs'ti:ts]
gerechtshof (het)	**Gericht** (n)	[gə'ʀɪçt]
rechter (de)	**Richter** (m)	['ʀɪçtɐ]
jury (de)	**Geschworenen** (pl)	[gə'ʃvo:ʀənən]
juryrechtspraak (de)	**Geschworenengericht** (n)	[gə'ʃvo:ʀənən·gəˌʀɪçt]
berechten (ww)	**richten** (vt)	['ʀɪçtən]
advocaat (de)	**Rechtsanwalt** (m)	['ʀɛçtsʔanˌvalt]
beklaagde (de)	**Angeklagte** (m)	['angəˌkla:ktə]
beklaagdenbank (de)	**Anklagebank** (f)	['ankla:gə·baŋk]
beschuldiging (de)	**Anklage** (f)	['ankla:gə]
beschuldigde (de)	**Beschuldigte** (m)	[bə'ʃʊldɪçtə]
vonnis (het)	**Urteil** (n)	['ʊʁˌtaɪl]
veroordelen (in een rechtszaak)	**verurteilen** (vt)	[fɛɐ'ʔʊʁtaɪlən]
schuldige (de)	**Schuldige** (m)	['ʃʊldɪgə]
straffen (ww)	**bestrafen** (vt)	[bə'ʃtʀa:fən]
bestraffing (de)	**Strafe** (f)	['ʃtʀa:fə]
boete (de)	**Geldstrafe** (f)	['gɛltˌʃtʀa:fə]
levenslange opsluiting (de)	**lebenslange Haft** (f)	['le:bənsˌlaŋə haft]
doodstraf (de)	**Todesstrafe** (f)	['to:dəsˌʃtʀa:fə]
elektrische stoel (de)	**elektrischer Stuhl** (m)	[e'lɛktʀɪʃɐ ʃtu:l]
schavot (het)	**Galgen** (m)	[galgən]
executeren (ww)	**hinrichten** (vt)	['hɪnˌʀɪçtən]
executie (de)	**Hinrichtung** (f)	['hɪnˌʀɪçtʊŋ]
gevangenis (de)	**Gefängnis** (n)	[gə'fɛŋnɪs]
cel (de)	**Zelle** (f)	['tsɛlə]
konvooi (het)	**Eskorte** (f)	[ɛs'kɔʁtə]
gevangenisbewaker (de)	**Gefängniswärter** (m)	[gə'fɛŋnɪs·vɛʁtɐ]
gedetineerde (de)	**Gefangene** (m)	[gə'faŋənə]
handboeien (mv.)	**Handschellen** (pl)	['hantʃɛlən]
handboeien omdoen	**Handschellen anlegen**	['hantʃɛlən 'anˌle:gən]
ontsnapping (de)	**Ausbruch** (m)	['aʊsˌbʀʊχ]

ontsnappen (ww)	**ausbrechen** (vi)	['aʊsˌbʀɛçən]
verdwijnen (ww)	**verschwinden** (vi)	[fɛɐ'ʃvɪndən]
vrijlaten (uit de gevangenis)	**aus ... entlassen**	['aʊs ... ɛnt'lasn]
amnestie (de)	**Amnestie** (f)	[amnɛs'tiː]
politie (de)	**Polizei** (f)	[ˌpoli'tsaɪ]
politieagent (de)	**Polizist** (m)	[poli'tsɪst]
politiebureau (het)	**Polizeiwache** (f)	[poli'tsaɪˌvaχə]
knuppel (de)	**Gummiknüppel** (m)	['gʊmiˌknʏpəl]
megafoon (de)	**Sprachrohr** (n)	['ʃpʀaːχˌʀoːɐ]
patrouilleerwagen (de)	**Streifenwagen** (m)	['ʃtʀaɪfənˌvaːgən]
sirene (de)	**Sirene** (f)	[ˌzi'ʀeːnə]
de sirene aansteken	**die Sirene einschalten**	[di ˌzi'ʀeːnə 'aɪnˌʃaltən]
geloei (het) van de sirene	**Sirenengeheul** (n)	[zi'ʀeːnən·gə'hɔɪl]
plaats delict (de)	**Tatort** (m)	['taːtˌʔɔʁt]
getuige (de)	**Zeuge** (m)	['tsɔɪgə]
vrijheid (de)	**Freiheit** (f)	['fʀaɪhaɪt]
handlanger (de)	**Komplize** (m)	[kɔm'pliːtsə]
ontvluchten (ww)	**verschwinden** (vi)	[fɛɐ'ʃvɪndən]
spoor (het)	**Spur** (f)	[ʃpuːɐ]

163. Politie. Wet. Deel 2

opsporing (de)	**Fahndung** (f)	['faːndʊŋ]
opsporen (ww)	**suchen** (vt)	['zuːχən]
verdenking (de)	**Verdacht** (m)	[fɛɐ'daχt]
verdacht (bn)	**verdächtig**	[fɛɐ'dɛçtɪç]
aanhouden (stoppen)	**anhalten** (vt)	['anˌhaltən]
tegenhouden (ww)	**verhaften** (vt)	[fɛɐ'haftən]
strafzaak (de)	**Fall** (m), **Klage** (f)	[faːl], ['klaːgə]
onderzoek (het)	**Untersuchung** (f)	[ʊntɐ'zuːχʊŋ]
detective (de)	**Detektiv** (m)	[detɛk'tiːf]
onderzoeksrechter (de)	**Ermittlungsrichter** (m)	[ɛɐ'mɪtlʊŋsˌʀɪçtɐ]
versie (de)	**Version** (f)	[vɛʁ'zjoːn]
motief (het)	**Motiv** (n)	[mo'tiːf]
verhoor (het)	**Verhör** (n)	[fɛɐ'høːɐ]
ondervragen (door de politie)	**verhören** (vt)	[fɛɐ'høːʀən]
ondervragen (omstanders ~)	**vernehmen** (vt)	[fɛɐ'neːmən]
controle (de)	**Kontrolle, Prüfung** (f)	[kɔn'tʀɔlə], ['pʀyːfʊŋ]
razzia (de)	**Razzia** (f)	['ʀatsɪa]
huiszoeking (de)	**Durchsuchung** (f)	[dʊʁç'zuːχʊŋ]
achtervolging (de)	**Verfolgung** (f)	[fɛɐ'fɔlgʊŋ]
achtervolgen (ww)	**nachjagen** (vi)	['naːχˌjaːgən]
opsporen (ww)	**verfolgen** (vt)	[fɛɐ'fɔlgən]
arrest (het)	**Verhaftung** (f)	[fɛɐ'haftʊŋ]
arresteren (ww)	**verhaften** (vt)	[fɛɐ'haftən]
vangen, aanhouden (een dief, enz.)	**fangen** (vt)	['faŋən]

aanhouding (de)	**Festnahme** (f)	['fɛst,na:mə]
document (het)	**Dokument** (n)	[,doku'mɛnt]
bewijs (het)	**Beweis** (m)	[bə'vaɪs]
bewijzen (ww)	**beweisen** (vt)	[bə'vaɪzən]
voetspoor (het)	**Fußspur** (f)	['fu:sʃpu:ɐ]
vingerafdrukken (mv.)	**Fingerabdrücke** (pl)	['fɪŋɐ,ʔapdʀʏkə]
bewijs (het)	**Beweisstück** (n)	[bə'vaɪsʃtʏk]
alibi (het)	**Alibi** (n)	['a:libi]
onschuldig (bn)	**unschuldig**	['ʊnʃʊldɪç]
onrecht (het)	**Ungerechtigkeit** (f)	['ʊngə,ʀɛçtɪçkaɪt]
onrechtvaardig (bn)	**ungerecht**	['ʊngə,ʀɛçt]
crimineel (bn)	**Kriminal-**	[kʀimi'na:l]
confisqueren (in beslag nemen)	**beschlagnahmen** (vt)	[bə'ʃla:k,na:mən]
drug (de)	**Droge** (f)	['dʀo:gə]
wapen (het)	**Waffe** (f)	['vafə]
ontwapenen (ww)	**entwaffnen** (vt)	[ɛnt'vafnən]
bevelen (ww)	**befehlen** (vt)	[,bə'fe:lən]
verdwijnen (ww)	**verschwinden** (vi)	[fɛɐ'ʃvɪndən]
wet (de)	**Gesetz** (n)	[gə'zɛts]
wettelijk (bn)	**gesetzlich**	[gə'zɛtslɪç]
onwettelijk (bn)	**ungesetzlich**	['ʊngə,zɛtslɪç]
verantwoordelijkheid (de)	**Verantwortlichkeit** (f)	[fɛɐ'ʔantvɔʁtlɪçkaɪt]
verantwoordelijk (bn)	**verantwortlich**	[fɛɐ'ʔantvɔʁtlɪç]

NATUUR

De Aarde. Deel 1

164. De kosmische ruimte

kosmos (de)	**Kosmos** (m)	['kɔsmɔs]
kosmisch (bn)	**kosmisch, Raum-**	['kɔsmɪʃ], ['ʀaʊm]
kosmische ruimte (de)	**Weltraum** (m)	['vɛltʀaʊm]
wereld (de)	**All** (n)	[al]
heelal (het)	**Universum** (n)	[uni'vɛʀzʊm]
sterrenstelsel (het)	**Galaxie** (f)	[gala'ksi:]
ster (de)	**Stern** (m)	[ʃtɛʁn]
sterrenbeeld (het)	**Gestirn** (n)	[gə'ʃtɪʁn]
planeet (de)	**Planet** (m)	[pla'ne:t]
satelliet (de)	**Satellit** (m)	[zatɛ'li:t]
meteoriet (de)	**Meteorit** (m)	[meteo'ʀi:t]
komeet (de)	**Komet** (m)	[ko'me:t]
asteroïde (de)	**Asteroid** (m)	[asteʀo'i:t]
baan (de)	**Umlaufbahn** (f)	['ʊmlaʊfˌba:n]
draaien (om de zon, enz.)	**sich drehen**	[zɪç 'dʀe:ən]
atmosfeer (de)	**Atmosphäre** (f)	[ʔatmo'sfɛ:ʀə]
Zon (de)	**Sonne** (f)	['zɔnə]
zonnestelsel (het)	**Sonnensystem** (n)	['zɔnən·zʏsˌte:m]
zonsverduistering (de)	**Sonnenfinsternis** (f)	['zɔnənˌfɪnstɐnɪs]
Aarde (de)	**Erde** (f)	['e:ɐdə]
Maan (de)	**Mond** (m)	[mo:nt]
Mars (de)	**Mars** (m)	[maʁs]
Venus (de)	**Venus** (f)	['ve:nʊs]
Jupiter (de)	**Jupiter** (m)	['ju:pitɐ]
Saturnus (de)	**Saturn** (m)	[za'tʊʁn]
Mercurius (de)	**Merkur** (m)	[mɛʁ'ku:ɐ]
Uranus (de)	**Uran** (m)	[u'ʀa:n]
Neptunus (de)	**Neptun** (m)	[nɛp'tu:n]
Pluto (de)	**Pluto** (m)	['plu:to]
Melkweg (de)	**Milchstraße** (f)	['mɪlçʃtʀa:sə]
Grote Beer (de)	**Der Große Bär**	[de:ɐ 'gʀo:sə bɛ:ɐ]
Poolster (de)	**Polarstern** (m)	[po'la:ɐʃtɛʁn]
marsmannetje (het)	**Marsbewohner** (m)	['maʁs·bəˌvo:nɐ]
buitenaards wezen (het)	**Außerirdischer** (m)	['aʊsɐˌʔɪʁdɪʃɐ]

bovenaards (het)	**außerirdisches Wesen** (n)	['aʊsɐˌʔɪʁdɪʃəs 've:zən]
vliegende schotel (de)	**fliegende Untertasse** (f)	['fli:gəndə 'ʊntɐˌtasə]
ruimtevaartuig (het)	**Raumschiff** (n)	['ʀaʊmˌʃɪf]
ruimtestation (het)	**Raumstation** (f)	['ʀaʊm·ʃtatsjo:n]
start (de)	**Raketenstart** (m)	[ʀa'ke:tənˌʃtaʁt]
motor (de)	**Triebwerk** (n)	['tʀi:pˌvɛʁk]
straalpijp (de)	**Düse** (f)	['dy:zə]
brandstof (de)	**Treibstoff** (m)	['tʀaɪpˌʃtɔf]
cabine (de)	**Kabine** (f)	[ka'bi:nə]
antenne (de)	**Antenne** (f)	[an'tɛnə]
patrijspoort (de)	**Bullauge** (n)	['bʊlˌʔaʊgə]
zonnebatterij (de)	**Sonnenbatterie** (f)	['zɔnənˌbatə'ʀi:]
ruimtepak (het)	**Raumanzug** (m)	['ʀaʊmˌʔantsu:k]
gewichtloosheid (de)	**Schwerelosigkeit** (f)	['ʃve:ʀəˌlo:zɪçkaɪt]
zuurstof (de)	**Sauerstoff** (m)	['zaʊɐˌʃtɔf]
koppeling (de)	**Ankopplung** (f)	['aŋkɔplʊŋ]
koppeling maken	**koppeln** (vi)	['kɔpəln]
observatorium (het)	**Observatorium** (n)	[ɔpzɛʁva'to:ʀiʊm]
telescoop (de)	**Teleskop** (n)	[tele'sko:p]
waarnemen (ww)	**beobachten** (vt)	[bə'ʔo:baχtən]
exploreren (ww)	**erforschen** (vt)	[ɛɐ'fɔʁʃən]

165. De Aarde

Aarde (de)	**Erde** (f)	['e:ɐdə]
aardbol (de)	**Erdkugel** (f)	['e:ɐt·ku:gəl]
planeet (de)	**Planet** (m)	[pla'ne:t]
atmosfeer (de)	**Atmosphäre** (f)	[ʔatmo'sfɛ:ʀə]
aardrijkskunde (de)	**Geographie** (f)	[ˌgeogʀa'fi:]
natuur (de)	**Natur** (f)	[na'tu:ɐ]
wereldbol (de)	**Globus** (m)	['glo:bʊs]
kaart (de)	**Landkarte** (f)	['lantˌkaʁtə]
atlas (de)	**Atlas** (m)	['atlas]
Europa (het)	**Europa** (n)	[ɔɪ'ʀo:pa]
Azië (het)	**Asien** (n)	['a:ziən]
Afrika (het)	**Afrika** (n)	['a:fʀika]
Australië (het)	**Australien** (n)	[aʊs'tʀa:lɪən]
Amerika (het)	**Amerika** (n)	[a'me:ʀika]
Noord-Amerika (het)	**Nordamerika** (n)	['nɔʁtʔaˌme:ʀika]
Zuid-Amerika (het)	**Südamerika** (n)	['zy:tʔa'me:ʀika]
Antarctica (het)	**Antarktis** (f)	[ant'ʔaʁktɪs]
Arctis (de)	**Arktis** (f)	['aʁktɪs]

166. Windrichtingen

noorden (het)	**Norden** (m)	['nɔʁdən]
naar het noorden	**nach Norden**	[na:χ 'nɔʁdən]
in het noorden	**im Norden**	[ɪm 'nɔʁdən]
noordelijk (bn)	**nördlich**	['nœʁtlɪç]
zuiden (het)	**Süden** (m)	['zy:dən]
naar het zuiden	**nach Süden**	[na:χ 'zy:dən]
in het zuiden	**im Süden**	[ɪm 'zy:dən]
zuidelijk (bn)	**südlich**	['zy:tlɪç]
westen (het)	**Westen** (m)	['vɛstən]
naar het westen	**nach Westen**	[na:χ 'vɛstən]
in het westen	**im Westen**	[ɪm 'vɛstən]
westelijk (bn)	**westlich, West-**	['vɛstlɪç], [vɛst]
oosten (het)	**Osten** (m)	['ɔstən]
naar het oosten	**nach Osten**	[na:χ 'ɔstən]
in het oosten	**im Osten**	[ɪm 'ɔstən]
oostelijk (bn)	**östlich**	['œstlɪç]

167. Zee. Oceaan

zee (de)	**Meer** (n), **See** (f)	[me:ɐ], [ze:]
oceaan (de)	**Ozean** (m)	['o:tsea:n]
golf (baai)	**Golf** (m)	[gɔlf]
straat (de)	**Meerenge** (f)	['me:ɐˌʔɛŋə]
grond (vaste grond)	**Festland** (n)	['fɛstˌlant]
continent (het)	**Kontinent** (m)	['kɔntinɛnt]
eiland (het)	**Insel** (f)	['ɪnzəl]
schiereiland (het)	**Halbinsel** (f)	['halpˌʔɪnzəl]
archipel (de)	**Archipel** (m)	[ˌaʁçi'pe:l]
baai, bocht (de)	**Bucht** (f)	[bʊχt]
haven (de)	**Hafen** (m)	['ha:fən]
lagune (de)	**Lagune** (f)	[la'gu:nə]
kaap (de)	**Kap** (n)	[kap]
atol (de)	**Atoll** (n)	[a'tɔl]
rif (het)	**Riff** (n)	[ʀɪf]
koraal (het)	**Koralle** (f)	[ko'ʀalə]
koraalrif (het)	**Korallenriff** (n)	[ko'ʀalənˌʀɪf]
diep (bn)	**tief**	[ti:f]
diepte (de)	**Tiefe** (f)	['ti:fə]
diepzee (de)	**Abgrund** (m)	['apˌgʀʊnt]
trog (bijv. Marianentrog)	**Graben** (m)	['gʀa:bən]
stroming (de)	**Strom** (m)	[ʃtʀo:m]
omspoelen (ww)	**umspülen** (vt)	['ʊmˌʃpy:lən]
oever (de)	**Ufer** (n)	['u:fɐ]

kust (de)	**Küste** (f)	['kʏstə]
vloed (de)	**Flut** (f)	[flu:t]
eb (de)	**Ebbe** (f)	['ɛbə]
ondiepte (ondiep water)	**Sandbank** (f)	['zant,baŋk]
bodem (de)	**Boden** (m)	['bo:dən]
golf (hoge ~)	**Welle** (f)	['vɛlə]
golfkam (de)	**Wellenkamm** (m)	['vɛlən,kam]
schuim (het)	**Schaum** (m)	[ʃaʊm]
orkaan (de)	**Orkan** (m)	[ɔʁ'ka:n]
tsunami (de)	**Tsunami** (m)	[tsu'na:mi]
windstilte (de)	**Windstille** (f)	['vɪnt,ʃtɪlə]
kalm (bijv. ~e zee)	**ruhig**	['ʀu:ɪç]
pool (de)	**Pol** (m)	[po:l]
polair (bn)	**Polar-**	[po'la:ɐ]
breedtegraad (de)	**Breite** (f)	['bʀaɪtə]
lengtegraad (de)	**Länge** (f)	['lɛŋə]
parallel (de)	**Breitenkreis** (m)	['bʀaɪtəən·kʀaɪs]
evenaar (de)	**Äquator** (m)	[ɛ'kva:to:ɐ]
hemel (de)	**Himmel** (m)	['hɪməl]
horizon (de)	**Horizont** (m)	[hoʀi'tsɔnt]
lucht (de)	**Luft** (f)	[lʊft]
vuurtoren (de)	**Leuchtturm** (m)	['lɔɪçt,tʊʁm]
duiken (ww)	**tauchen** (vi)	['taʊχən]
zinken (ov. een boot)	**versinken** (vi)	[fɛɐ'zɪŋkən]
schatten (mv.)	**Schätze** (pl)	['ʃɛtsə]

168. Bergen

berg (de)	**Berg** (m)	[bɛʁk]
bergketen (de)	**Gebirgskette** (f)	[gə'bɪʁks,kɛtə]
gebergte (het)	**Bergrücken** (m)	['bɛʁk,ʀʏkən]
bergtop (de)	**Gipfel** (m)	['gɪpfəl]
bergpiek (de)	**Spitze** (f)	['ʃpɪtsə]
voet (ov. de berg)	**Bergfuß** (m)	['bɛʁk,fu:s]
helling (de)	**Abhang** (m)	['ap,haŋ]
vulkaan (de)	**Vulkan** (m)	[vʊl'ka:n]
actieve vulkaan (de)	**tätiger Vulkan** (m)	['tɛ:tɪgɐ vʊl'ka:n]
uitgedoofde vulkaan (de)	**schlafender Vulkan** (m)	['ʃla:fəndɐ vʊl'ka:n]
uitbarsting (de)	**Ausbruch** (m)	['aʊs,bʀʊχ]
krater (de)	**Krater** (m)	['kʀa:tɐ]
magma (het)	**Magma** (n)	['magma]
lava (de)	**Lava** (f)	['la:va]
gloeiend (~e lava)	**glühend heiß**	['gly:ənt 'haɪs]
kloof (canyon)	**Cañon** (m)	[ka'njɔn]
bergkloof (de)	**Schlucht** (f)	[ʃlʊχt]

spleet (de)	**Spalte** (f)	['ʃpaltə]
afgrond (de)	**Abgrund** (m)	['ap,gʀʊnt]
bergpas (de)	**Gebirgspass** (m)	[gə'bɪʁks,pas]
plateau (het)	**Plateau** (n)	[pla'to:]
klip (de)	**Fels** (m)	[fɛls]
heuvel (de)	**Hügel** (m)	['hy:gəl]
gletsjer (de)	**Gletscher** (m)	['glɛtʃɐ]
waterval (de)	**Wasserfall** (m)	['vasɐ,fal]
geiser (de)	**Geiser** (m)	['gaɪzɐ]
meer (het)	**See** (m)	[ze:]
vlakte (de)	**Ebene** (f)	['e:bənə]
landschap (het)	**Landschaft** (f)	['lantʃaft]
echo (de)	**Echo** (n)	['ɛço]
alpinist (de)	**Bergsteiger** (m)	['bɛʁk,ʃtaɪgɐ]
bergbeklimmer (de)	**Kletterer** (m)	['klɛtəʀɐ]
trotseren (berg ~)	**bezwingen** (vt)	[bə'tsvɪŋən]
beklimming (de)	**Aufstieg** (m)	['aʊf,ʃti:k]

169. Rivieren

rivier (de)	**Fluss** (m)	[flʊs]
bron (~ van een rivier)	**Quelle** (f)	['kvɛlə]
rivierbedding (de)	**Flussbett** (n)	['flʊs,bɛt]
rivierbekken (het)	**Stromgebiet** (n)	['ʃtʀo:m·gə'bi:t]
uitmonden in ...	**einmünden in ...**	['aɪn,mʏndən ɪn]
zijrivier (de)	**Nebenfluss** (m)	['ne:bən,flʊs]
oever (de)	**Ufer** (n)	['u:fɐ]
stroming (de)	**Strom** (m)	[ʃtʀo:m]
stroomafwaarts (bw)	**stromabwärts**	['ʃtʀo:m,apvɛʁts]
stroomopwaarts (bw)	**stromaufwärts**	['ʃtʀo:m,aʊfvɛʁts]
overstroming (de)	**Überschwemmung** (f)	[y:bɐ'ʃvɛmʊŋ]
overstroming (de)	**Hochwasser** (n)	['ho:χ,vasɐ]
buiten zijn oevers treden	**aus den Ufern treten**	['aʊs den 'u:fɐn 'tʀe:tən]
overstromen (ww)	**überfluten** (vt)	[,y:bɐ'flu:tən]
zandbank (de)	**Sandbank** (f)	['zant,baŋk]
stroomversnelling (de)	**Stromschnelle** (f)	['ʃtʀo:m,ʃnɛlə]
dam (de)	**Damm** (m)	[dam]
kanaal (het)	**Kanal** (m)	[ka'na:l]
spaarbekken (het)	**Stausee** (m)	['ʃtaʊze:]
sluis (de)	**Schleuse** (f)	['ʃlɔɪzə]
waterlichaam (het)	**Gewässer** (n)	[gə'vɛsɐ]
moeras (het)	**Sumpf** (m), **Moor** (n)	[zʊmpf], [mo:ɐ]
broek (het)	**Marsch** (f)	[maʁʃ]
draaikolk (de)	**Strudel** (m)	['ʃtʀu:dəl]

stroom (de)	**Bach** (m)	[baχ]
drink- (abn)	**Trink-**	['tʀɪŋk]
zoet (~ water)	**Süß-**	[zy:s]
ijs (het)	**Eis** (n)	[aɪs]
bevriezen (rivier, enz.)	**zufrieren** (vi)	['tsu:ˌfʀi:ʀən]

170. Bos

bos (het)	**Wald** (m)	[valt]
bos- (abn)	**Wald-**	['valt]
oerwoud (dicht bos)	**Dickicht** (n)	['dɪkɪçt]
bosje (klein bos)	**Gehölz** (n)	[gə'hœlts]
open plek (de)	**Lichtung** (f)	['lɪçtʊŋ]
struikgewas (het)	**Dickicht** (n)	['dɪkɪçt]
struiken (mv.)	**Gebüsch** (n)	[gə'bʏʃ]
paadje (het)	**Fußweg** (m)	['fu:sˌve:k]
ravijn (het)	**Erosionsrinne** (f)	[eʀo'zɪo:ns'ʀɪnə]
boom (de)	**Baum** (m)	[baʊm]
blad (het)	**Blatt** (n)	[blat]
gebladerte (het)	**Laub** (n)	[laʊp]
vallende bladeren (mv.)	**Laubfall** (m)	['laʊpˌfal]
vallen (ov. de bladeren)	**fallen** (vi)	['falən]
boomtop (de)	**Wipfel** (m)	['vɪpfəl]
tak (de)	**Zweig** (m)	[tsvaɪk]
ent (de)	**Ast** (m)	[ast]
knop (de)	**Knospe** (f)	['knɔspə]
naald (de)	**Nadel** (f)	['na:dəl]
dennenappel (de)	**Zapfen** (m)	['tsapfən]
boom holte (de)	**Höhlung** (f)	['hø:ˌluŋ]
nest (het)	**Nest** (n)	[nɛst]
hol (het)	**Höhle** (f)	['hø:lə]
stam (de)	**Stamm** (m)	[ʃtam]
wortel (bijv. boom~s)	**Wurzel** (f)	['vʊʁtsəl]
schors (de)	**Rinde** (f)	['ʀɪndə]
mos (het)	**Moos** (n)	['mo:s]
ontwortelen (een boom)	**entwurzeln** (vt)	[ɛnt'vʊʁtsəln]
kappen (een boom ~)	**fällen** (vt)	['fɛlən]
ontbossen (ww)	**abholzen** (vt)	['apˌhɔltsən]
stronk (de)	**Baumstumpf** (m)	['baʊmˌʃtʊmpf]
kampvuur (het)	**Lagerfeuer** (n)	['la:gɐˌfɔɪɐ]
bosbrand (de)	**Waldbrand** (m)	['valtˌbʀant]
blussen (ww)	**löschen** (vt)	['lœʃən]
boswachter (de)	**Förster** (m)	['fœʁstɐ]

bescherming (de)	**Schutz** (m)	[ʃʊts]
beschermen (bijv. de natuur ~)	**beschützen** (vt)	[bəˈʃʏtsən]
stroper (de)	**Wilddieb** (m)	[ˈvɪltˌdiːp]
val (de)	**Falle** (f)	[ˈfalə]
plukken (paddestoelen ~)	**sammeln** (vt)	[ˈzaməln]
plukken (bessen ~)	**pflücken** (vt)	[ˈpflʏkən]
verdwalen (de weg kwijt zijn)	**sich verirren**	[zɪç fɛɐˈʔɪʀən]

171. Natuurlijke hulpbronnen

natuurlijke rijkdommen (mv.)	**Naturressourcen** (pl)	[naˈtuːɐ·ʀɛˈsʊʁsən]
delfstoffen (mv.)	**Bodenschätze** (pl)	[ˈboːdənˌʃɛtsə]
lagen (mv.)	**Vorkommen** (n)	[ˈfoːɐˌkɔmən]
veld (bijv. olie~)	**Feld** (n)	[fɛlt]
winnen (uit erts ~)	**gewinnen** (vt)	[gəˈvɪnən]
winning (de)	**Gewinnung** (f)	[gəˈvɪnʊŋ]
erts (het)	**Erz** (n)	[eːɐts]
mijn (bijv. kolenmijn)	**Bergwerk** (n)	[ˈbɛʁkˌvɛʁk]
mijnschacht (de)	**Schacht** (m)	[ʃaχt]
mijnwerker (de)	**Bergarbeiter** (m)	[ˈbɛʁkʔaʁˌbaɪtɐ]
gas (het)	**Erdgas** (n)	[ˈeːɐt·gaːs]
gasleiding (de)	**Gasleitung** (f)	[ˈgaːsˌlaɪtʊŋ]
olie (aardolie)	**Erdöl** (n)	[ˈeːɐtˌʔøːl]
olieleiding (de)	**Erdölleitung** (f)	[ˈeːɐtʔøːlˌlaɪtʊŋ]
oliebron (de)	**Ölquelle** (f)	[ˈøːlˌkvɛlə]
boortoren (de)	**Bohrturm** (m)	[ˈboːɐˌtʊʁm]
tanker (de)	**Tanker** (m)	[ˈtaŋkɐ]
zand (het)	**Sand** (m)	[zant]
kalksteen (de)	**Kalkstein** (m)	[ˈkalkˌʃtaɪn]
grind (het)	**Kies** (m)	[kiːs]
veen (het)	**Torf** (m)	[tɔʁf]
klei (de)	**Ton** (m)	[toːn]
steenkool (de)	**Kohle** (f)	[ˈkoːlə]
ijzer (het)	**Eisen** (n)	[ˈaɪzən]
goud (het)	**Gold** (n)	[gɔlt]
zilver (het)	**Silber** (n)	[ˈzɪlbɐ]
nikkel (het)	**Nickel** (n)	[ˈnɪkəl]
koper (het)	**Kupfer** (n)	[ˈkʊpfɐ]
zink (het)	**Zink** (n)	[tsɪŋk]
mangaan (het)	**Mangan** (n)	[maŋˈgaːn]
kwik (het)	**Quecksilber** (n)	[ˈkvɛkˌzɪlbɐ]
lood (het)	**Blei** (n)	[blaɪ]
mineraal (het)	**Mineral** (n)	[mɪneˈʀaːl]
kristal (het)	**Kristall** (m)	[kʀɪsˈtal]
marmer (het)	**Marmor** (m)	[ˈmaʁmoːɐ]
uraan (het)	**Uran** (n)	[uˈʀaːn]

De Aarde. Deel 2

172. Weer

weer (het)	**Wetter** (n)	['vɛtɐ]
weersvoorspelling (de)	**Wetterbericht** (m)	['vɛtɐbəˌʀɪçt]
temperatuur (de)	**Temperatur** (f)	[tɛmpəʀa'tuːɐ]
thermometer (de)	**Thermometer** (n)	[tɛʁmo'meːtɐ]
barometer (de)	**Barometer** (n)	[baʀo'meːtɐ]
vochtig (bn)	**feucht**	[fɔɪçt]
vochtigheid (de)	**Feuchtigkeit** (f)	['fɔɪçtɪçkaɪt]
hitte (de)	**Hitze** (f)	['hɪtsə]
heet (bn)	**glutheiß**	['gluːtˌhaɪs]
het is heet	**ist heiß**	[ist haɪs]
het is warm	**ist warm**	[ist vaʁm]
warm (bn)	**warm**	[vaʁm]
het is koud	**ist kalt**	[ist kalt]
koud (bn)	**kalt**	[kalt]
zon (de)	**Sonne** (f)	['zɔnə]
schijnen (de zon)	**scheinen** (vi)	['ʃaɪnən]
zonnig (~e dag)	**sonnig**	['zɔnɪç]
opgaan (ov. de zon)	**aufgehen** (vi)	['aʊfˌgeːən]
ondergaan (ww)	**untergehen** (vi)	['ʊntɐˌgeːən]
wolk (de)	**Wolke** (f)	['vɔlkə]
bewolkt (bn)	**bewölkt**	[bə'vœlkt]
regenwolk (de)	**Regenwolke** (f)	['ʀeːgənˌvɔlkə]
somber (bn)	**trüb**	[tʀyːp]
regen (de)	**Regen** (m)	['ʀeːgən]
het regent	**Es regnet**	[ɛs 'ʀeːgnət]
regenachtig (bn)	**regnerisch**	['ʀeːgnəʀɪʃ]
motregenen (ww)	**nieseln** (vi)	['niːzəln]
plensbui (de)	**strömender Regen** (m)	['ʃtʀøːməntdə 'ʀeːgən]
stortbui (de)	**Regenschauer** (m)	['ʀeːgənˌʃaʊɐ]
hard (bn)	**stark**	[ʃtaʁk]
plas (de)	**Pfütze** (f)	['pfʏtsə]
nat worden (ww)	**nass werden** (vi)	[nas 'veːɐdən]
mist (de)	**Nebel** (m)	['neːbəl]
mistig (bn)	**neblig**	['neːblɪç]
sneeuw (de)	**Schnee** (m)	[ʃneː]
het sneeuwt	**Es schneit**	[ɛs 'ʃnaɪt]

173. Zwaar weer. Natuurrampen

noodweer (storm)	**Gewitter** (n)	[gəˈvɪtɐ]
bliksem (de)	**Blitz** (m)	[blɪts]
flitsen (ww)	**blitzen** (vi)	[ˈblɪtsən]
donder (de)	**Donner** (m)	[ˈdɔnɐ]
donderen (ww)	**donnern** (vi)	[ˈdɔnɐn]
het dondert	**Es donnert**	[ɛs ˈdɔnɐt]
hagel (de)	**Hagel** (m)	[ˈha:gəl]
het hagelt	**Es hagelt**	[ɛs ˈha:gəlt]
overstromen (ww)	**überfluten** (vt)	[ˌy:bɐˈflu:tən]
overstroming (de)	**Überschwemmung** (f)	[y:bɐˈʃvɛmʊŋ]
aardbeving (de)	**Erdbeben** (n)	[ˈe:ɐtˌbe:bən]
aardschok (de)	**Erschütterung** (f)	[ɛɐˈʃʏtəʀʊŋ]
epicentrum (het)	**Epizentrum** (n)	[ˌepiˈtsɛntʀʊm]
uitbarsting (de)	**Ausbruch** (m)	[ˈaʊsˌbʀʊχ]
lava (de)	**Lava** (f)	[ˈla:va]
wervelwind (de)	**Wirbelsturm** (m)	[ˈvɪʁbəlˌʃtʊʁm]
windhoos (de)	**Tornado** (m)	[tɔʁˈna:do]
tyfoon (de)	**Taifun** (m)	[taɪˈfu:n]
orkaan (de)	**Orkan** (m)	[ɔʁˈka:n]
storm (de)	**Sturm** (m)	[ʃtʊʁm]
tsunami (de)	**Tsunami** (m)	[tsuˈna:mi]
cycloon (de)	**Zyklon** (m)	[tsyˈklo:n]
onweer (het)	**Unwetter** (n)	[ˈʊnˌvɛtɐ]
brand (de)	**Brand** (m)	[bʀant]
ramp (de)	**Katastrophe** (f)	[ˌkatasˈtʀo:fə]
meteoriet (de)	**Meteorit** (m)	[meteoˈʀi:t]
lawine (de)	**Lawine** (f)	[laˈvi:nə]
sneeuwverschuiving (de)	**Schneelawine** (f)	[ˈʃne:laˌvi:nə]
sneeuwjacht (de)	**Schneegestöber** (n)	[ˈʃne:gəˌʃtø:bɐ]
sneeuwstorm (de)	**Schneesturm** (m)	[ˈʃne:ˌʃtʊʁm]

Fauna

174. Zoogdieren. Roofdieren

roofdier (het)	**Raubtier** (n)	['ʀaʊpti:ɐ]
tijger (de)	**Tiger** (m)	['ti:gɐ]
leeuw (de)	**Löwe** (m)	['lø:və]
wolf (de)	**Wolf** (m)	[vɔlf]
vos (de)	**Fuchs** (m)	[fʊks]
jaguar (de)	**Jaguar** (m)	['ja:gua:ɐ]
luipaard (de)	**Leopard** (m)	[leo'paʁt]
jachtluipaard (de)	**Gepard** (m)	[ge'paʁt]
panter (de)	**Panther** (m)	['pantɐ]
poema (de)	**Puma** (m)	['pu:ma]
sneeuwluipaard (de)	**Schneeleopard** (m)	['ʃne:leo,paʁt]
lynx (de)	**Luchs** (m)	[lʊks]
coyote (de)	**Kojote** (m)	[kɔ'jo:tə]
jakhals (de)	**Schakal** (m)	[ʃa'ka:l]
hyena (de)	**Hyäne** (f)	['hyɛ:nə]

175. Wilde dieren

dier (het)	**Tier** (n)	[ti:ɐ]
beest (het)	**Bestie** (f)	['bɛstɪə]
eekhoorn (de)	**Eichhörnchen** (n)	['aɪç,hœʁnçən]
egel (de)	**Igel** (m)	['i:gəl]
haas (de)	**Hase** (m)	['ha:zə]
konijn (het)	**Kaninchen** (n)	[ka'ni:nçən]
das (de)	**Dachs** (m)	[daks]
wasbeer (de)	**Waschbär** (m)	['vaʃ,bɛ:ɐ]
hamster (de)	**Hamster** (m)	['hamstɐ]
marmot (de)	**Murmeltier** (n)	['mʊʁməl,ti:ɐ]
mol (de)	**Maulwurf** (m)	['maʊl,vʊʁf]
muis (de)	**Maus** (f)	[maʊs]
rat (de)	**Ratte** (f)	['ʀatə]
vleermuis (de)	**Fledermaus** (f)	['fle:dɐ,maʊs]
hermelijn (de)	**Hermelin** (n)	[hɛʁmə'li:n]
sabeldier (het)	**Zobel** (m)	['tso:bəl]
marter (de)	**Marder** (m)	['maʁdɐ]
wezel (de)	**Wiesel** (n)	['vi:zəl]
nerts (de)	**Nerz** (m)	[nɛʁts]

bever (de)	**Biber** (m)	['bi:bɐ]
otter (de)	**Fischotter** (m)	['fɪʃ,ʔɔtɐ]
paard (het)	**Pferd** (n)	[pfe:ɐt]
eland (de)	**Elch** (m)	[ɛlç]
hert (het)	**Hirsch** (m)	[hɪʁʃ]
kameel (de)	**Kamel** (n)	[ka'me:l]
bizon (de)	**Bison** (m)	['bi:zɔn]
wisent (de)	**Wisent** (m)	['vi:zɛnt]
buffel (de)	**Büffel** (m)	['bʏfəl]
zebra (de)	**Zebra** (n)	['tse:bʀa]
antilope (de)	**Antilope** (f)	[anti'lo:pə]
ree (de)	**Reh** (n)	[ʀe:]
damhert (het)	**Damhirsch** (m)	['damhɪʁʃ]
gems (de)	**Gämse** (f)	['gɛmzə]
everzwijn (het)	**Wildschwein** (n)	['vɪltʃvaɪn]
walvis (de)	**Wal** (m)	[va:l]
rob (de)	**Seehund** (m)	['ze:,hʊnt]
walrus (de)	**Walroß** (n)	['va:l,ʀɔs]
zeebeer (de)	**Seebär** (m)	['ze:,bɛ:ɐ]
dolfijn (de)	**Delfin** (m)	[dɛl'fi:n]
beer (de)	**Bär** (m)	[bɛ:ɐ]
ijsbeer (de)	**Eisbär** (m)	['aɪs,bɛ:ɐ]
panda (de)	**Panda** (m)	['panda]
aap (de)	**Affe** (m)	['afə]
chimpansee (de)	**Schimpanse** (m)	[ʃɪm'panzə]
orang-oetan (de)	**Orang-Utan** (m)	['o:ʀaŋ,ʔu:tan]
gorilla (de)	**Gorilla** (m)	[go'ʀɪla]
makaak (de)	**Makak** (m)	[ma'kak]
gibbon (de)	**Gibbon** (m)	['gɪbɔn]
olifant (de)	**Elefant** (m)	[ele'fant]
neushoorn (de)	**Nashorn** (n)	['na:s,hɔʁn]
giraffe (de)	**Giraffe** (f)	[,gi'ʀafə]
nijlpaard (het)	**Flusspferd** (n)	['flʊs,pfe:ɐt]
kangoeroe (de)	**Känguru** (n)	['kɛŋguʀu]
koala (de)	**Koala** (m)	[ko'a:la]
mangoest (de)	**Manguste** (f)	[maŋ'gʊstə]
chinchilla (de)	**Chinchilla** (n)	[tʃɪn'tʃɪla]
stinkdier (het)	**Stinktier** (n)	['ʃtɪŋk,ti:ɐ]
stekelvarken (het)	**Stachelschwein** (n)	['ʃtaχəlʃvaɪn]

176. Huisdieren

poes (de)	**Katze** (f)	['katsə]
kater (de)	**Kater** (m)	['ka:tɐ]
hond (de)	**Hund** (m)	[hʊnt]

paard (het)	**Pferd** (n)	[pfe:ɐt]
hengst (de)	**Hengst** (m)	['hɛŋst]
merrie (de)	**Stute** (f)	['ʃtu:tə]
koe (de)	**Kuh** (f)	[ku:]
bul, stier (de)	**Stier** (m)	[ʃti:ɐ]
os (de)	**Ochse** (m)	['ɔksə]
schaap (het)	**Schaf** (n)	[ʃa:f]
ram (de)	**Widder** (m)	['vɪdɐ]
geit (de)	**Ziege** (f)	['tsi:gə]
bok (de)	**Ziegenbock** (m)	['tsi:gən,bɔk]
ezel (de)	**Esel** (m)	['e:zəl]
muilezel (de)	**Maultier** (n)	['maʊl,ti:ɐ]
varken (het)	**Schwein** (n)	[ʃvaɪn]
biggetje (het)	**Ferkel** (n)	['fɛʁkəl]
konijn (het)	**Kaninchen** (n)	[ka'ni:nçən]
kip (de)	**Huhn** (n)	[hu:n]
haan (de)	**Hahn** (m)	[ha:n]
eend (de)	**Ente** (f)	['ɛntə]
woerd (de)	**Enterich** (m)	['ɛntəʀɪç]
gans (de)	**Gans** (f)	[gans]
kalkoen haan (de)	**Puter** (m)	['pu:tɐ]
kalkoen (de)	**Pute** (f)	['pu:tə]
huisdieren (mv.)	**Haustiere** (pl)	['haʊs,ti:ʀə]
tam (bijv. hamster)	**zahm**	[tsa:m]
temmen (tam maken)	**zähmen** (vt)	['tsɛ:mən]
fokken (bijv. paarden ~)	**züchten** (vt)	['tsʏçtən]
boerderij (de)	**Farm** (f)	[faʁm]
gevogelte (het)	**Geflügel** (n)	[gə'fly:gəl]
rundvee (het)	**Vieh** (n)	[fi:]
kudde (de)	**Herde** (f)	['he:ɐdə]
paardenstal (de)	**Pferdestall** (m)	['pfe:ɐdə,ʃtal]
zwijnenstal (de)	**Schweinestall** (m)	['ʃvaɪnə,ʃtal]
koeienstal (de)	**Kuhstall** (m)	['ku:,ʃtal]
konijnenhok (het)	**Kaninchenstall** (m)	[ka'ni:nçən,ʃtal]
kippenhok (het)	**Hühnerstall** (m)	['hy:nɐ,ʃtal]

177. Honden. Hondenrassen

hond (de)	**Hund** (m)	[hʊnt]
herdershond (de)	**Schäferhund** (m)	['ʃɛ:fɐ,hʊnt]
Duitse herdershond (de)	**Deutsche Schäferhund** (m)	['dɔɪtʃə 'ʃɛ:fɐ,hʊnt]
poedel (de)	**Pudel** (m)	['pu:dəl]
teckel (de)	**Dachshund** (m)	['daks,hʊnt]
buldog (de)	**Bulldogge** (f)	['bʊl,dɔgə]

boxer (de)	**Boxer** (m)	['bɔksɐ]
mastiff (de)	**Mastiff** (m)	['mastɪf]
rottweiler (de)	**Rottweiler** (m)	['ʀɔtvaɪlɐ]
doberman (de)	**Dobermann** (m)	['do:bɐˌman]
basset (de)	**Basset** (m)	[ba'se:]
bobtail (de)	**Bobtail** (m)	['bɔpte:l]
dalmatièr (de)	**Dalmatiner** (m)	[ˌdalma'ti:nɐ]
cockerspaniël (de)	**Cocker-Spaniel** (m)	['kɔkɐ 'ʃpanɪəl]
Newfoundlander (de)	**Neufundländer** (m)	[nɔɪ'fʊntˌlɛndɐ]
sint-bernard (de)	**Bernhardiner** (m)	[bɛʁnhaʁ'di:nɐ]
husky (de)	**Eskimohund** (m)	['ɛskimoˌhʊnt]
chowchow (de)	**Chow-Chow** (m)	['tʃau'tʃau]
spits (de)	**Spitz** (m)	[ʃpɪts]
mopshond (de)	**Mops** (m)	[mɔps]

178. Dierengeluiden

geblaf (het)	**Gebell** (n)	[gə'bɛl]
blaffen (ww)	**bellen** (vi)	['bɛlən]
miauwen (ww)	**miauen** (vi)	[mi'auən]
spinnen (katten)	**schnurren** (vi)	['ʃnʊʀən]
loeien (ov. een koe)	**muhen** (vi)	['mu:ən]
brullen (stier)	**brüllen** (vi)	['bʀʏlən]
grommen (ov. de honden)	**knurren** (vi)	['knʊʀən]
gehuil (het)	**Heulen** (n)	['hɔɪlən]
huilen (wolf, enz.)	**heulen** (vi)	['hɔɪlən]
janken (ov. een hond)	**winseln** (vi)	['vɪnzəln]
mekkeren (schapen)	**meckern** (vi)	['mɛkɐn]
knorren (varkens)	**grunzen** (vi)	['gʀʊntsən]
gillen (bijv. varken)	**kreischen** (vi)	['kʀaɪʃən]
kwaken (kikvorsen)	**quaken** (vi)	['kva:kən]
zoemen (hommel, enz.)	**summen** (vi)	['zʊmən]
tjirpen (sprinkhanen)	**zirpen** (vi)	['tsɪʁpən]

179. Vogels

vogel (de)	**Vogel** (m)	['fo:gəl]
duif (de)	**Taube** (f)	['taʊbə]
mus (de)	**Spatz** (m)	[ʃpats]
koolmees (de)	**Meise** (f)	['maɪzə]
ekster (de)	**Elster** (f)	['ɛlstɐ]
raaf (de)	**Rabe** (m)	['ʀa:bə]
kraai (de)	**Krähe** (f)	['kʀɛ:ə]
kauw (de)	**Dohle** (f)	['do:lə]

roek (de)	**Saatkrähe** (f)	['za:tˌkʀɛ:ə]
eend (de)	**Ente** (f)	['ɛntə]
gans (de)	**Gans** (f)	[gans]
fazant (de)	**Fasan** (m)	[fa'za:n]
arend (de)	**Adler** (m)	['a:dlɐ]
havik (de)	**Habicht** (m)	['ha:bɪçt]
valk (de)	**Falke** (m)	['falkə]
gier (de)	**Greif** (m)	[gʀaɪf]
condor (de)	**Kondor** (m)	['kɔndo:ɐ]
zwaan (de)	**Schwan** (m)	[ʃva:n]
kraanvogel (de)	**Kranich** (m)	['kʀa:nɪç]
ooievaar (de)	**Storch** (m)	[ʃtɔʁç]
papegaai (de)	**Papagei** (m)	[papa'gaɪ]
kolibrie (de)	**Kolibri** (m)	['ko:libʀi]
pauw (de)	**Pfau** (m)	[pfaʊ]
struisvogel (de)	**Strauß** (m)	[ʃtʀaʊs]
reiger (de)	**Reiher** (m)	['ʀaɪɐ]
flamingo (de)	**Flamingo** (m)	[fla'mɪŋgo]
pelikaan (de)	**Pelikan** (m)	['pe:lika:n]
nachtegaal (de)	**Nachtigall** (f)	['naχtɪgal]
zwaluw (de)	**Schwalbe** (f)	['ʃvalbə]
lijster (de)	**Drossel** (f)	['dʀɔsəl]
zanglijster (de)	**Singdrossel** (f)	['zɪŋˌdʀɔsəl]
merel (de)	**Amsel** (f)	['amzəl]
gierzwaluw (de)	**Segler** (m)	['ze:glɐ]
leeuwerik (de)	**Lerche** (f)	['lɛʁçə]
kwartel (de)	**Wachtel** (f)	['vaχtəl]
specht (de)	**Specht** (m)	[ʃpɛçt]
koekoek (de)	**Kuckuck** (m)	['kʊkʊk]
uil (de)	**Eule** (f)	['ɔɪlə]
oehoe (de)	**Uhu** (m)	['u:hu]
auerhoen (het)	**Auerhahn** (m)	['aʊɐˌha:n]
korhoen (het)	**Birkhahn** (m)	['bɪʁkˌha:n]
patrijs (de)	**Rebhuhn** (n)	['ʀe:pˌhu:n]
spreeuw (de)	**Star** (m)	[ʃta:ɐ]
kanarie (de)	**Kanarienvogel** (m)	[ka'na:ʀɪənˌfo:gəl]
hazelhoen (het)	**Haselhuhn** (n)	['ha:zəlˌhu:n]
vink (de)	**Buchfink** (m)	['bu:χfɪŋk]
goudvink (de)	**Gimpel** (m)	['gɪmpəl]
meeuw (de)	**Möwe** (f)	['mø:və]
albatros (de)	**Albatros** (m)	['albatʀɔs]
pinguïn (de)	**Pinguin** (m)	['pɪŋgui:n]

180. Vogels. Zingen en geluiden

fluiten, zingen (ww)	**singen** (vt)	['zɪŋən]
schreeuwen (dieren, vogels)	**schreien** (vi)	['ʃʀaɪən]
kraaien (ov. een haan)	**kikeriki schreien**	[ˌkikəʀi'ki: 'ʃʀaɪən]
kukeleku	**kikeriki**	[ˌkikəʀi'ki:]
klokken (hen)	**gackern** (vi)	['gakɐn]
krassen (kraai)	**krächzen** (vi)	['kʀɛçtsən]
kwaken (eend)	**schnattern** (vi)	['ʃnatɐn]
piepen (kuiken)	**piepsen** (vi)	['pi:psən]
tjilpen (bijv. een mus)	**zwitschern** (vi)	['tsvɪtʃɐn]

181. Vis. Zeedieren

brasem (de)	**Brachse** (f)	['bʀaksə]
karper (de)	**Karpfen** (m)	['kaʁpfən]
baars (de)	**Barsch** (m)	[baʁʃ]
meerval (de)	**Wels** (m)	[vɛls]
snoek (de)	**Hecht** (m)	[hɛçt]
zalm (de)	**Lachs** (m)	[laks]
steur (de)	**Stör** (m)	[ʃtø:ɐ]
haring (de)	**Hering** (m)	['he:ʀɪŋ]
atlantische zalm (de)	**atlantische Lachs** (m)	[at'lantɪʃə laks]
makreel (de)	**Makrele** (f)	[ma'kʀe:lə]
platvis (de)	**Scholle** (f)	['ʃɔlə]
snoekbaars (de)	**Zander** (m)	['tsandɐ]
kabeljauw (de)	**Dorsch** (m)	[dɔʁʃ]
tonijn (de)	**Tunfisch** (m)	['tu:nfɪʃ]
forel (de)	**Forelle** (f)	[ˌfo'ʀɛlə]
paling (de)	**Aal** (m)	[a:l]
sidderrog (de)	**Zitterrochen** (m)	['tsɪtɐˌʀɔχən]
murene (de)	**Muräne** (f)	[mu'ʀɛ:nə]
piranha (de)	**Piranha** (m)	[pi'ʀanja]
haai (de)	**Hai** (m)	[haɪ]
dolfijn (de)	**Delfin** (m)	[dɛl'fi:n]
walvis (de)	**Wal** (m)	[va:l]
krab (de)	**Krabbe** (f)	['kʀabə]
kwal (de)	**Meduse** (f)	[me'du:zə]
octopus (de)	**Krake** (m)	['kʀa:kə]
zeester (de)	**Seestern** (m)	['ze:ˌʃtɛʁn]
zee-egel (de)	**Seeigel** (m)	['ze:ˌʔi:gəl]
zeepaardje (het)	**Seepferdchen** (n)	['ze:ˌpfe:ɐtçən]
oester (de)	**Auster** (f)	['aʊstɐ]
garnaal (de)	**Garnele** (f)	[gaʁ'ne:lə]

kreeft (de)	**Hummer** (m)	['hʊmɐ]
langoest (de)	**Languste** (f)	[laŋ'gʊstə]

182. Amfibieën. Reptielen

slang (de)	**Schlange** (f)	['ʃlaŋə]
giftig (slang)	**Gift-, giftig**	[gɪft], ['gɪftɪç]
adder (de)	**Viper** (f)	['vi:pɐ]
cobra (de)	**Kobra** (f)	['ko:bʀa]
python (de)	**Python** (m)	['py:tɔn]
boa (de)	**Boa** (f)	['bo:a]
ringslang (de)	**Ringelnatter** (f)	['ʀɪŋəlˌnatɐ]
ratelslang (de)	**Klapperschlange** (f)	['klapɐˌʃlaŋə]
anaconda (de)	**Anakonda** (f)	[ana'kɔnda]
hagedis (de)	**Eidechse** (f)	['aɪdɛksə]
leguaan (de)	**Leguan** (m)	['le:gua:n]
varaan (de)	**Waran** (m)	[va'ʀa:n]
salamander (de)	**Salamander** (m)	[zala'mandɐ]
kameleon (de)	**Chamäleon** (n)	[ka'mɛ:leˌɔn]
schorpioen (de)	**Skorpion** (m)	[skɔʁ'pjo:n]
schildpad (de)	**Schildkröte** (f)	['ʃɪltˌkʀø:tə]
kikker (de)	**Frosch** (m)	[fʀɔʃ]
pad (de)	**Kröte** (f)	['kʀø:tə]
krokodil (de)	**Krokodil** (n)	[kʀoko'di:l]

183. Insecten

insect (het)	**Insekt** (n)	[ɪn'zɛkt]
vlinder (de)	**Schmetterling** (m)	['ʃmɛtɐlɪŋ]
mier (de)	**Ameise** (f)	['a:maɪzə]
vlieg (de)	**Fliege** (f)	['fli:gə]
mug (de)	**Mücke** (f)	['mʏkə]
kever (de)	**Käfer** (m)	['kɛ:fɐ]
wesp (de)	**Wespe** (f)	['vɛspə]
bij (de)	**Biene** (f)	['bi:nə]
hommel (de)	**Hummel** (f)	['hʊməl]
horzel (de)	**Bremse** (f)	['bʀɛmzə]
spin (de)	**Spinne** (f)	['ʃpɪnə]
spinnenweb (het)	**Spinnennetz** (n)	['ʃpɪnənˌnɛts]
libel (de)	**Libelle** (f)	[li'bɛlə]
sprinkhaan (de)	**Grashüpfer** (m)	['gʀa:sˌhʏpfɐ]
nachtvlinder (de)	**Schmetterling** (m)	['ʃmɛtɐlɪŋ]
kakkerlak (de)	**Schabe** (f)	['ʃa:bə]
teek (de)	**Zecke** (f)	['tsɛkə]

vlo (de)	**Floh** (m)	[flo:]
kriebelmug (de)	**Kriebelmücke** (f)	['kʀi:bəl,mʏkə]
treksprinkhaan (de)	**Heuschrecke** (f)	['hɔɪʃʀɛkə]
slak (de)	**Schnecke** (f)	['ʃnɛkə]
krekel (de)	**Heimchen** (n)	['haɪmçən]
glimworm (de)	**Leuchtkäfer** (m)	['lɔɪçt,kɛ:fɐ]
lieveheersbeestje (het)	**Marienkäfer** (m)	[ma'ʀi:ən,kɛ:fɐ]
meikever (de)	**Maikäfer** (m)	['maɪ,kɛ:fɐ]
bloedzuiger (de)	**Blutegel** (m)	['blu:t,ʔe:gəl]
rups (de)	**Raupe** (f)	['ʀaʊpə]
aardworm (de)	**Wurm** (m)	[vʊʁm]
larve (de)	**Larve** (f)	['laʁfə]

184. Dieren. Lichaamsdelen

snavel (de)	**Schnabel** (m)	['ʃna:bəl]
vleugels (mv.)	**Flügel** (pl)	['fly:gəl]
poot (ov. een vogel)	**Fuß** (m)	[fu:s]
verenkleed (het)	**Gefieder** (n)	[gə'fi:dɐ]
veer (de)	**Feder** (f)	['fe:dɐ]
kuifje (het)	**Haube** (f)	['haʊbə]
kieuwen (mv.)	**Kiemen** (pl)	['ki:mən]
kuit, dril (de)	**Laich** (m)	[laɪç]
larve (de)	**Larve** (f)	['laʁfə]
vin (de)	**Flosse** (f)	['flɔsə]
schubben (mv.)	**Schuppe** (f)	['ʃʊpə]
slagtand (de)	**Stoßzahn** (m)	['ʃto:s,tsa:n]
poot (bijv. ~ van een kat)	**Pfote** (f)	['pfo:tə]
muil (de)	**Schnauze** (f)	['ʃnaʊtsə]
bek (mond van dieren)	**Rachen** (m)	['ʀaχən]
staart (de)	**Schwanz** (m)	[ʃvants]
snorharen (mv.)	**Barthaar** (n)	['ba:ɐt,ha:ɐ]
hoef (de)	**Huf** (m)	[hu:f]
hoorn (de)	**Horn** (n)	[hɔʁn]
schild (schildpad, enz.)	**Panzer** (m)	['pantsɐ]
schelp (de)	**Muschel** (f)	['mʊʃl]
eierschaal (de)	**Schale** (f)	['ʃa:lə]
vacht (de)	**Fell** (n)	[fɛl]
huid (de)	**Haut** (f)	[haʊt]

185. Dieren. Leefomgevingen

leefgebied (het)	**Lebensraum** (f)	['le:bəns,ʀaʊm]
migratie (de)	**Wanderung** (f)	['vandəʀʊŋ]
berg (de)	**Berg** (m)	[bɛʁk]

rif (het)	**Riff** (n)	[ʀɪf]
klip (de)	**Fels** (m)	[fɛls]
bos (het)	**Wald** (m)	[valt]
jungle (de)	**Dschungel** (m, n)	['dʒʊŋəl]
savanne (de)	**Savanne** (f)	[za'vanə]
toendra (de)	**Tundra** (f)	['tʊndʀa]
steppe (de)	**Steppe** (f)	['ʃtɛpə]
woestijn (de)	**Wüste** (f)	['vy:stə]
oase (de)	**Oase** (f)	[o'a:zə]
zee (de)	**Meer** (n), **See** (f)	[me:ɐ], [ze:]
meer (het)	**See** (m)	[ze:]
oceaan (de)	**Ozean** (m)	['o:tsea:n]
moeras (het)	**Sumpf** (m)	[zʊmpf]
zoetwater- (abn)	**Süßwasser-**	['zy:sˌvasɐ]
vijver (de)	**Teich** (m)	[taɪç]
rivier (de)	**Fluss** (m)	[flʊs]
berenhol (het)	**Höhle** (f), **Bau** (m)	['hø:lə], [baʊ]
nest (het)	**Nest** (n)	[nɛst]
boom holte (de)	**Höhlung** (f)	['hø:ˌluŋ]
hol (het)	**Loch** (n)	[lɔχ]
mierenhoop (de)	**Ameisenhaufen** (m)	['a:maɪzən·haʊfən]

Flora

186. Bomen

boom (de)	**Baum** (m)	[baʊm]
loof- (abn)	**Laub-**	[laʊp]
dennen- (abn)	**Nadel-**	['na:dəl]
groenblijvend (bn)	**immergrün**	['ɪmɐˌgʀy:n]
appelboom (de)	**Apfelbaum** (m)	['apfəlˌbaum]
perenboom (de)	**Birnbaum** (m)	['bɪʁnˌbaʊm]
zoete kers (de)	**Süßkirschbaum** (m)	['zy:skɪʁʃˌbaʊm]
zure kers (de)	**Sauerkirschbaum** (m)	[zauə'kɪʁʃˌbaʊm]
pruimelaar (de)	**Pflaumenbaum** (m)	['pflaʊmənˌbaʊm]
berk (de)	**Birke** (f)	['bɪʁkə]
eik (de)	**Eiche** (f)	['aɪçə]
linde (de)	**Linde** (f)	['lɪndə]
esp (de)	**Espe** (f)	['ɛspə]
esdoorn (de)	**Ahorn** (m)	['a:hɔʁn]
spar (de)	**Fichte** (f)	['fɪçtə]
den (de)	**Kiefer** (f)	['ki:fɐ]
lariks (de)	**Lärche** (f)	['lɛʁçə]
zilverspar (de)	**Tanne** (f)	['tanə]
ceder (de)	**Zeder** (f)	['tse:dɐ]
populier (de)	**Pappel** (f)	['papəl]
lijsterbes (de)	**Vogelbeerbaum** (m)	['fo:gəlbe:ɐˌbaʊm]
wilg (de)	**Weide** (f)	['vaɪdə]
els (de)	**Erle** (f)	['ɛʁlə]
beuk (de)	**Buche** (f)	['bu:χə]
iep (de)	**Ulme** (f)	['ʊlmə]
es (de)	**Esche** (f)	['ɛʃə]
kastanje (de)	**Kastanie** (f)	[kas'ta:niə]
magnolia (de)	**Magnolie** (f)	[mag'no:lɪə]
palm (de)	**Palme** (f)	['palmə]
cipres (de)	**Zypresse** (f)	[tsy'pʀɛsə]
mangrove (de)	**Mangrovenbaum** (m)	[maŋ'gʀo:vənˌbaʊm]
baobab (apenbroodboom)	**Baobab** (m)	['ba:obap]
eucalyptus (de)	**Eukalyptus** (m)	[ɔɪka'lʏptʊs]
mammoetboom (de)	**Mammutbaum** (m)	['mamʊtˌbaʊm]

187. Heesters

struik (de)	**Strauch** (m)	[ʃtʀaʊχ]
heester (de)	**Gebüsch** (n)	[gə'bʏʃ]

wijnstok (de)	**Weinstock** (m)	['vaɪn∫tɔk]
wijngaard (de)	**Weinberg** (m)	['vaɪn,bɛʁk]
frambozenstruik (de)	**Himbeerstrauch** (m)	['hɪmbe:ɐ∫tʀaʊχ]
zwarte bes (de)	**schwarze Johannisbeere** (f)	['∫vaʁtsə jo:'hanɪsbe:ʀə]
rode bessenstruik (de)	**rote Johannisbeere** (f)	['ʀo:tə jo:'hanɪsbe:ʀə]
kruisbessenstruik (de)	**Stachelbeerstrauch** (m)	['∫taχəlbe:ɐ∫tʀaʊχ]
acacia (de)	**Akazie** (f)	[a'ka:tsiə]
zuurbes (de)	**Berberitze** (f)	[bɛʁbə'ʀɪtsə]
jasmijn (de)	**Jasmin** (m)	[jas'mi:n]
jeneverbes (de)	**Wacholder** (m)	[va'χɔldɐ]
rozenstruik (de)	**Rosenstrauch** (m)	['ʀo:zən∫tʀaʊχ]
hondsroos (de)	**Heckenrose** (f)	['hɛkən,ʀo:zə]

188. Champignons

paddenstoel (de)	**Pilz** (m)	[pɪlts]
eetbare paddenstoel (de)	**essbarer Pilz** (m)	['ɛsba:ʀɐ pɪlts]
giftige paddenstoel (de)	**Giftpilz** (m)	['gɪft,pɪlts]
hoed (de)	**Hut** (m)	[hu:t]
steel (de)	**Stiel** (m)	[∫ti:l]
eekhoorntjesbrood (het)	**Steinpilz** (m)	['∫taɪn,pɪlts]
rosse populierboleet (de)	**Rotkappe** (f)	['ʀo:t,kapə]
berkenboleet (de)	**Birkenpilz** (m)	['bɪʁkən,pɪlts]
cantharel (de)	**Pfifferling** (m)	['pfɪfəlɪŋ]
russula (de)	**Täubling** (m)	['tɔyplɪŋ]
morielje (de)	**Morchel** (f)	['mɔʁçəl]
vliegenzwam (de)	**Fliegenpilz** (m)	['fli:gən,pɪlts]
groene knolamaniet (de)	**Grüner Knollenblätterpilz** (m)	['gʀy:nɐ 'knɔlən·blɛtɐ,pɪlts]

189. Vruchten. Bessen

vrucht (de)	**Frucht** (f)	[fʀʊχt]
vruchten (mv.)	**Früchte** (pl)	['fʀʏçtə]
appel (de)	**Apfel** (m)	['apfəl]
peer (de)	**Birne** (f)	['bɪʁnə]
pruim (de)	**Pflaume** (f)	['pflaʊmə]
aardbei (de)	**Erdbeere** (f)	['e:ɐt,be:ʀə]
zure kers (de)	**Sauerkirsche** (f)	['zaʊɐ,kɪʁ∫ə]
zoete kers (de)	**Süßkirsche** (f)	['zy:s,kɪʁ∫ə]
druif (de)	**Weintrauben** (pl)	['vaɪn,tʀaʊbən]
framboos (de)	**Himbeere** (f)	['hɪm,be:ʀə]
zwarte bes (de)	**schwarze Johannisbeere** (f)	['∫vaʁtsə jo:'hanɪsbe:ʀə]
rode bes (de)	**rote Johannisbeere** (f)	['ʀo:tə jo:'hanɪsbe:ʀə]
kruisbes (de)	**Stachelbeere** (f)	['∫taχəl,be:ʀə]

veenbes (de)	**Moosbeere** (f)	['mo:s,be:ʀə]
sinaasappel (de)	**Apfelsine** (f)	[apfəl'zi:nə]
mandarijn (de)	**Mandarine** (f)	[,manda'ʀi:nə]
ananas (de)	**Ananas** (f)	['ananas]
banaan (de)	**Banane** (f)	[ba'na:nə]
dadel (de)	**Dattel** (f)	['datəl]
citroen (de)	**Zitrone** (f)	[tsi'tʀo:nə]
abrikoos (de)	**Aprikose** (f)	[,apʀi'ko:zə]
perzik (de)	**Pfirsich** (m)	['pfɪʁzɪç]
kiwi (de)	**Kiwi, Kiwifrucht** (f)	['ki:vi], ['ki:vi,fʀʊχt]
grapefruit (de)	**Grapefruit** (f)	['gʀɛɪp,fʀu:t]
bes (de)	**Beere** (f)	['be:ʀə]
bessen (mv.)	**Beeren** (pl)	['be:ʀən]
vossenbes (de)	**Preiselbeere** (f)	['pʀaɪzəl,be:ʀə]
bosaardbei (de)	**Walderdbeere** (f)	['valtʔe:ɐt,be:ʀə]
blauwe bosbes (de)	**Heidelbeere** (f)	['haɪdəl,be:ʀə]

190. Bloemen. Planten

bloem (de)	**Blume** (f)	['blu:mə]
boeket (het)	**Blumenstrauß** (m)	['blu:mən,ʃtʀaʊs]
roos (de)	**Rose** (f)	['ʀo:zə]
tulp (de)	**Tulpe** (f)	['tʊlpə]
anjer (de)	**Nelke** (f)	['nɛlkə]
gladiool (de)	**Gladiole** (f)	[,gla'dɪo:lə]
korenbloem (de)	**Kornblume** (f)	['kɔʁn,blu:mə]
klokje (het)	**Glockenblume** (f)	['glɔkəŋ,blu:mə]
paardenbloem (de)	**Löwenzahn** (m)	['lø:vən,tsa:n]
kamille (de)	**Kamille** (f)	[ka'mɪlə]
aloè (de)	**Aloe** (f)	['a:loe]
cactus (de)	**Kaktus** (m)	['kaktʊs]
ficus (de)	**Gummibaum** (m)	['gʊmi,baʊm]
lelie (de)	**Lilie** (f)	['li:liə]
geranium (de)	**Geranie** (f)	[ge'ʀa:nɪə]
hyacint (de)	**Hyazinthe** (f)	[hya'tsɪntə]
mimosa (de)	**Mimose** (f)	[mi'mo:zə]
narcis (de)	**Narzisse** (f)	[naʁ'tsɪsə]
Oost-Indische kers (de)	**Kapuzinerkresse** (f)	[,kapu'tsi:nɐ,kʀɛsə]
orchidee (de)	**Orchidee** (f)	[,ɔʁçi'de:ə]
pioenroos (de)	**Pfingstrose** (f)	['pfɪŋst,ʀo:zə]
viooltje (het)	**Veilchen** (n)	['faɪlçən]
driekleurig viooltje (het)	**Stiefmütterchen** (n)	['ʃti:f,mʏtɐçən]
vergeet-mij-nietje (het)	**Vergissmeinnicht** (n)	[,fɛɐ'gɪs·maɪn·nɪçt]
madeliefje (het)	**Gänseblümchen** (n)	['gɛnzə,bly:mçən]
papaver (de)	**Mohn** (m)	[mo:n]

hennep (de)	**Hanf** (m)	[hanf]
munt (de)	**Minze** (f)	['mɪntsə]
lelietje-van-dalen (het)	**Maiglöckchen** (n)	['maɪ,glœkçən]
sneeuwklokje (het)	**Schneeglöckchen** (n)	['ʃne:glœkçən]
brandnetel (de)	**Brennnessel** (f)	['bʀɛn,nɛsəl]
veldzuring (de)	**Sauerampfer** (m)	['zaʊɐ,ʔampfɐ]
waterlelie (de)	**Seerose** (f)	['ze:,ʀo:zə]
varen (de)	**Farn** (m)	[faʁn]
korstmos (het)	**Flechte** (f)	['flɛçtə]
oranjerie (de)	**Gewächshaus** (n)	[gə'vɛks,haʊs]
gazon (het)	**Rasen** (m)	['ʀa:zən]
bloemperk (het)	**Blumenbeet** (n)	['blu:məən·be:t]
plant (de)	**Pflanze** (f)	['pflantsə]
gras (het)	**Gras** (n)	[gʀa:s]
grasspriet (de)	**Grashalm** (m)	['gʀa:s,halm]
blad (het)	**Blatt** (n)	[blat]
bloemblad (het)	**Blütenblatt** (n)	['bly:tən,blat]
stengel (de)	**Stiel** (m)	[ʃti:l]
knol (de)	**Knolle** (f)	['knɔlə]
scheut (de)	**Jungpflanze** (f)	['jʊŋ,pflantsə]
doorn (de)	**Dorn** (m)	[dɔʁn]
bloeien (ww)	**blühen** (vi)	['bly:ən]
verwelken (ww)	**welken** (vi)	['vɛlkən]
geur (de)	**Geruch** (m)	[gə'ʀʊχ]
snijden (bijv. bloemen ~)	**abschneiden** (vt)	['ap,ʃnaɪdən]
plukken (bloemen ~)	**pflücken** (vt)	['pflʏkən]

191. Granen, graankorrels

graan (het)	**Getreide** (n)	[gə'tʀaɪdə]
graangewassen (mv.)	**Getreidepflanzen** (pl)	[gə'tʀaɪdə,pflantsən]
aar (de)	**Ähre** (f)	['ɛ:ʀə]
tarwe (de)	**Weizen** (m)	['vaɪtsən]
rogge (de)	**Roggen** (m)	['ʀɔgən]
haver (de)	**Hafer** (m)	['ha:fɐ]
gierst (de)	**Hirse** (f)	['hɪʁzə]
gerst (de)	**Gerste** (f)	['gɛʁstə]
maïs (de)	**Mais** (m)	['maɪs]
rijst (de)	**Reis** (m)	[ʀaɪs]
boekweit (de)	**Buchweizen** (m)	['bu:χ,vaɪtsən]
erwt (de)	**Erbse** (f)	['ɛʁpsə]
nierboon (de)	**weiße Bohne** (f)	['vaɪsə 'bo:nə]
soja (de)	**Sojabohne** (f)	['zo:ja,bo:nə]
linze (de)	**Linse** (f)	['lɪnzə]
bonen (mv.)	**Bohnen** (pl)	['bo:nən]

REGIONALE AARDRIJKSKUNDE

Landen. Nationaliteiten

192. Politiek. Overheid. Deel 1

politiek (de)	**Politik** (f)	[poli'tɪk]
politiek (bn)	**politisch**	[po'li:tɪʃ]
politicus (de)	**Politiker** (m)	[po'li:tikɐ]
staat (land)	**Staat** (m)	[ʃta:t]
burger (de)	**Bürger** (m)	['bʏʁgɐ]
staatsburgerschap (het)	**Staatsbürgerschaft** (f)	['ʃta:tsbʏʁgɐʃaft]
nationaal wapen (het)	**Staatswappen** (n)	['ʃta:tsˌvapən]
volkslied (het)	**Nationalhymne** (f)	[natsjɔ'na:lˌhʏmnə]
regering (de)	**Regierung** (f)	[ʀe'gi:ʀʊŋ]
staatshoofd (het)	**Staatschef** (m)	['ʃta:tsʃɛf]
parlement (het)	**Parlament** (n)	[paʁla'mɛnt]
partij (de)	**Partei** (f)	[paʁ'taɪ]
kapitalisme (het)	**Kapitalismus** (m)	[kapita'lɪsmʊs]
kapitalistisch (bn)	**kapitalistisch**	[kapita'lɪstɪʃ]
socialisme (het)	**Sozialismus** (m)	[zotsɪa'lɪsmʊs]
socialistisch (bn)	**sozialistisch**	[zotsɪa'lɪstɪʃ]
communisme (het)	**Kommunismus** (m)	[ˌkɔmu'nɪsmʊs]
communistisch (bn)	**kommunistisch**	[kɔmu'nɪstɪʃ]
communist (de)	**Kommunist** (m)	[kɔmu'nɪst]
democratie (de)	**Demokratie** (f)	[demokʀa'ti:]
democraat (de)	**Demokrat** (m)	[demo'kʀa:t]
democratisch (bn)	**demokratisch**	[demo'kʀa:tɪʃ]
democratische partij (de)	**demokratische Partei** (f)	[demo'kʀa:tɪʃə paʁ'taɪ]
liberaal (de)	**Liberale** (m)	[libe'ʀa:lɐ]
liberaal (bn)	**liberal**	[libe'ʀa:l]
conservator (de)	**Konservative** (m)	[ˌkɔnzɛʁva'ti:və]
conservatief (bn)	**konservativ**	[ˌkɔnzɛʁva'ti:f]
republiek (de)	**Republik** (f)	[ʀepu'bli:k]
republikein (de)	**Republikaner** (m)	[ʀepubli'ka:nɐ]
Republikeinse Partij (de)	**Republikanische Partei** (f)	[ʀepubli'ka:nɪʃə paʁ'taɪ]
verkiezing (de)	**Wahlen** (pl)	['va:lən]
kiezen (ww)	**wählen** (vt)	['vɛ:lən]

kiezer (de)	**Wähler** (m)	['vɛ:lɐ]
verkiezingscampagne (de)	**Wahlkampagne** (f)	['va:l·kam,panjə]
stemming (de)	**Abstimmung** (f)	['ap,ʃtɪmʊŋ]
stemmen (ww)	**abstimmen** (vi)	['ap,ʃtɪmən]
stemrecht (het)	**Abstimmungsrecht** (n)	['apʃtɪmʊŋs·ʀɛçt]
kandidaat (de)	**Kandidat** (m)	[kandi'da:t]
zich kandideren	**kandidieren** (vi)	[kandi'di:ʀən]
campagne (de)	**Kampagne** (f)	[kam'panjə]
oppositie- (abn)	**Oppositions-**	[ɔpozi'tsjo:ns]
oppositie (de)	**Opposition** (f)	[ɔpozi'tsjo:n]
bezoek (het)	**Besuch** (m)	[bə'zu:χ]
officieel bezoek (het)	**Staatsbesuch** (m)	['ʃta:tsbə,zu:χ]
internationaal (bn)	**international**	[,ɪntɐnatsjɔ'na:l]
onderhandelingen (mv.)	**Verhandlungen** (pl)	[fɛɐ'handlʊŋən]
onderhandelen (ww)	**verhandeln** (vi)	[fɛɐ'handəln]

193. Politiek. Overheid. Deel 2

maatschappij (de)	**Gesellschaft** (f)	[gə'zɛlʃaft]
grondwet (de)	**Verfassung** (f)	[fɛɐ'fasʊŋ]
macht (politieke ~)	**Macht** (f)	[maχt]
corruptie (de)	**Korruption** (f)	[kɔʀʊp'tsjo:n]
wet (de)	**Gesetz** (n)	[gə'zɛts]
wettelijk (bn)	**gesetzlich**	[gə'zɛtslɪç]
rechtvaardigheid (de)	**Gerechtigkeit** (f)	[gə'ʀɛçtɪç·kaɪt]
rechtvaardig (bn)	**gerecht**	[gə'ʀɛçt]
comité (het)	**Komitee** (n)	[komi'te:]
wetsvoorstel (het)	**Gesetzentwurf** (m)	[gə'zɛts?ɛnt,vʊʁf]
begroting (de)	**Budget** (n)	[by'dʒe:]
beleid (het)	**Politik** (f)	[poli'tɪk]
hervorming (de)	**Reform** (f)	[ʀe'fɔʁm]
radicaal (bn)	**radikal**	[ʀadi'ka:l]
macht (vermogen)	**Macht** (f)	[maχt]
machtig (bn)	**mächtig**	['mɛçtɪç]
aanhanger (de)	**Anhänger** (m)	['an,hɛŋɐ]
invloed (de)	**Einfluss** (m)	['aɪn,flʊs]
regime (het)	**Regime** (n)	[ʀe'ʒi:m]
conflict (het)	**Konflikt** (m)	[kɔn'flɪkt]
samenzwering (de)	**Verschwörung** (f)	[fɛɐ'ʃvø:ʀʊŋ]
provocatie (de)	**Provokation** (f)	[pʀovoka'tsjo:n]
omverwerpen (ww)	**stürzen** (vt)	['ʃtʏʁtsən]
omverwerping (de)	**Sturz** (m)	[ʃtʊʁts]
revolutie (de)	**Revolution** (f)	[ʀevolu'tsjo:n]

staatsgreep (de)	**Staatsstreich** (m)	['ʃta:tsʃtʀaɪç]
militaire coup (de)	**Militärputsch** (m)	[mili'tɛ:ɐ,pʊtʃ]
crisis (de)	**Krise** (f)	['kʀi:zə]
economische recessie (de)	**Rezession** (f)	[ʀetsɛ'sjo:n]
betoger (de)	**Demonstrant** (m)	[demɔn'stʀant]
betoging (de)	**Demonstration** (f)	[demɔnstʀa'tsjo:n]
krijgswet (de)	**Ausnahmezustand** (m)	['aʊsna:mə,tsu:ʃtant]
militaire basis (de)	**Militärbasis** (f)	[mili'tɛ:ɐ,ba:zɪs]
stabiliteit (de)	**Stabilität** (f)	[ʃtabili'tɛ:t]
stabiel (bn)	**stabil**	[ʃta'bi:l]
uitbuiting (de)	**Ausbeutung** (f)	['aʊs,bɔɪtʊŋ]
uitbuiten (ww)	**ausbeuten** (vt)	['aʊs,bɔɪtən]
racisme (het)	**Rassismus** (m)	[ʀa'sɪsmʊs]
racist (de)	**Rassist** (m)	[ʀa'sɪst]
fascisme (het)	**Faschismus** (m)	[fa'ʃɪsmʊs]
fascist (de)	**Faschist** (m)	[fa'ʃɪst]

194. Landen. Diversen

vreemdeling (de)	**Ausländer** (m)	['aʊs,lɛndɐ]
buitenlands (bn)	**ausländisch**	['aʊs,lɛndɪʃ]
in het buitenland (bw)	**im Ausland**	[ɪm 'aʊslant]
emigrant (de)	**Auswanderer** (m)	['aʊs,vandəʀɐ]
emigratie (de)	**Auswanderung** (f)	['aʊs,vandəʀʊŋ]
emigreren (ww)	**auswandern** (vi)	['aʊs,vandɐn]
Westen (het)	**Westen** (m)	['vɛstən]
Oosten (het)	**Osten** (m)	['ɔstən]
Verre Oosten (het)	**Ferner Osten** (m)	['fɛʁnɐ 'ɔstən]
beschaving (de)	**Zivilisation** (f)	[tsiviliza'tsjo:n]
mensheid (de)	**Menschheit** (f)	['mɛnʃhaɪt]
wereld (de)	**Welt** (f)	[vɛlt]
vrede (de)	**Frieden** (m)	['fʀi:dən]
wereld- (abn)	**Welt-**	[vɛlt]
vaderland (het)	**Heimat** (f)	['haɪma:t]
volk (het)	**Volk** (n)	[fɔlk]
bevolking (de)	**Bevölkerung** (f)	[bə'fœlkəʀʊŋ]
mensen (mv.)	**Leute** (pl)	['lɔɪtə]
natie (de)	**Nation** (f)	[na'tsjo:n]
generatie (de)	**Generation** (f)	[geneʀa'tsjo:n]
gebied (bijv. bezette ~en)	**Territorium** (n)	[tɛʀi'to:ʀiʊm]
regio, streek (de)	**Region** (f)	[ʀe'gjo:n]
deelstaat (de)	**Staat** (m)	[ʃta:t]
traditie (de)	**Tradition** (f)	[tʀadi'tsjo:n]
gewoonte (de)	**Brauch** (m)	[bʀaʊχ]

ecologie (de)	**Ökologie** (f)	[ˌøkolo'gi:]
Indiaan (de)	**Indianer** (m)	[ɪn'dɪa:nɐ]
zigeuner (de)	**Zigeuner** (m)	[tsi'gɔɪnɐ]
zigeunerin (de)	**Zigeunerin** (f)	[tsi'gɔɪnəʀɪn]
zigeuner- (abn)	**Zigeuner-**	[tsi'gɔɪnɐ]
rijk (het)	**Reich** (n)	['ʀaɪç]
kolonie (de)	**Kolonie** (f)	[kolo'ni:]
slavernij (de)	**Sklaverei** (f)	[sklavə'ʀaɪ]
invasie (de)	**Einfall** (m)	['aɪnˌfal]
hongersnood (de)	**Hunger** (m)	['hʊŋɐ]

195. Grote religieuze groepen. Bekentenissen

religie (de)	**Religion** (f)	[ʀeli'gjo:n]
religieus (bn)	**religiös**	[ʀeli'gɪø:s]
geloof (het)	**Glaube** (m)	['glaʊbə]
geloven (ww)	**glauben** (vt)	['glaʊbən]
gelovige (de)	**Gläubige** (m)	['glɔɪbɪgə]
atheïsme (het)	**Atheismus** (m)	[ate'ʔɪsmʊs]
atheïst (de)	**Atheist** (m)	[ate'ɪst]
christendom (het)	**Christentum** (n)	['kʀɪstəntu:m]
christen (de)	**Christ** (m)	[kʀɪst]
christelijk (bn)	**christlich**	['kʀɪstlɪç]
katholicisme (het)	**Katholizismus** (m)	['katolizɪsmus]
katholiek (de)	**Katholik** (m)	[kato'li:k]
katholiek (bn)	**katholisch**	[ka'to:lɪʃ]
protestantisme (het)	**Protestantismus** (m)	[pʀotɛs'tantɪsmʊs]
Protestante Kerk (de)	**Protestantische Kirche** (f)	[pʀotɛs'tantɪʃə 'kɪʁçə]
protestant (de)	**Protestant** (m)	[pʀotɛs'tant]
orthodoxie (de)	**Orthodoxes Christentum** (n)	[ɔʁto'dɔksəs 'kʀɪstəntu:m]
Orthodoxe Kerk (de)	**Orthodoxe Kirche** (f)	[ɔʁto'dɔksə 'kɪʁçə]
orthodox	**orthodoxer Christ** (m)	[ɔʁto'dɔks]
presbyterianisme (het)	**Presbyterianismus** (m)	[pʀɛsbyte'ʀɪa:nɪsmʊs]
Presbyteriaanse Kerk (de)	**Presbyterianische Kirche** (f)	[pʀɛsbyte'ʀɪa:nɪʃə 'kɪʁçə]
presbyteriaan (de)	**Presbyterianer** (m)	[pʀɛsbyte'ʀɪa:nɐ]
lutheranisme (het)	**Lutherische Kirche** (f)	['lʊtəʀɪʃə 'kɪʁçə]
lutheraan (de)	**Lutheraner** (m)	[lʊtə'ʀa:nɐ]
baptisme (het)	**Baptismus** (m)	[bap'tɪsmʊs]
baptist (de)	**Baptist** (m)	[bap'tɪst]
Anglicaanse Kerk (de)	**Anglikanische Kirche** (f)	[aŋgli'ka:niʃə 'kɪʁçə]
anglicaan (de)	**Anglikaner** (m)	[aŋgli'kanɐ]
mormonisme (het)	**Mormonismus** (m)	[mɔʁmo:'nɪsmʊs]
mormoon (de)	**Mormone** (m)	[mɔʁ'mo:nə]

Jodendom (het)	**Judentum** (n)	['ju:dəntu:m]
jood (aanhanger van het Jodendom)	**Jude** (m)	['ju:də]
boeddhisme (het)	**Buddhismus** (m)	[bʊ'dɪsmʊs]
boeddhist (de)	**Buddhist** (m)	[bʊ'dɪst]
hindoeïsme (het)	**Hinduismus** (m)	[hɪndu'ʔɪsmʊs]
hindoe (de)	**Hindu** (m)	['hɪndu]
islam (de)	**Islam** (m)	[ɪs'la:m]
islamiet (de)	**Moslem** (m)	['mɔslɛm]
islamitisch (bn)	**moslemisch**	[mɔs'le:mɪʃ]
sjiisme (het)	**Schiismus** (m)	[ʃi'ɪsmʊs]
sjiiet (de)	**Schiit** (m)	[ʃi'i:t]
soennisme (het)	**Sunnismus** (m)	[zʊ'nɪsmʊs]
soenniet (de)	**Sunnit** (m)	[zʊ'ni:t]

196. Religies. Priesters

priester (de)	**Priester** (m)	['pʀi:stɐ]
paus (de)	**Papst** (m)	[papst]
monnik (de)	**Mönch** (m)	[mœnç]
non (de)	**Nonne** (f)	['nɔnə]
pastoor (de)	**Pfarrer** (m)	['pfaʀɐ]
abt (de)	**Abt** (m)	[apt]
vicaris (de)	**Vikar** (m)	[vi'ka:ɐ]
bisschop (de)	**Bischof** (m)	['bɪʃɔf]
kardinaal (de)	**Kardinal** (m)	[ˌkaʁdi'na:l]
predikant (de)	**Prediger** (m)	['pʀe:dɪgɐ]
preek (de)	**Predigt** (f)	['pʀe:dɪçt]
kerkgangers (mv.)	**Gemeinde** (f)	[gə'maɪndə]
gelovige (de)	**Gläubige** (m)	['glɔɪbɪgə]
atheïst (de)	**Atheist** (m)	[ate'ɪst]

197. Geloof. Christendom. Islam

Adam	**Adam**	['a:dam]
Eva	**Eva**	['e:va]
God (de)	**Gott** (m)	[gɔt]
Heer (de)	**Herr** (m)	[hɛʁ]
Almachtige (de)	**Der Allmächtige**	[de:ɐ al'mɛçtɪgə]
zonde (de)	**Sünde** (f)	['zʏndə]
zondigen (ww)	**sündigen** (vi)	['zʏndɪgən]

zondaar (de)	**Sünder** (m)	['zʏndɐ]
zondares (de)	**Sünderin** (f)	['zʏndəʀɪn]
hel (de)	**Hölle** (f)	['hœlə]
paradijs (het)	**Paradies** (n)	[paʀa'di:s]
Jezus	**Jesus** (m)	['je:zʊs]
Jezus Christus	**Jesus Christus** (m)	['je:zʊs 'kʀɪstʊs]
Heilige Geest (de)	**der Heiliger Geist**	[de:ɐ 'haɪlɪgɐ 'gaɪst]
Verlosser (de)	**der Erlöser**	[de:ɐ ɛɐ'lø:zɐ]
Maagd Maria (de)	**die Jungfrau Maria**	[di 'jʊŋfʀaʊ ma'ʀi:a]
duivel (de)	**Teufel** (m)	['tɔɪfl]
duivels (bn)	**teuflisch**	['tɔɪflɪʃ]
Satan	**Satan** (m)	['za:tan]
satanisch (bn)	**satanisch**	[za'ta:nɪʃ]
engel (de)	**Engel** (m)	['ɛŋəl]
beschermengel (de)	**Schutzengel** (m)	['ʃʊts,ʔɛŋəl]
engelachtig (bn)	**Engel(s)-**	['ɛŋəls]
apostel (de)	**Apostel** (m)	[a'pɔstəl]
aartsengel (de)	**Erzengel** (m)	['e:ɐts,ʔɛŋəl]
antichrist (de)	**Antichrist** (m)	['anti,kʀɪst]
Kerk (de)	**Kirche** (f)	['kɪʁçə]
bijbel (de)	**Bibel** (f)	['bi:bl]
bijbels (bn)	**biblisch**	['bi:blɪʃ]
Oude Testament (het)	**Altes Testament** (n)	['altəs tɛsta'mɛnt]
Nieuwe Testament (het)	**Neues Testament** (n)	['nɔɪəs tɛsta'mɛnt]
evangelie (het)	**Evangelium** (n)	[evaŋ'ge:lɪʊm]
Heilige Schrift (de)	**Heilige Schrift** (f)	['haɪlɪgə ʃʀɪft]
Hemel, Hemelrijk (de)	**Himmelreich** (n)	['hɪməl,ʀaɪç]
gebod (het)	**Gebot** (n)	[gə'bo:t]
profeet (de)	**Prophet** (m)	[pʀo'fe:t]
profetie (de)	**Prophezeiung** (f)	[pʀofe'tsaɪʊŋ]
Allah	**Allah**	['ala]
Mohammed	**Mohammed** (m)	['mo:hamɛt]
Koran (de)	**Koran** (m)	[ko'ʀa:n]
moskee (de)	**Moschee** (f)	[mɔ'ʃe:]
moellah (de)	**Mullah** (m)	['mʊla]
gebed (het)	**Gebet** (n)	[gə'be:t]
bidden (ww)	**beten** (vi)	['be:tən]
pelgrimstocht (de)	**Wallfahrt** (f)	['val,fa:ɐt]
pelgrim (de)	**Pilger** (m)	['pɪlgɐ]
Mekka	**Mekka** (n)	['mɛka]
kerk (de)	**Kirche** (f)	['kɪʁçə]
tempel (de)	**Tempel** (m)	['tɛmpəl]
kathedraal (de)	**Kathedrale** (f)	[kate'dʀa:lə]

gotisch (bn)	**gotisch**	['go:tiʃ]
synagoge (de)	**Synagoge** (f)	[zyna'go:gə]
moskee (de)	**Moschee** (f)	[mɔ'ʃe:]
kapel (de)	**Kapelle** (f)	[ka'pɛlə]
abdij (de)	**Abtei** (f)	[ap'taɪ]
nonnenklooster (het)	**Nonnenkloster** (n)	['nɔnən,klo:stɐ]
mannenklooster (het)	**Frauenkloster** (n)	['fʀaʊən,klo:stɐ]
klooster (het)	**Kloster** (n), **Konvent** (m)	['klo:stɐ], [kɔn'vɛnt]
klok (de)	**Glocke** (f)	['glɔkə]
klokkentoren (de)	**Glockenturm** (m)	['glɔkən,tʊʁm]
luiden (klokken)	**läuten** (vi)	['lɔɪtən]
kruis (het)	**Kreuz** (n)	[kʀɔɪts]
koepel (de)	**Kuppel** (f)	['kʊpl]
icoon (de)	**Ikone** (f)	[i'ko:nə]
ziel (de)	**Seele** (f)	['ze:lə]
lot, noodlot (het)	**Schicksal** (n)	['ʃɪk,za:l]
kwaad (het)	**das Böse**	['bø:zə]
goed (het)	**Gute** (n)	['gu:tə]
vampier (de)	**Vampir** (m)	[vam'pi:ɐ]
heks (de)	**Hexe** (f)	['hɛksə]
demoon (de)	**Dämon** (m)	['dɛ:mɔn]
geest (de)	**Geist** (m)	[gaɪst]
verzoeningsleer (de)	**Sühne** (f)	['zy:nə]
vrijkopen (ww)	**sühnen** (vt)	['zy:nən]
mis (de)	**Gottesdienst** (m)	['gɔtəs,di:nst]
de mis opdragen	**die Messe lesen**	[di 'mɛsə 'le:zən]
biecht (de)	**Beichte** (f)	['baɪçtə]
biechten (ww)	**beichten** (vi)	['baɪçtən]
heilige (de)	**Heilige** (m)	['haɪlɪgə]
heilig (bn)	**heilig**	['haɪlɪç]
wijwater (het)	**Weihwasser** (n)	['vaɪ,vasɐ]
ritueel (het)	**Ritual** (n)	[ʀi'tua:l]
ritueel (bn)	**rituell**	[ʀi'tuɛl]
offerande (de)	**Opfer** (n)	['ɔpfɐ]
bijgeloof (het)	**Aberglaube** (m)	['a:bɐ,glaʊbə]
bijgelovig (bn)	**abergläubisch**	['a:bɐ,glɔɪbɪʃ]
hiernamaals (het)	**Nachleben** (n)	['na:χ,le:bən]
eeuwige leven (het)	**ewiges Leben** (n)	['e:vɪgəs 'le:bn]

DIVERSEN

198. Diverse nuttige woorden

achtergrond (de)	**Hintergrund** (m)	['hɪntɐˌgʀʊnt]
balans (de)	**Bilanz** (f)	[bi'lants]
basis (de)	**Basis** (f)	['ba:zɪs]
begin (het)	**Anfang** (m)	['anfaŋ]
beurt (wie is aan de ~?)	**Reihe** (f)	['ʀaɪə]
categorie (de)	**Kategorie** (f)	[ˌkatego'ʀi:]
comfortabel (~ bed, enz.)	**bequem**	[bə'kve:m]
compensatie (de)	**Kompensation** (f)	[kɔmpɛnza'tsjo:n]
deel (gedeelte)	**Anteil** (m)	['anˌtaɪl]
deeltje (het)	**Teilchen** (n)	['taɪlçən]
ding (object, voorwerp)	**Ding** (n)	[dɪŋ]
dringend (bn, urgent)	**dringend**	['dʀɪŋənt]
dringend (bw, met spoed)	**dringend**	['dʀɪŋənt]
effect (het)	**Effekt** (m)	[ɛ'fɛkt]
eigenschap (kwaliteit)	**Eigenschaft** (f)	['aɪgənʃaft]
einde (het)	**Ende** (n)	['ɛndə]
element (het)	**Element** (n)	[ele'mɛnt]
feit (het)	**Tatsache** (f)	['ta:tˌzaχə]
fout (de)	**Fehler** (m)	['fe:lɐ]
geheim (het)	**Geheimnis** (n)	[gə'haɪmnɪs]
graad (mate)	**Grad** (m)	[gʀa:t]
groei (ontwikkeling)	**Wachstum** (n)	['vakstu:m]
hindernis (de)	**Barriere** (f)	[ba'ʀɪe:ʀə]
hinderpaal (de)	**Hindernis** (n)	['hɪndɐnɪs]
hulp (de)	**Hilfe** (f)	['hɪlfə]
ideaal (het)	**Ideal** (n)	[ide'a:l]
inspanning (de)	**Anstrengung** (f)	['anˌʃtʀɛŋʊŋ]
keuze (een grote ~)	**Auswahl** (f)	['aʊsva:l]
labyrint (het)	**Labyrinth** (n)	[laby'ʀɪnt]
manier (de)	**Weise** (f)	['vaɪzə]
moment (het)	**Moment** (m)	[mo'mɛnt]
nut (bruikbaarheid)	**Nutzen** (m)	['nʊtsən]
onderscheid (het)	**Unterschied** (m)	['ʊntɐˌʃi:t]
ontwikkeling (de)	**Entwicklung** (f)	[ɛnt'vɪklʊŋ]
oplossing (de)	**Lösung** (f)	['lø:zʊŋ]
origineel (het)	**Original** (n)	[oʀigi'na:l]
pauze (de)	**Pause** (f)	['paʊzə]
positie (de)	**Position** (f)	[pozi'tsjo:n]
principe (het)	**Prinzip** (n)	[pʀɪn'tsi:p]

probleem (het)	**Problem** (n)	[pRo'ble:m]
proces (het)	**Prozess** (m)	[pRo'tsɛs]
reactie (de)	**Reaktion** (f)	[ˌReak'tsjo:n]
reden (om ~ van)	**Ursache** (f)	['u:ɐˌzaχə]
risico (het)	**Risiko** (n)	['Ri:ziko]
samenvallen (het)	**Zufall** (m)	['tsu:ˌfal]
serie (de)	**Serie** (f)	['ze:Riə]
situatie (de)	**Situation** (f)	[zitua'tsjo:n]
soort (bijv. ~ sport)	**Art** (f)	[a:ɐt]
standaard (bn)	**Standard-**	['standaʁt]
standaard (de)	**Standard** (m)	['standaʁt]
stijl (de)	**Stil** (m)	[ʃti:l]
stop (korte onderbreking)	**Halt** (m)	[halt]
systeem (het)	**System** (n)	[zʏs'te:m]
tabel (bijv. ~ van Mendelejev)	**Tabelle** (f)	[ta'bɛlə]
tempo (langzaam ~)	**Tempo** (n)	['tɛmpo]
term (medische ~en)	**Fachwort** (n)	['faχˌvɔʁt]
type (soort)	**Typ** (m)	[ty:p]
variant (de)	**Variante** (f)	[va'Rɪantə]
veelvuldig (bn)	**häufig**	['hɔɪfɪç]
vergelijking (de)	**Vergleich** (m)	[fɛɐ'glaɪç]
voorbeeld (het goede ~)	**Beispiel** (n)	['baɪʃpi:l]
voortgang (de)	**Fortschritt** (m)	['fɔʁtʃRɪt]
voorwerp (ding)	**Gegenstand** (m)	['ge:gənʃtant]
vorm (uiterlijke ~)	**Form** (f)	[fɔʁm]
waarheid (de)	**Wahrheit** (f)	['va:ɐhaɪt]
zone (de)	**Zone** (f)	['tso:nə]

www.ingramcontent.com/pod-product-compliance
Lightning Source LLC
LaVergne TN
LVHW022316080426
835509LV00037B/3170